国家出版基金项目
NATIONAL PUBLICATION FOUNDATION

中华古都

郭湖生　著

中国建筑工业出版社
中国城市出版社

序　言

自 1930 年代梁思成、刘敦桢两位先生创建中国建筑史学科以来，从事研究者承前启后，专家辈出，对中国建筑史的各方面，包括通史和各项专史都进行了专门探索和深入系统研究，取得多方面成果，郭湖生就是其中杰出的一位。

他是刘敦桢先生的入室弟子，平生治学勤奋、严谨，继承和发扬了刘先生的学术传统，涉猎广博而深入，取得很高的学术成就，为同行所钦敬。我因曾在刘先生指导下工作，和他接触较多，一直以学长视之。1997 年承他以这部《中华古都》见赠，读后体会良多，认为是他精心研究中国古代建筑、特别是都城规划建设的、具有开创性的卓越成果之一。

本书分两部分：第一部分是对历代都城的研究，包括对自西汉长安至明清北京十座历史上著名的都城的专项研究；第二部分是城市史专题研究，包括对古代城市史的综合概括和对子城、台城、城市水工等的专门研究。

在这两部分论文中都反映出他掌握大量文献和实物资料、精于考证的研究方法和独特的观点，反映了他的学风和重要学术成就。

例如在都城研究部分，在定都的地点选择上他除强调历史、地理条件和当时形势外，对于都城规划中都城、皇城、宫城关系的逐步完善，城市街道、居住区的布置等都进行分析探讨。尤值得注意的是，他对城市供水和漕运体系的建立对于保证都城的正常生活和经济、物资供应方面也特别关注，尤其强调水运条件的重要性，广引文献，从政治、军事、经济、技术、民生多方面加以探讨，填补了这方面研究的空白。在研究南朝建康的论文中，他据南朝建康城外围有广大居民区可能未采取里坊制的情况，提出"宋以前城市无例外采取里坊制的说法似不能成立"的判断，有助于进一步探索古代城市居住区发展进程和特点。

在城市史专题研究方面，他在"关于古代城市史谈话"中提出很多创见：如认为对《考工记》在都城规划中的"模式"作用不可过分强调，他不同意《考工记》自汉至明一脉相承的说法，认为早期一些都城包括汉之长安、洛阳，六朝建康等至多是局部比附，到唐长安时才有较多的反映，只有元大都比较明确对《考工记》的传承。他认为过分强调《考工记》的作用易使我们对古都的研究陷入误区，不易了解当时都城规划的真实原因。他进一步把古都的特点归纳为"战国体系""邺城体系""汴京体系"三个有代表性、转折性的阶段，以概括古都的发展进程。又提出研究"地方城市制度""宫城与皇城""古代城市的工程技术"三方面是目前城市史研究较急迫的任务。他的这些观点具有较强的开创性和导向性，如能引起大家的关注和探讨，会有利于推动学科发展。

在读此书的过程中，我深感他用力之勤和学问之渊深。书中引用了大量古文献，引书总量达103种，作为他立论的依据，具有很强的说服力。他在文风上也具有明显特点，行文精练，言简意赅，似近于文言文的某些特点，和刘敦桢先生的名作《大壮室笔记》的文风有相似之处。我体会他在此书的文献引据和文风上也继承了师门学术传统，值得钦佩。

此书在1997年为加强两岸学术交流，曾由台北空间出版社出版，但在内地不见流传。此次承中国建筑工业出版社与中国城市出版社联合出版，将使学界对郭先生的学术成就有更全面的认识，也将增进对中国古代城市史研究的兴趣，有利于促进学科的发展。

傅熹年

目录

一、西汉长安

渭水下游的关（函谷关）中盆地，秦汉之际是全国生产最发达、财富最集中的地区。《史记·货殖列传》说："故关中之地，于天下三分之一，而人众不过什三，然量其富，什居其六。"战国时期，秦国广修水利，发展农业，国富兵强；秦灭六国，又掠其财货。"徙天下豪富于咸阳十二万户。"秦都咸阳迅速发展，成为中国第一个统一帝国的伟大都城。

咸阳位于渭水北岸。自古东来入关后沿渭水南岸西行的交通干道，在此折北渡渭沿北岸向西去陇蜀，可再西南行去西南夷、身毒，或西北行去西域、大秦。咸阳地当交通枢纽、盆地中央，地位极为优越，秦国都城曾经数迁，最后由栎阳（今临潼县古城屯，在渭水北岸）迁至此，西汉长安也择址于同一渡口的南岸，当非偶然（图1）。

秦始皇统一全国后，计划向南岸扩大城市，《史记·秦始皇本纪》载："于是始皇以为咸阳人多，先王之宫廷小。吾闻周文王都丰，武王都镐，丰镐之间，帝王之都也。乃营作朝宫渭南上林苑中，先作前殿阿房，东西五百步，南北五十丈，上可以坐万人，下可以建五丈旗。周驰为阁道，自殿下直抵南山，表南山之巅以为阙。为复道，自阿房渡渭，属之咸阳，以象天极阁道绝汉抵营室也。"这是一个跨越渭水南北两岸宫苑连绵不断的宏伟规划。新宫以终南山峰为阙，以渭水象天汉（银河），以渭桥复道象天极阁道，咸阳宫象营室（二十八宿之一，古人以为"天子之宫也"），反映当时天人相应的观念。这个奇妙的浪漫主义构思，有着十分现实主义的内核。计划已经着手执行："隐宫徒刑者七十余万人，乃分作阿房宫，或作骊山（秦始皇陵）"，但工程半途而废。公元前207年秦亡，项羽率军入关至咸阳，焚烧抢掠，火三月不绝。当时有人劝项羽都关中，项羽以咸阳残破，不留，引军东归。翌年（汉高帝元年，前206年），汉王刘邦自汉中"暗度陈仓"，攻占关中地区，以之为后方根据地，出关与项羽争天下。留守关中的萧何，在栎阳建立宗庙、社稷、宫室、县邑，作为临时都城。栎阳在秦献公至秦孝公时期（前

383—前350年）曾是秦国国都，"北郤戎翟，东通三晋，亦多大贾"，也是当时相当繁荣的都市。

汉高帝五年（前202年），开始修葺渭水南岸秦代所建兴乐宫，改名"长乐宫"。这一年，项羽兵败自杀，刘邦登皇帝位于定陶境，随即西至洛阳，准备以洛阳为都，有一名戍边的军卒齐人娄敬却劝刘邦不要都洛阳而应都关中，但多数大臣是山东（崤山、函谷关以东）人，赞成都洛阳，反对定都关中。刘邦犹豫不决。只有张良赞同娄敬的意见，说洛阳"田地薄，四面受敌，此非用武之国也"，而关中"左殽函右陇蜀，沃野千里，南有巴蜀之饶，北有胡苑之利，阻三面而守，独以一面东制诸侯。诸侯安定。河渭漕挽天下，西给京师。诸侯有变，顺流而下，足以委输，此所谓金城千里，天府之国也。"刘邦听后，即日动身进关，定都关中。当时仍在栎阳。高祖七年（前200年），刘邦在刚修好的长乐宫接受群臣朝贺，大喜说："吾乃今日知为皇帝之贵也。"这一年，正式从栎阳移都长安。

同年，刘邦查看了正在营建的距长乐宫仅一里的未央宫，刘邦看见未央宫十分壮丽，大怒，责备萧何说："天下匈匈，苦战数岁，成败未可知，是何治宫室过度也。"萧何答："天下方未定，故可因遂就宫室。且夫天子以四海为家，非壮丽无以重威，且无令后世有以加也。"刘邦听了转怒为喜。汉高祖九年（前198年），未央宫建成，和长乐宫一样，都是沿用秦宫制度的正式宫殿。刘邦和吕后仍住长乐宫。

确如娄敬、张良预见那样，刘邦称帝后长年领兵作战在外，征讨叛变的陈豨、英布、卢绾等。汉高祖十一年（前196年），刘邦在与英布作战中受伤，归后不久，次年死去，诚所谓"天下匈匈，成败未可知"。但关中是稳定的。为了强干弱枝，娄敬的建议"徙六国后及豪杰名家居关中"也在实行。汉高祖九年（前198年），"徙齐、楚大族昭氏、屈氏、景氏、怀氏、田氏五族及豪杰于关中，舆利田、宅，凡十余万口"。以后，借起陵邑的机会多次迁徙"郡国豪杰"，均有经济和政治的双重目的。

刘邦死后，太后吕氏仍居长乐宫，惠帝居未央宫。此后，未央宫为皇帝宫，称"西宫"；长乐宫为太后宫，称"东宫"。两宫形制相似，地位相当，各有守卫部队，规模相埒，成为西汉太后外戚干政的条件之一。惠帝即位后，即以两宫为基本，筑城构成长安城。

长安城南包容位于龙首原高地的两宫，向北至渭滨渐低下，当时在渡渭桥头（中渭桥或称横桥，秦建，汉改名"石柱桥"）可能已有市廛民居和桥南向东去的干道。迁就既成事实，出现南城垣的曲折和北城垣沿渭滨的欹斜走向，有南垣似南斗、北垣似北斗的说法，因此长安称为"斗城"。一般认为这是后人附会，但这个说法源于汉代传说，考虑到当时天人合一思想的广泛存在和深刻影响，不排斥故意有所象征的可能。宣平门至厨城门大街可能是原有东去干道。长安九市一部分在渭桥南北桥塊，大部分集中在横门大街两侧东市和西市两区。横门直对横桥，相距三里。所谓："致九州之人在突门，夹横桥大道，市楼皆重屋"，这一带一直是繁华的市集。除了凸出和欹斜，长安城大致是正方形，城周 25700 米。每侧三门，每门三道，每道四轨；三道共十二轨，所谓"旁开三门，参涂夷庭，方轨十二"，已为考古发掘证实。门内大街宽约 45 米，以排水沟界为三股：中间一股宽约 20 米，两侧宽约 12 米。中间一股即"驰道"，为皇帝专用，两侧，为臣庶所用。长安城内街道，古称"八街九陌"。除四座城门内即宫城，不能形成长街外，其余八门内的长街，即为"八街"。与之相交的里巷，有所谓"九陌"。道路系统也即排水系统，明沟暗渠，交错成网。考古发现质量很好的排水管，砖砌水道，拱券暗渠。居民闾里集中城北，又散处各宫区间，号称"一百六十"。闾里的形成脱胎于农业井田制自然经济男耕女织社会的基本组织"邑里"，《汉书·食货志》有一节生动的描述。移用于都市，则成为对城市居民区实行监管、宵禁、征役的基本单位，只是以手工业、商业以及其他成分市民取代农业居民，"室居栉比，门巷修直"，修筑得更为整齐壮观。

居民的闾里间散布着官署宅邸，居城北，而宫城在南；所以未央宫的主要正门是北门，东门次之，门外有阙，南、西两门则无阙亦不重要。而未央宫前殿仍南向。这可以看出汉代人注重实际而不拘形式对称的特点。北阙与横门间大街，则成为宫城与市街间相联系的干道。这和后世宫城入口在南且在门前形成向南延伸的对称序列的办法大相径庭。

惠帝筑城以后，文景两代未大兴土木。武帝在位五十余年，是长安建设的高潮时期。首先是人工漕渠，以解决长安人口增加，粮食征赋以及贸易物资随之增加的问题。陆运劳资大而效率低，唯一办法是发展水运，但渭水河道多沙，深浅不常，不便航行，故放弃天然河道，另辟人工漕渠，自长安始，至潼关入黄河。武帝元光六年（前129年），大司农郑当时奏开漕渠，说："异时关东漕粟从渭上，度六月罢，而渭水道九百余里，时有难处。引渭穿渠，起长安，旁南山下，至河三百余里，径，易漕，度可令三月罢。而渠下民田万余顷又可得以溉。此损漕省卒，而益肥关中之地，得谷。"武帝同意，命令水工齐人徐伯进行测量选线，发卒数万人穿漕渠，三岁而成，获益极大。这是最早出现的人工漕渠。

元狩三年（前120年），又建昆明池于长安西南。原意本为练兵用，"上将讨昆明，以昆明有滇池方三百里，乃作昆明池以习水战。"但实际是为长安建立蓄水库，用以改善城市用水和保证漕渠水源。这是中国第一次为城市建立蓄水库。池周四十里，范围很大，又成为林木茂盛，滋生水禽和水生植物的良好环境。又大量养鱼，每年捕送宫廷、陵庙，多余的售于长安市场。昆明池由截沈水（即潏水，见《水经注》卷十九"沈水"）成湖，东北流去为漕渠上源，流经长安城南至霸城门的一段痕迹迄今仍可辨。沈水又枝分飞渠入城为沧池（在未央宫西南隅）。所谓飞渠，应是高架水道，越城垣而过。后来北宋东京城金水河用木槽跨越汴河而入宫城后苑以及元大都金水河用"跨河跳槽"（《元史·河渠志》）都是继承这个办法。沈水入城流经宫殿区，在长乐宫形成"酒池"，出霸城门为王渠入渭（图2）。

汉武帝又在长安城内修北宫、桂宫，末年又起明光宫。这些宫区连同长乐、未央两宫，共占有长安城内面积1/2。但是最为宏伟壮丽的，莫过于太初元年（前104年）所建的建章宫（图3）。宫在长安城西，是汉武帝听信越巫建议而建造的离宫，充满神仙灵域的追求和浪漫气氛。秦汉方士巫人影响之大，建章宫为一典型。宫内北侧有太液池以象海，从昆明池分枝而成。中有蓬莱、方丈、瀛洲、壶梁，象海中神山龟鱼之属。这一构思给予后世皇家苑囿影响极大。全宫建筑繁多，号称"千门万户"，和未央宫、桂宫以阁道相通，宫的前殿高出未央宫前殿。宫中立铜柱仙人承露盘。太液池南有玉堂璧门，玉堂屋上有铜凤，饰以黄金，有转轴可迎风转动状如飞翔，是最早用作风标的建筑铜饰。宫中有方士活动用的高耸入云的神明通天台和井干楼，有豢养猛虎的虎圈，还有收藏外国珍宝火浣布、切玉刀、巨象、大雀、狮子、宫马的奇华殿，等等。建章宫内容复杂，形式多样，装饰豪华，是汉代宫殿的代表。

汉武帝时期开通西域，新奇的事物，远方的宾客汇集长安，长安成为国际文化交流的中心，正如《汉书·西域传》所说：

"明珠、文甲、通犀、翠羽之珍，盈于后宫。蒲梢、龙文、鱼目、汗血之马充于黄门，巨象、狮子、猛犬、大雀之群食于外囿，殊方异物，四面而至。于是广开上林，穿昆明池，营千门万户之宫，立神明通天之台，兴造甲乙之帐，落以随珠和璧，天子负黼扆、袭翠被、凭玉几而处其中。设酒池肉林，以飨四夷之客，作巴渝都卢、海中砀极、漫衍鱼龙、角牴之戏，以观视之。"

这是西汉的鼎盛时期，也是中国历史上一高峰。

西汉一代的离宫和十一处皇帝陵墓，均散布在以长安为中心的"三辅"地区。其中七处陵墓起了"陵邑"，徙关东豪富望族充实之。故陵邑人口众多，如长陵有5万余户，茂陵6万余户，而长安人口西汉末平帝时不过8万余户。其中渭北陵邑5处（长陵、安陵、阳陵、茂陵、平陵），称为"五陵"地区，繁华不亚京城。故三辅地区，实为关中的精华所在。所谓三辅，是包括长安在内的三个郡级行政区，即京兆（尹）、左冯翊（太守）、右扶风（太守）。治所均在长安，以加强中央对近畿地区的控制。地方军事力量，则京兆有京辅都尉之外，左冯翊左辅都尉治高陵，右扶风右辅都尉治郿县（今名眉县），除了用以治安，还为了保护陵园。直隶的三郡，另设相当于州刺史的官吏以督察之，称"司隶校尉"，地位比九卿，权威甚重，以弹压皇亲国戚集中号称难治的三辅地区。其驻地也在长安城中。

秦代在渭水南划出面积广袤的上林苑，汉代继承之，经营之。上林苑实际是皇家直属的庄园田产。除了在风景佳丽处建离宫别馆供皇帝游乐之外，还有供应皇室蔬菜、禽鱼、牲畜、粮食的基地，铸钱的官冶供应全国通用货币，狩猎的狩场，种植各地以及外国的奇卉异果如葡萄、苜蓿、荔枝、橄榄之类，豢养珍禽猛兽处如狮圈、虎圈等。苑中田地租与贫民耕种，或从事养殖如鹿麋之类，官收其值，是皇家重要的财政来源。昆明池、建章宫均建于上林苑中。这种集离宫、苑囿、田庄、动植物园为一体的上林苑，对后世都城建设有很大影响，但后世规模均不及秦汉。

西汉长安自武帝之后，没有重大建设。王莽执政时，修复武帝所建明堂辟雍，又修太学弟子书舍万区于上林苑，新朝建立后又拆建章宫等料建九庙。王莽新朝被推翻时，未央宫被焚毁，城内混战，长安受到严重破坏。东汉末，董卓迁献帝自洛阳都长安，卓死，群将互攻，长安受到毁灭性破坏，以至西晋时潘岳所见到的情景是："街里萧条，邑居散逸，营宇寺署，肆廛管库，蔓芮于城隅者百不处一……尔乃阶长乐、登未央、泛太液、凌建章……鹙雉雊于台陂，狐兔窟于殿旁。何黍苗之离离，而余思之茫茫……"，长安完全成为废墟。

西晋灭亡以后，后赵石虎曾大修长安城，现在残存的长安故址在考古中仍可看到修理的痕迹。以后经历前秦（苻氏）、后秦（姚氏）、西魏（拓跋氏）、北周（宇文氏）几个朝代，均以长安为都。似乎宫城仍处城南，且采取魏晋创立的太极殿东西堂制度。北周的宫城亦称"台城"，推测形制近于西晋洛阳宫或南朝建康台城。因为制度狭小，不称隋文帝意，乃决意迁都于长安东南三十里，是为大兴城。汉长安乃全部废弃，成为新都城北禁苑中的一处古迹，徒供凭吊而已。

建设一个统一封建帝国的首都，要面临许多前所未有的新问题并加以解决。秦代虽奠立了关中建都的基础，但未能充分展开。由后继的汉代继续发展前进，逐步完善。如建设城市水源、漕运、桥梁驰道传舍、市集仓储、邑里宅第、道路漕渠；建立闾里和市集管理的制度及相应的刑律和监狱；建立中央和地方官府，守卫军队；建立宗庙社稷、太学辟雍等。所有经济上、政治上、文化上和军事上的措施和建设，无非为了巩固皇权专制国家。这样的中央集权国家的都城当然以宫室为中心而为之服务。西汉长安的发展和建设处于开创阶段，许多经验为以后的王朝所效法。西汉长安没有事先的完整规划，没有明确的分区和整齐醒目的城市构图，虽然汉武帝开始把崇儒定为国策，但在实行儒家崇尚礼制的建设上仍处于不正规不完整的开始阶段，而在此后长期封建社会中逐步系统化并逐步完整。因以上种种，可以说西汉长安只是一个伟大的开始。

二、汉魏西晋北魏洛阳

洛阳北为邙山，背临黄河，西为殽函，东有虎牢荥阳之险。其间伊、瀍、涧、谷诸水在此注入洛水，经偃师在巩县洛口入河。若论盆地腹地广大、军事地形险阻，均不如关中，但地位比较适中，又处砥柱下游，水运较为方便，早就有城邑建设。偃师的二里头遗址推测为商汤的西亳所在。西周灭殷，在洛阳建成周以处殷人，在成周之西建王城以监视之。后来平王东迁，以王城为都，至敬王时，又迁至成周为都。这两处早期都城址，以后长期曾交替成为后世都城选址位置。

秦庄襄王元年（前 249 年），封相国吕不韦为文信侯，封邑即在洛阳。传当时已修建漕渠，这个记录，比西汉长安漕渠更早。秦时洛阳在成周址，已有南北宫。西汉最初曾以此为都，仅短暂数月即迁去关中，但这处城址宫室一直保留。至王莽末年关中战争频仍，长安被毁，建立东汉王朝的光武帝刘秀乃以洛阳为都，与长安并称东西二京，示不忘祖宗陵寝。

东汉洛阳扩建秦代城垣，重修并沿用秦南北宫。整个城区呈长方形，"南北九里七十步，东西六里十步"，经测量周长约 13000 米。城门十二：南四门，北二门，东西各三门，门各三道。门对大街，号称"二十四街"，各宽约 40 米，分三股，中央为"御道"，皇帝及"公卿尚书章服从中道，凡人皆行左右。"情况和西汉长安相仿。城中主要为南北二宫。东汉初南宫为主要宫区，明帝时则大修北宫，其中德阳殿规模宏伟，"周旋容万人，陛高二丈……自到偃师，去宫四十三里，望朱雀五阙、德阳，其上郁律与天连。"考古发掘判断北宫范围约 1500 米 × 1200 米，面积约 1.8 平方公里；南宫 1300 米 × 1000 米，面积约 1.3 平方公里。南北宫相距一里，以复道相连。两宫合占洛阳城区面积 1/3 以上。城内还有其他宫苑如永安宫和濯龙园。此外，为官府和达官贵族的住宅。重要的市集三处，一在城中，两在城外，表示城外仍有大量居民。宫区占很大比重，全城没有形成以主要宫殿为中心的轴线，城门、街道、市集的布局比较自由，都表明洛阳保持战国时期城市特色而并未遵循周礼营国之制（图 4）。

作为都城，洛阳亦有漕渠建设。洛水下游入河段比较稳定，但上游至洛阳段则常奔溢或枯竭不能航，需另辟漕渠迳至下游偃师境。《水经注》卷十六·谷水："汉司空渔阳王梁之为河南也，将引谷水以溉京都，渠成而水不流，故以坐免。后张纯堰洛以通漕，洛中公私怀瞻。是渠（阳渠）今引谷水，盖纯之创也。"渠桥石柱有铭："阳嘉四年（135年）乙酉壬申，诏书以城下漕渠，东通河、济，南引江、淮，方贡委输，所由而至。"这段话说明漕渠航运可以经由河济远达北方，又可（经泗水）到达江淮流域，范围很广，经济意义重要。除了汉代王梁、张纯的修建，魏明帝时在洛阳修千金堨，堰谷水，开创了谷水的综合利用。经晋代再修，臻于完善。北魏则继承东汉魏晋的遗留。

东汉科学发达。造纸、候风地动仪、橐键风排等发明均出现于此时，居世界先进地位。《后汉书·宦者列传》说："（灵）帝……又使掖庭令毕岚铸铜人四，列于苍龙、玄武阙，又铸四钟，皆受二千斛，悬于玉堂及云台殿前。又铸天禄虾蟆，吐水于平门外桥东，转水入宫。又作翻车渴乌，施于桥西，用洒南北郊路，以省百姓洒道之费。"天禄虾蟆似为引水北流器具，其原理不详。至于"翻车渴乌"，《后汉书》李贤注云："翻车，设机车以引水，渴乌为曲筒，以气引水上也。"后者有人解释为虹吸曲管，但很可能是利用单向阀的唧筒式抽水泵。当时已有风箱、水排鼓风设备；金属加工方面，西汉已有齿轮，东汉则有三个轴向旋转的被中香炉，所以唧筒的出现是可能的。这是中国历史上市政工程使用机械的最早记载，在世界上也是当时最先进的。

东汉班超经营西域，丝路再度畅通，中国和罗马直接来往。西方文化进入中国，更重要的是印度佛教亦于此时进入中国，洛阳则是佛教在中国的第一个据点，创建了白马寺。洛阳又是儒学中心，建立了国子学、灵台、鸿门学等。继长安之后，洛阳成为又一个东方经济文化中心。可是东汉末外戚与宦官的斗争引发了长期战乱，董卓挟献帝迁于长安，洛阳遭到重大破坏，以致献帝迁河北、都许县，再也未回洛阳。当时天下三分，割据的三国国都：魏的邺、吴的建业、蜀的成都，成为三个中心。经过三十年，直到献帝逊位，曹丕称帝，将魏都由邺迁洛，才在残破的废墟上重建洛阳。但是重建工作主要是他的儿子明帝时（227—239年）进行和完成的。和东汉时相比出现了较截然不同的新面貌。

史称"明帝时始于汉南宫崇德殿处起太极、昭阳诸殿"，似乎曹魏时仍有汉南宫，且主殿太极殿在南宫。此说可疑，与许多史例抵牾。据研究，南宫于魏明帝时已废除，而建立单一集中的宫城，其址大致以汉北宫为基础而颇有变更。按照邺城经验，魏明帝青龙三年（235年）创建了太极殿和东西堂，且建立了综览全国政务实即中央政府的尚书台于宫内，二者（太极殿与尚书朝堂）东西骈列，二者前方的宫门（阊阖门与司马门）亦东西骈列。外朝之北为内殿，再北为芳林园（后避齐王芳讳改为"华林园"）。这一模式不仅由西晋全部继承，也为东晋、南朝所继承。两百多年后北魏重建洛阳时所依循的也是这一模式。太极殿和东西堂制度且曾为许多同时期的霸国所模仿。其影响之大、历史地位之重要是不言而喻的（刘敦桢《六朝时期之东西堂》）。

单一的宫城正门阊阖门前形成直达宣阳门的御街，因列置铜驼被称为"铜驼街"。重要的官署府第均分布于街两侧。于是形成了城市的主要轴线，也是前所未有的。当时城内修建宫殿苑囿，全面整治水系，又增建洛阳城西北角的金镛城，工程浩繁。史称："百役繁兴，作者万数，公卿以下，至于学生，莫不展力，帝（明帝）乃躬自掘土以率之。"经过这次建设，洛阳大为改观。

洛阳的建设自魏迄晋长期持续。其最突出的成就是对水资源的利用和城内外水系的改造，特别是谷水的充分利用，可以说达到很高水平。

谷水源自渑池境，东流至洛阳西郊，魏明帝时，筑千金堨以提高水位，利用位能驱动水碓舂谷物。然后南北绕城而东，下游成为漕渠至偃师境入洛水。谷水又枝分入城，称阳渠，环流街衢供城市生活用水，又流入宫苑，形成蓄水池沼。这些池沼之间用石砌的地下暗渠沟通，并与谷水（阳渠）相通。直到两百多年后北魏孝文帝迁都洛阳修治街渠时，发掘出这些石砌暗渠，发现石工细密坚固，不曾损坏，决意继续使用。《洛阳伽蓝记》中记载："凡此诸海，皆有石窦流于地下，西通谷水，东连阳渠，亦与翟泉（洛阳城内天然泉沼）相连。若旱魃为害，谷水注之不竭，离毕（大雨之兆）滂润，阳谷泄之不盈。"指明各池用石窦沟通，互相挹注，保证不盈不竭，无论炎旱淫雨均不能为害。用石窦（石拱券）作地下沟渠的好处是：不占地面道路，不需经常疏浚维修，不用桥梁等附加工程，一劳永逸，遗利无穷。笔者深信汉魏洛阳遗址地下迄今仍保存部分石券暗渠。若有，将是中国古代城市建设中高度智慧水平的宝贵证据。

阳渠水出城东流为漕渠，在东阳门外的太仓前形成可以"舳舟千艘"的大河港，又形成几处开阔的水面如方湖、鸿池等，然后东流入洛。谷水综合了动力、生活用水、绿化、养殖、改善环境气候、舳舟、漕运等多种功能，其利用可谓淋漓尽致，值得今人钦佩深思。王梁、张纯、陈勰等人著有劳绩，值得纪念。

西晋末年八王之乱，战争连绵，国力削弱，北方的匈奴乘虚而入，挟持晋帝西去长安，不久晋亡（316年）。洛阳饱受兵祸焚掠，沦为墟丘。北魏太和十七年（493年），孝文帝南巡至洛阳，见此荒凉情景，十分感慨。史载"帝顾谓侍臣曰：晋德不修，早倾宗祀，荒毁至此，用伤朕怀。遂咏黍离之诗，为之流涕……"尽管伤感如此，几天之后，他仍然作出迁都洛阳的决定。近世论及此时，常强调政治与文化的原因。认为是政治上控制中原南下江淮之必需，又是文化上脱离旧俗、学习汉文化之必要。其实，孝文帝自己说过，经济是根本要点："朕以恒代无运漕之路，故京邑民贫。今移都伊洛，欲通运四方，而黄河急浚，人皆难涉，我因有此行（谓乘船经泗水入黄河再溯洛水还洛阳），必须乘流，所以开百姓之心。"（《魏书》卷七十九·成淹传）他看到水运的重要，亲身宣传，启发北土百姓熟悉乘船，开阔眼界，是一位有眼光有魄力的人物。

现在看到的汉魏洛阳遗址，主要是北魏重建的结果。当时利用西晋废墟基址，并曾派人考察模仿与西晋洛阳宫城一脉相承的南朝（时为南齐）都城建康的宫室城邑的布局。考察原意为了改造代京宫室，结果却用于重建洛阳宫室。主其事者就是蒋少游。这次重建可谓相当成功，使洛阳成为古代一处规模宏伟、秩序井然、景象壮丽的伟大都城。

首先，规模扩大。原有的洛阳城作为内城，其中主要是皇宫、苑囿、官署、佛寺和达官贵族的住宅。一般居民只有少数居住内城，而在四郊加建外郭和居民坊里。这些"里"各为一里见方，四周筑坊墙，共三百二十"里"（《洛阳伽蓝记》载为二百二十"里"）。整个外郭"东西二十里，南北十五里"，这个尺度较之号称世界古代第一的隋唐长安城还要略大一些（长安东西十八里一百一十五步，南北十五里一百七十五步）。但是尚未能得到考古发掘的证实，外郭迄未发现。然而从总轮廓看，北魏洛阳无疑是隋唐长安的先声（图5）。

其次，宫城的改建。北魏的宫城是在魏晋宫城址上重建的，但最大的特点是东西干道（自建春门至阊阖门）穿过宫城，分之为二，南部为大朝太极殿和常朝尚书朝堂区，它们分别南对宫城南门阊阖门与司马门，北部为后宫禁内和华林园内苑区。城市干道穿越宫城并不表示城市交通可以通过，但可以表示宫城位置和划分与整个城市构图的结合。东阳门和西阳门之间大道则穿越宫城阊阖门和司马门前。宫城阊阖门前铜驼街直达宣阳门，仍然保持魏晋传统，形成城市中轴线，两侧布置重要的府寺官署以及太庙和社稷。宫城居城市北侧，南向有长列的导入序列——御街，直达市主南门，这种布局，以北魏洛阳最为明确、典型。但是，轴线并不居中而偏西侧，这是因为东侧有尚书朝堂的结果。后来的隋唐长安与此不尽相同。

第三，北魏洛阳充分恢复魏晋洛阳的城市水工设施而得以更好地利用水资源——仍然主要是对谷水的利用。洛阳城内清流环萦，绿荫夹道，环境极为优美。并且引流入私宅、入寺观，使园林有良好发育基础而极为兴盛。《洛阳伽蓝记》载："……帝族王侯、外戚公主，擅山海之富，居川林之饶，争修园宅，互相夸竞……高台芳榭，家家而筑；花林曲池，园园而有。"互以园池争胜，成为风气。至如寺观园林也很普及，如宝光寺"园地平衍，果菜葱青……园中有一海，号咸池，葭菼被岸，菱荷覆水，青松翠竹，罗生其旁"，河间寺"……入其后园，见沟渎蹇产，石磴礁嶭，朱荷出池，绿萍浮水，飞梁跨阁，高树出云……"，皆是因水成景。至如景明寺，则用水更为周到："寺有三池，崔蒲菱藕，水物生焉。或黄甲紫鳞，出没于繁藻，或青凫白雁，浮沉于绿水。碾碨舂簸，皆用水功。"，把园林和养殖、水能利用结合起来。

北魏统治阶层崇信佛教，洛阳地区佛寺兴盛，数达 1300 余处。其中不少是"舍宅为寺"，有的仅立一刹柱象征佛塔而已。足见寺院之普及。其中最为宏大的是著名的永宁寺，位于宫城前铜驼街西，基址犹存，已经为考古发掘证实。寺中心大塔，九级，高四十九丈，高耸入云，雄伟堪称空前绝后。北魏皇室沿袭代京开凿云冈石窟先例，在伊阙营建新的石窟群。这些都使洛阳面貌大为改观。

魏迁都洛阳不到40年，便建立起一个人口众多（约60万人），市场繁荣，环境优美，文物昌盛的大都市，吸引着远方外国客人，甚至对处于鼎盛时期的南朝梁国，也很有吸引力。为此，在洛河永桥之南辟四夷馆（金陵、燕然、扶桑、崦嵫），设四夷里（归正、归德、慕化、慕义），以处南朝（吴人）、北夷、东夷、西夷的归化人。并于永桥南设四通市（永桥市）贸易外国商货，专售伊、洛出产的鲜鱼给南方人。如果不是北魏孝文帝决策迁都并择定了地位适中、水运便利、基础设施良好的洛阳故址，很难想象在如此短暂时间内从废墟上能建立一个伟大都城，而使鲜卑族从此摆脱经济贫困、文化闭塞之苦。我们于这一历史事实的回顾，尤能领悟水资源、水运对古代都城的决定性作用。

物极必反，物质文化生活的高度上扬，反而促成鲜卑拓跋氏上层的迅速腐化。政变、内讧、尔后朱氏集团与拓跋氏之间的争权残杀，导致北魏政权迅速衰落，实权落入鲜卑庶族出身的军阀高欢手中。534 年，高欢立孝静帝，迁都邺城，与逃去长安依附宇文氏的孝武帝对立，史称"东魏"与"西魏"。北魏结束。都城洛阳人户迁往邺城，并拆运洛阳宫殿材木去邺建立新宫殿。这次迁都非常仓促，"诏下三日，车驾便发，户四十万，狼狈就道"，"……发十万夫，撤洛阳宫殿，运其材入邺"。喧赫一时的洛阳，又成为沉寂的空城。

三、六朝建康

六朝，即吴、东晋、宋、齐、梁、陈。六朝都城均在今南京。吴称"建业"，西晋末，避愍帝司马邺讳，改名"建康"。229—589 年，除西晋亡吴至东晋立国之 37 年以及梁元帝都江陵之 3 年外，共作为国都 320 年。

这座都城是吴国所奠立。东汉末年，中央失控、群雄并峙，吴郡地方势力孙氏集团逐渐强大，其指挥中心随军事行动形势和疆域扩张而不断迁移。最初孙坚在会稽（今浙江绍兴），战死后其子孙策继起，进据吴郡（今江苏苏州）。孙策死，其弟孙权继位，于 208 年迁于朱方（后改京口，今江苏镇江）。赤壁战后，211 年，由朱方迁秣陵，改名"建业"。215 年，爆发吴蜀荆州之争，迁于陆口（今湖北蒲圻境，滨江）。219 年占据荆州，又以公安（今湖北公安）为中心。221 年，继曹丕称帝之后，刘备也称帝。孙权则受曹丕封为吴王，自公安迁鄂（今湖北鄂城），改鄂为武昌，改年号为"黄武"，建武昌宫。229 年，孙权最后称帝，建吴国，自武昌迁都建业。这个择址，是由当时吴的整体形势所决定的。吴的立国以长江中下游的荆扬二州为主，即古来吴楚之地。后来又扩展至交州。分之为交、广二州。建业位置号称吴头蜀尾，是二者的衔接点，可以兼顾根据地吴地和主要的疆域楚地，又接近与魏国对峙的前线地区淮河中游，就吴国而言，地位适中，便于控制全局。微观而言，建业滨临长江可倚为天然屏障。与上游荆楚地区交通往来方便，境内山势龙蟠（钟山）虎踞（石城），地形显要，又处秦淮河入江口，水运方便，腹地开阔，确实是理想的建都地。孙权同时派上大将军陆逊辅佐太子孙登留守武昌，作为陪都。

建业自此开始了大规模建设。即改孙策的将军府为太初宫，建造建业城周长二十里一十九步，其址与以后的建康城大致相当。接着逐步整修河道和水利设施。240 年，命都尉监造运渎，自秦淮引流至仓城，通航运粮入仓。次年冬，下令开凿东渠，引清溪水至建业城北堑，与运渎相接，又和后湖（以后名"玄武湖"）相沟通，使建业城周围形成完整的河网，既便于居住区的灌溉和生活用水，又便于水上交通运输。因水营建住宅园林和水上行船往来娱乐，以后成为建业（建康）城市一大特色。

245年，命校尉陈勋发屯田兵三万在秦淮河上游开凿运河，号破岗渎，东去经句容中道至云阳西城（今丹阳县境），与通往吴、会稽地区的河道相接，自此建业与吴地的交通运输不必经由长江京口，而由破岗渎直接沟通。当时建业的粮食物资供应主要仰给于三吴地区，人员往来、商业贩运非常频繁，至晚在东晋时，为检查往来舟船和征收商税，在秦淮河上游破岗渎的近方山处设方山津，与设在秦淮河入江口的石头津并为两大水路关卡。而后来由建康东出人士的饯别之地，即在秦淮河上游城郊的东冶亭。直到陈朝亡于隋，这条重要的运河才被废弃不用。运河采用水闸分段提升或降低水位的办法越过高地，上下共十四道闸（埭），技术上也很先进。

经过整治水道，发展运输，建业城日益繁盛。晋左思《吴都赋》云："朱阙双立，驰道如砥。树以青槐，亘以绿水。玄阴耽耽，清流亹亹，列寺七里，夹栋阳路。屯营栉比，廨署棋布。横塘查下，邑屋隆夸。长干延属，飞甍舛互。"自宫门南出至朱雀门的七里间，接连布置官府廨署。出朱雀门即是跨秦淮河的浮桥朱雀航（同"桁"）。居民邑屋绵延西至长江岸，南逾秦淮十里至查浦。可见居民众多，城市繁荣。

经过吴国五十年的建设，建业成为新兴的繁荣都城。280年，西晋灭吴，建业降为宣城郡治所，282年改名建邺。西晋末年八王之乱，中原扰动。307年，皇室司马睿任安东将军，出镇建邺，修吴国旧都城和太初宫而居。313年，晋愍帝司马邺即位，改建邺为建康。317年，愍帝被虏，司马睿自立为晋王，次年称帝，开始了东晋王朝，同时建康也重新成为都城。司马睿一切因吴国旧有，唯一大建设是筑长堤长六里余，东起覆舟山西，西至宣武城，用以蓄北山之水，名北湖，是形成为人工湖之始，时为320年，对改善和节制建康供水条件大有益处。宋文帝元嘉年间再次修筑堤蓄水，命名为玄武湖，是建康的主要水源之一。

东晋建国之初，内患迭起，王敦、苏峻两次叛乱，朝廷自身岌岌可危。苏峻乱中，原来宫室毁于兵火。当时群臣建议迁都，独丞相王导坚决反对而未迁。330年，就吴的苑城加以修改成为建康宫，其址自太初宫原址移向东北。当时一切草创，因陋就简。至378年，由大臣谢安主持，大将毛安之经营再次重建，才规模完备，制度壮丽，一直沿用至陈亡被平毁为止。这就是历史上人们熟知的台城。

台城形制仿效西晋洛阳宫。城方八里，开五门：南面骈列着大司马门和南掖门，东、北、西三面各为掖门一。大司马门又名"章门"或"阙门"，内为太极殿及东西堂，大朝所在。南掖门内为尚书朝堂，为常朝所在。尚书台实际即中央政府，总览天下政务，亦称"天台"。因此，南掖门又名"天门"，而尚书台所在宫城亦称为"台城"。大司马门南直都城宣阳门，相距二里。夹道开御沟、植槐柳。宫城外堑内绕城种橘树，宫墙内则种石榴，而殿廷间多植槐。台城内引后湖水环流殿阁间，芳草香树，映砌佛檐，环境美丽，可称是园林化的殿廷，这是明清故宫的高墙峻宇、肃杀枯寂所不能比拟的（图6）。

东晋以后各朝在台城屡有建造，主要是后宫内殿和华林园区，台城基本制度不变。只是宫城南面加至四门：大司马门之西加西掖门，南掖门之东加东掖门；改原东掖门为万春门，改原西掖门为千秋门。北面加一门为二门，东为原北掖门（或名"平昌门"），西为大通门，与台城北同泰寺相对（大通与同泰为反语）。一共八门，为台城最后形态。

都城的北垣和宫城北垣相重合，均以潮沟为北堑。这种布局近于曹魏邺城，而以后各代都城惟有隋大兴城（唐长安）与此相仿。建康城东西各两门，其东面建春门与西面西明门之间贯通大道，即宫城大司马门前横街。大司马门对都城宣阳门而南掖门对津阳门。宣阳门御道向南延伸则达朱雀门及朱雀航。

台城和建康城的位置虽不能确指，但青山常在，地貌未改，参以史籍记载，尚能大致判定。自唐以后历宋、元、明、清各代史料均大致不误，惟至20世纪30年代，朱偰先生《金陵古迹图考》一书将建康北垣置于玄武湖南岸覆舟山至鸡笼山一线，其后各家著作均沿袭此说，迄今莫改实为大谬。鸡笼山南麓为东晋帝王陵区之一，而覆舟山南为东晋北郊所在，如何可能属城区范围？

东晋时，建康城垣仅是竹篱，至齐朝始筑垣。其外郭则始终是竹篱，郭门即篱门。又沿秦淮水和青溪亦有篱或栅，共有篱门五十六所，根据其中重要的几处尚可大致推断范围。由朱雀桁渡秦淮南去大道，过石子岗设有国门。在建康城周围，散布着筑有城垣的小城若干，也是军事据点。如石头城、西州城、东府城、丹阳郡城；更外围还有越城、新亭、白石垒、琅琊城等。西州原是扬州刺史治所之地，东晋末亲王司马道子任扬州刺史，以青溪第为府，号东府，刘裕筑城成为此后扬州刺史驻地，亦驻军队。更为重要的是石头城，据秦淮入江口，负山临水，形势险要，为建康门户，兵家必争。城内囤储粮食军资，重兵驻守，大将监临，长江水军船舰，也以此为基地。隋亡陈以后，改建康为蒋州，即以石头城为刺史驻地和府舍所在。石头城址约在今汉中门骁骑仓以南一带，北以乌龙潭为界。后人认"鬼脸城"石崖处为石头城乃是误会（图7）。

建康城内除宫城、东宫而外，主要是官署和一些宅第，居民分布多在城外。早期多沿秦淮两岸，依自然地形自然分布。当时称山陇之间为"干"，于是有大长干、小长干、东长干等巷名。街巷纡曲斜错，没有修筑整齐，高垣封闭的坊里，夜间虽有巡逻呵察行人，亦无关闭坊门的宵禁制度。稍晚南朝时，官吏士族多择居于清溪潮沟一带，河上行船往来，更无坊里限隔。这和中原的封闭式坊里制城市大异其趣。认为中国宋以前城市无例外地采取坊里制的说法，似不能成立。

由于商业发达，建康的市大小一百余处，散布于居民间多位交通要冲之地，如渡口城门处。建康城市范围逾出城垣之外，呈开放型，南至石子岗，北逾钟山，市街繁荣；南朝最盛时（齐梁两代），人口逾百万，是古代中国少有的大城市之一（图8）。青溪一带，因水成景，风景优美，园林发达。宋朝阮佃夫，"宅舍园池，诸王邸第莫及……于宅内开渎，东出十里许，塘岸整洁，泛轻舟，奏女乐。"陈朝孙玚："居处奢豪，宅在青溪东大路北，西临青溪，溪西即江总宅，玚家庭穿筑，极林泉之致，歌童舞女，当世罕俦，宾客填门，轩车不绝。"东晋末郁僧施："宅于青溪，每清风美景，泛舟溪中，歌一曲，作诗一首。谢益寿（混）闻之曰：青溪中曲复何穷尽。"一般城市居民，也极情行乐享受。史称齐武帝时，"十许年中，百姓无犬吠之惊。都邑之盛，士女昌逸。歌声舞节，袨服华妆。桃花绿水之间，秋月春风之下，无往非适"（《南史·循吏传》篇首）。后世艳称"六朝金粉"，就是指这种追求悠闲舒适享乐声色的社会风气。

六朝建康的文化艺术在我国古代历史上也是一个高峰时期。其中突出的是佛教艺术，自孙权于建业造建初寺而后，历代不断造寺，至梁代达到极盛。许多艺术创作集中于佛寺之内。如东晋末顾恺之于瓦官寺壁画维摩像，梁张僧繇于阿育王寺画壁及在一乘寺的壁画花卉采用印度画法，烘染为立体感，都是画史上著名事例。六朝盛行铜铸佛像，伟大作品已不可睹，至今尚见小者，均为艺术珍品。佛寺殿阁塔宇，轮奂美观，秀丽轻逸，其遗风至今仍可见于若干日本古代佛寺建筑中，日本建筑受到南朝影响非止一端，关系密切。

陵墓石雕刻以梁代为代表。东晋薄葬，地面无遗存。自宋起，陵墓石阙石兽（辟邪）复又再现。宋朝辟邪直接引自南阳襄阳地区，该地东汉时期石雕刻即以体态生动、技法细巧著称，至今留有遗例（南阳宗资墓辟邪）。齐梁陵集中于南兰陵（今江苏丹阳），但南京近郊梁贵族墓的石雕刻（如萧景、萧憺、萧恢、萧秀诸墓）雄浑有力，气势豪迈，是我国石刻艺术珍品。梁朝石辟邪已成为南京的城市标记。

建康的核心台城，不仅是政治军事中心，也是文化艺术科学活动的中心。台城中的华林园，除了是游赏休憩的园林，还是佛教活动中心，如重云殿是皇帝讲经、舍身、无遮大会处。梁代华林园中还集中大量佛教经典；台城内寿光、文德、永寿等省，也收藏大量图书，由文人学士入值整理诠释，编成《华林遍略》和《寿光书苑》两部综合性丛书，当时就受到重视，传抄贩卖于北朝东魏国内。

华林园中有测日影的日观台，天文观测处通天观。重云殿前置浑仪，文德殿前置浑天象等天文仪器，成为天文研究中心。大科学家何承天、祖冲之均曾在园中工作。

台城中还有藏书的秘阁（属秘书省），乐工乐器所在的总章观，说明台城是多种文化活动的集中地。

台城也是当时建筑艺术的最高代表，建树颇多。例如梁武帝建石阙于大司马门前（508年），史称其"穷极壮丽，冠绝古今。奇禽异羽，莫不毕备"。台城宫殿，常三殿一组，或一殿两阁，或三阁相连，对称布置，其间泉沼环绕，杂植奇树花药，以廊庑阁道相连，人间宫苑转为理想中的极乐净土。敦煌唐代壁画常采取"净土宫"的背景，就是这种一组三殿模式。影响到日本的以阿弥陀堂为中心的净土庭园，最著名的代表即是后冷泉天皇天喜元年（1053年）时建造的京都宇治平等院凤凰堂，溯其原则脱胎于南朝宫苑的建筑艺术。

建康城区河道疏通，丘陵起伏，既有规整宏伟的御道门阙，也有顺任自然而分布的街巷市集。建康有发达的水运系统保障粮食物资供给，自然景物极为优美，加以人工营构，正如谢朓鼓吹曲《入朝曲》所称道那样：

> 江南佳丽地，金陵帝王州。
> 逶迤带绿水，迢递起朱楼。
> 飞甍夹驰道，垂杨荫御沟。
> 凝笳翼高盖，叠鼓送华辀。
> 献纳云台表，功名良可收。

六朝是南京这座历史文化名城奠基和繁华光荣的时期。在这里曾生活和活动过许多著名的政治家、军事家、科学家、文学家、艺术家，人才辈出，项背相望。如王导，谢安，刘裕，祖冲之、祖暅父子，何承天，范缜，王羲之、王献之父子，谢灵运，颜延之，鲍照，顾恺之等人，给后人留下众多宝贵文化财富，是中国古代文化的一个巅峰。

可惜梁朝末年侯景之乱摧毁了建康城。梁军收复建康时所见的是："都下户口百遗一二，大航南岸极目无烟。"百济使臣来到建康，见兵火荒残之余，城邑丘墟，不禁在石阙前失声痛哭。这座东方的文化中心自此一蹶不振。陈朝虽勉力挣扎，但捉襟见肘，仅可维持。约四十年后，589 年，陈亡于隋。隋文帝下令隋军彻底平毁建康城，夷为耕田。取消建康名称，迁扬州治所于广陵（今江苏扬州），代以在石头城设置的蒋州。

　　但是建康的城市基础仍在，道路、桥梁、水系、寺院、相当多的市民邑屋和市场仍在。文献中记录了仍保留到唐代的建康城市面貌。虽然人口减少，城市萎缩，仍不失为东南重镇。唐代后期，蒋州改称"昇州"，号金陵府。908 年，割据江淮的杨行密（吴王）的权臣徐温为昇州刺史，开始经营金陵，其养子徐知诰（即南唐开国帝王李昇）于 912 年继为昇州刺史，至 933 年，营宫城于金陵，准备篡位，937 年乃自立为帝，国号南唐，都金陵。李昇经营的金陵城，北侧包括了六朝的建康城（及台城）和石头城，南越过秦淮河，筑城垣将古代越城和六朝的丹阳郡故城圈入金陵城内，城垣范围远远大于六朝建康城，但实际上的居民人口和分布范围仍远不如鼎盛时期的建康。南唐金陵城明显是在六朝建康的基础上建立的，而不是凭空创造，我们应注意到历史的继承性。

四、隋唐长安

581 年，杨坚篡北周帝位，建立隋朝，是为文帝。次年，隋文帝开皇二年（582 年），下诏营建新都于长安故城东南约三十里龙首原一带。这是一次近距离的迁都，宏观上仍处于关中渭水盆地的中心。因为隋继北周，也属关陇贵族统治集团，其根据地仍在关中。当时隋拥有原北齐、北周和原为南朝的益、荆两州等地域，已统一了大半中国，只有南朝陈国，尚隔长江对峙（图 9）。

开皇二年（582 年）六月诏云："……此城（长安故城）从汉，凋残日久，屡为战场，旧经丧乱。今之宫室，事近权宜，又非谋筮从龟，瞻星揆日，不足建皇王之邑，合大众所聚……龙首山川原秀丽，卉物滋阜，卜食相土，宜建都邑。"乃诏左仆射高颎、将作大将刘龙、工部尚书钜鹿郡公贺娄子干、太府少卿高龙叉等创造新都。宇文恺以太子左庶子任营新都副监。此役虽由宰相高颎总其大纲，而"凡所规画，皆出于恺"。其时宇文恺仅二十八岁。是年十二月，命名新城曰"大兴城"。

大兴城的建设，可说是世界城市建设史上的一个奇迹。其面积约达 84 平方公里（考古实测为 9721 米 ×8651.7 米，不计入大明宫及西内苑），是中国古代也是世界古代最大的城市。可是营建速度十分惊人：开皇二年六月下诏营新都，十月即拆除长安故城内北周宫殿，输其材木去新都，翌年三月，即迁入新都。前后不过十个月光景。当然这是指主要的宫殿、府署和寺观首先建立，至于坊市民居等大量建筑则陆续营构，然而后期并不久。究其因，主要由于中国古代的木构建筑容易拆卸搬迁再建于新址，而此次迁移距离不过二三十里范围，易于就功；另一方面，则是规划明确，组织工作的有条不紊，预先明确测量定位，加以标志，各个建筑组群如宫殿寺观衙署第宅乃至居民坊市均各分地段，分兵齐进：目标明确，秩序井然，方能高速度建设。这是世界城市建设史上一次真正的奇迹，标志当时中国高度的文化水平。

大兴城的形制可说有两个来源：置宫城于北而官署坊市于南，宫城北垣与京城北垣重合，近于南朝建康；宫城位于中央而闾坊向两侧发展形成南北微缩而东西略长的平面，则类似于北魏洛阳，而且尺度规模也相近。此外，大兴城的制度还明显受到当时已常用于州郡级城市的"子城——罗城"制度的影响。所谓"子城——罗城"制度，即：统治机构的衙署、邸宅、仓储、飨宾与游息、甲仗、监狱等部分均集中于城垣围绕的子城（内城）内，其外更环建范围宽阔的罗城（外城）以容纳居民坊市以及庙宇、学校等公共部分。控制全城作息生活节奏的报时中心——鼓角楼，即为子城门楼。这种方式及其变体曾是自两晋以后迄 20 世纪初中国州府城市形制的基本模式。隋大兴的外郭又称"罗城"，皇城又号"子城"。皇城与其北的宫城类似子城与衙城（衙城是子城内更为核心，供城市最高统治者居用的部分）的关系。而隋大兴（随即为唐长安）的报时中心则在宫城正门广阳门（唐改顺天门，又改为承天门）。

全城以南北街十四条、东西街十一条纵横相交成方格网状道路系统，其间分布 108 坊及两市，京兆府、大兴（万年）长安两县、折冲府四、僧寺六十四、尼寺二十七、道士观十、女观六、波斯寺二、胡祆祠四，错落列置各坊间（图 10）。入唐以后，寺观又有增加，坊数亦略有变化。

道路宽窄并不一致，一般分割坊里的东西街道宽 40～55 米，南北街较东西街为宽，在 70～140 米之间。尤其皇城正门朱雀门所值中央大街，称朱雀大街或称天街，宽达 147 米，实际并非交通频繁所需而是因为此街南出明德门（亦称"五门"），为皇帝郊天仪仗所经，仪卫士卒达十数万众，浩浩荡荡，规模宏大，然而一年之中不过一次而已，常日只是壮丽而空阔。道旁开渠植树，号称"槐衙"。

这条天街把大兴城界为对称的东西两部分，街东称"左街"，由大兴县（唐改万年县）管辖，街西称"右街"，由长安县管辖。两县各辖一市。金吾卫、军巡院也分左右设置，甚至重要寺观也对称设置，如靖善坊的大兴善寺与崇业坊的玄都观隔街东西相对，是国家级的大寺大观，而居德坊的宝昌寺与兴庆坊的禅林寺（兴庆坊全坊唐开元划为兴庆宫地，禅林寺因而取消）也东西对称设置，成为县寺。

大兴城范围宽阔，以当时长安故城人口而言则新城有城广人稀之虞，尤其南侧远离宫城皇城核心和两市，更为空阔。"隋文帝以京城南面阔远，恐虚文耗，乃使诸子并于南郭立第"（《两京新记》），如汉王谅在昌明坊（全一坊），秦王浩在道德坊，蜀王秀在归义坊（尽一坊之地）。至于京城西南隅的两坊，和平坊和永阳坊，则并立两所规模极宏伟的僧寺：大庄严寺和大总持寺。虽然如此，到了唐代，这一带仍然荒凉，"自兴善寺（在靖善坊）以南四坊，东西尽郭，虽时有居者，烟火不接。耕垦种植，阡陌相连"。尤其"自威远军（在安善坊）向南三坊，俗称围外地，至闲僻"（《长安志》），很少居民。但是，有些坊里则人烟稠密，如崇仁坊，"北街当皇城之景风门，与尚书省选院最相近，又与东市相连，选人京城无第宅者多停憩此。因是一街辐辏，遂倾两市，昼夜喧呼，灯火不绝，京中诸坊莫之与比"（《长安志》）。又如西市，"市内店肆，如东市之制，长安县所领四万余户，比万年为多。浮寄流寓，不可胜计"（《长安志》）。居民人口分布密度，自有其规律，绝不能强求平均。这一点是隋初建大兴时始料所不及。

大兴实行严格的夜禁制度。根据唐初编订的《唐律疏议》记载："《宫卫令》：'五更三筹，顺天门（宫城正门）击鼓，听人行。昼漏尽，顺天门击鼓四百槌讫，闭门。后更击六百槌，坊门皆闭，禁人行。'违者，笞二十。"但是，"有故者不坐"。所谓"故"，注云："谓公事急速。但公家之事须行，及私家吉、凶、疾病之类，皆须得本县或本坊文牒，然始合行，若不得公验，虽复无罪，街铺之人不合许过。"不过，"若坊内行者，不拘此律"。击鼓由顺天门（承天门）城楼开始，以此为中心，向四外传播，各街立铺，击鼓传递，霎时声遍全城。昼尽按禁门、殿门、宫门、宫城门、皇城门、京城门的顺序由内而外依次闭门；晓鼓动后，则依相反的顺序，由外而内依次开门。城市生活因之而受节制，而奸盗无从活动容足，保障了城市的治安。这一种夜禁门卫管理制度，虽不创自隋代，要以隋大兴（唐长安）最为典型。

大兴建城不久即着手城市供水系统和漕运河道的建设。开皇二年（582年），引浐水经长乐坡入城，称龙首渠。分两枝，一绕城东北隅入禁苑，一经城东北诸坊入皇城再北入宫城潴成东海。开皇三年（583年），引交水由大安坊处入城，一直北上，穿行坊市（西市），北入芳林园，再入北苑，再入渭，是为永安渠。大约同时又引浐水由大安坊处入城，向北穿过各坊，入皇城，再入宫城，注为南海、西海、北海，是为清明渠。又有引黄渠而成的曲江，枝分盘屈于城的东南方。这几处水道，主要为解决坊市和皇城、宫城、内苑的供水问题。其中曲江是秦代即有，入隋唐更开发为风景园林区，唐在此扩建了芙蓉园，皇帝和市民都可以享用。开皇四年（584年），命宇文恺开广通渠，引渭水从大兴到潼关入黄河，供漕运用。渭水河道多沙，易冲刷壅垫，深浅不常，难于航运；汉代的漕渠早已废弃不用，又因大兴人口增加，需粮增多而有是举。这是大运河的第一段。隋炀帝大业年间运河更延伸至扬州，大兴、洛阳与江南间的交通运输得以有根本的改观。以后，唐代没有很大的建树，仅辟了因材木至西市的漕渠和一条专供运薪炭的水渠而已（图11）。

　　隋代是短暂的，继之而起的唐朝全部继承隋的经营成就。唐代改大兴为长安（或称"西京"，或称"上都"）。唐代是中国封建社会最兴盛的时期，人们都知唐长安，往往忘了或不知道隋文帝的建设成就。对此，宋代吕大防说了几句公道话，"隋氏设都，虽不能尽循先王之法，然畦分棋布，闾巷皆中绳墨，坊有墉，墉有门，逋亡奸伪，无所容足，而朝廷宫寺，民居市区，不复相参，亦一代之精制也。唐人蒙之以为治，更数百年间，有能增大别宫观游之美者矣，至其规模之正，则不能有改，其功亦岂小哉！噫，隋文之有天下，才二十二年而已，其划除不廷者非一国，兴利后世者非一事，大趣皆以惠民为本，躬决庶务，未尝逸豫，虽古圣人夙兴待旦，殆无以过此，惜其不学无术，故不能追三代之盛。予因考证长安故图，爱其制度之密而勇于敢为，且伤唐人冒疾史氏没其实，聊记于后。"我同意这话，隋人确实称得起"勇而敢为"。

　　入唐以后，长安城最大的变化是唐高宗时建立大明宫和玄宗时建立兴庆宫。前者代替太极宫（西内）成为主要正式朝廷，后者却是一处离宫。大明宫的宫城门为丹凤门，为开辟门前大街，遂将翊善、永昌两坊一劈为四：翊善分出光宅坊，永昌分出来庭坊。丹凤门大街长仅两坊之距，翊善、来庭遂为宦官第宅集中之地。各州进奏院（相当今之各省驻京办事处）多集中东城北部诸坊。兴庆宫本兴庆坊地，唐玄宗潜邸所在，开元二年（714年）置宫，开元十四年（726年）又取永嘉、胜业坊之半为宫地，称"南内"。因建宫，其周围诸坊和东市都受影响，不再规整如前。唐代对长安的另一改变就是增加两处夹城：一由东苑沿京城东垣至曲江芙蓉园；一由西内苑沿京城北垣至芳林苑。这是皇帝游幸的专用复道，来往不为百姓所知。

唐长安既是全国财富集中之地，又是运河——广通渠的终点，还是国际贸易丝绸之路的起点，人口集中（有人估计最盛时一百七八十万人）、商业繁盛。大兴城建立之初，隋的立国是以均田制和府兵制为基础的，这是小农经济的产物。当时的大兴城所采取的坊里、夜禁制度只适于商品经济不十分发达的城市。在坊里制的框架内，商业经济与城市形制日益矛盾，同时发展起来的市民生活，也处处寻找自己的活动场地。

长安有对称设置的东西两市。东市方六百步（约900米×900米），四面各开两门，市辟"井"字形街道，位于核心的是东市局及平准局，周围各区为邸店铺肆，"邸"是货栈兼营批发，"店"是零售，"铺"是手工作坊，"肆"为商业摊点。同类货物集中一街，称为"行"。东市有二百二十行，"四方珍奇，皆所积集"。东城（万年县）住户不如西城多，而多高官显贵，皇亲国戚，因此东市多奢侈品。而西市则多富商大贾，"商贾所凑，多归西市"，"浮寄流寓，不可胜计"，人口密集，更为热闹，规模和东市相同，但居民多达四万余户。根据史料，缘丝绸之路来长安经商的"胡人"，多为中亚乃至波斯人，居住西市及其周围坊里甚众。唐政府不干涉宗教信仰，允许这些异国人建立自己的宗教祠祀之所。有祆祠、波斯胡寺、大秦寺等，也多在西市附近各坊。根据《唐六典》，"凡市以日午，击鼓三百声而众以会，日入前七刻，击钲三百声而众以散"。从汉以来的"市"，大率如此，这是农业经济为主的社会中的市场。唐继隋，虽对市集有种种规定，但实际早已突破。当时有了夜市，坊里中也兴起商店和作坊，尤其笙歌承平的酒肆，更是普遍。有些城市已突破夜禁的限制，坊里的形式渐渐名存实亡。但是长安还是坚持夜禁到最后。

城市文化生活的追求，使得宽阔的街衢有了新的用途。十字交叉的路口，特别是城门楼前成为广场。如玄宗先天二年（713年）元夕于皇城安福门前设灯轮，灯五万盏，宫女千人，万年长安少女千人，于灯轮踏歌三日夜，另侧延喜门前，也是皇帝会见群众的广场。最盛大热闹的是兴庆宫西南角的勤政务本楼——花萼相辉楼所面临的十字街口（胜业坊、东市、道政坊道口），是玄宗时常常举行与民同乐的盛会广场；承天门前则是大朝会的广场。宽阔的天街却是万年（左街）与长安（右街）竞奇斗胜，两朋相争的场所。甚至两街凶肆的方相辒车送丧之具也陈列于天街，以炫示夸耀各肆凶器的华奢精美。

《南部新书》记载："长安戏场多集于慈恩，小者在青龙，其次荐福、永寿。"所谓戏场，是僧寺俗讲场所，即大众化宣传佛教，有说有唱，戒恶劝善，很吸引市民各阶层人。以上所举各寺，多在左街，实际右街也不少。此外还有尼讲、道讲，实际寓宗教于娱乐，是当时的一种文化生活方式。

唐代科举制度，各地应举士人，集中长安。每榜既出，中第进士，例在杏园（慈恩寺南通善坊）举行宴会。宴后群赴慈恩寺塔壁题名。进士还要经过关试（面阅身、言、书、判）才能授官。关试之后又宴集于曲江亭子，是为"曲江大会"。城南曲江芙蓉园一带园林美景，记咏胜况，见诸诗篇，流传后世。

伟大繁盛的唐长安，成为东方各国向往之地。朝鲜、日本等地常有留学生或学问僧来往居留长安。他们带回中国的书籍、佛经、工艺品和文学艺术作品等，也传回京都长安的宏伟规划和建筑。许多国家模仿唐长安建设自己的都城，唐时东北渤海国的上京龙泉府（今黑龙江宁安），日本的平城京（今日本奈良）、平安京（今日本京都），都是显著的例子。平城京中央大街为朱雀大街，分全城为左京、右京，虽无罗城而有罗城门之名，城南对立东市和西市，乃至一坊之内除十字街道外，再以小街分割为十六等分，这也和长安的制度相同。

唐昭宗天祐元年（904年），朱全忠胁迫皇帝迁都洛阳，乃拆毁长安宫室百司及民户庐舍，以其材木浮渭而下，长安遂墟。大兴以拆迁而成，长安以拆迁而毁。

镇守关中的佑国军节度使韩建去掉宫城，又去掉外郭罗城，重修子城（即皇城）。闭原朱雀门和延喜安福两门，仅剩景风、顺义、安上、含光四门，北垣开玄武门，共五门，是为唐末的长安城。入宋，这里是永兴军所在地；至元代，此处是京兆府又改安西路又改奉元路。永兴军时期，按宋制，州军级城市当有子城及鼓角楼之设，而元代各地则拆去子城，仅余鼓角楼于州军（元代称路）府衙门口。根据现存奉元路图，则宋子城位置当即在景风门与顺义门横街之北，相当安上门街与含光门街之间的适中位置，奉元路门在此，其侧敬时楼当即鼓角楼址，仍司全城的报时启闭生活节奏。到了明代，重建城垣，并向北向东扩展各约 1/4。明代晚期，迁广济街钟楼至今址，成为全城中心，这就是今天所见西安城，不过是伟大的隋唐长安之一隅而已。只有南郊孤耸的大小雁塔和唐城遗址范围内不时出土的古代珍奇文物，才引起人们对辉煌的隋唐时期的追忆和眷恋。

五、隋唐洛阳

秦汉以来素称富饶的关中，原来凭借发达的灌溉渠网和肥沃的耕土保证农业丰收。但是汉代以后，灌溉系统长期失修乃至受到破坏，溉田面积减少了四分之三，而建都长安则关中人口大增，官吏、军队和市民仰赖关东漕运粮食。黄河砥柱（在陕州，今三门峡市）天险，漕运损失甚大，降低运力，一旦关中歉收，就不得不出潼关就食于东方。所以，洛阳之营建为第二首都，乃势所必行（图12）。

早在北周灭北齐之后，北周曾准备营建东京于北魏洛阳旧址，且以窦炽为京洛营作大监，进行了一些工程。隋文帝停止了营造东京，但也多次因旱率户口就食洛阳。隋仁寿四年（604年）七月，隋文帝死；炀帝继位后不久，当年十一月，即下令营建洛阳为东京。然而，隋代营建的洛阳不在汉魏旧址，而是西去十八里的新址。这个位置是炀帝亲自指定的，使得新都的正殿、宫门、皇城门、罗城门等形成的主轴，正指向南方的伊阙。这和秦始皇的阿房宫"表南山之巅以为阙"，可谓异曲同工。

隋炀帝营建东都，任命杨素为营作大监，以宇文恺为副监，而宇文恺实际主持。宇文恺因地制宜，使洛阳的规划较之大兴更为灵活，讲求实际。宇文恺善于揣摩皇帝意在奢丽，于是东都宫阙壮丽宏伟超过大兴，这使炀帝十分高兴。

洛阳的营建，每月役使二百万人，历时一年又两个月，于大业二年（606年）正月完成，这是宇文恺规划并督造的第二座平地创建的都城，是历史上又一次少有的高速度完成的城市建设。这项伟大工程，在同一时间内进行多方面的项目。除了城市本身外，宇文恺和封德彝受命于皇涧（在河南宜阳）营建显仁宫，这是和隋文帝仁寿宫可以比肩的豪华离宫，并采集海内珍禽异兽草木以充实苑囿；大业元年（605年），又发动民工百万余人开掘通远渠（通济渠），自西苑（神都苑）引谷水和洛水，东流穿过城市至偃师境再入洛水，东北流于洛口与黄河汇合，然后在板渚（虎牢以东）引河入汴，入泗以达于淮，再经邗沟至扬州入江，成为沟通黄河和长江的大运河，形成以洛阳为终点的交通大动脉。同时，迁汉魏洛阳旧城的居民至新城，又迁徙天下富商大贾数万家到东京。另外，还要采集运输大量建筑材木。

如上，营建新都，包含建设宫殿坊市，营造苑囿离宫，迁移人口，开掘河道，建立仓储，是同时进行的一项综合的系统工程。比之大兴的规划，更有预见，更为周全，也即是更为成熟了。可以说，洛阳的建设，标志中国古代都城建设水平，又上一层台阶。

洛阳新址跨洛水南北两岸，水北逼近邙山，水南为伊阙、香山一带山地，其间洛水横穿，形成河滩平地，伊水、谷水、瀍水诸水在此注入洛水，水资源极为丰富。选址范围东西延伸而南北有限，且为洛水分割，水南大于水北。这些地形特点，使洛阳的城市布局灵活而不对称。

宫城中轴位置既经隋炀帝制订，在此前提下，受地形限制，苑囿不在宫城之北，而在水资源丰富的西偏。所以居民坊市只能向东、向南发展，而水北坊市较少，水南坊市较多。按《唐两京城坊考》所记，水北28坊1市（通远市，唐称"北市"），水南85坊2市（丰都市，唐称"南市"；大同市，唐迁址于固本坊，称"西市"）。洛阳外郭城的尺度，大约是7000米见方，面积约为长安的2/3，但坊数则略多，故坊里尺度较小，约450米见方（即1里见方），当是沿袭北魏洛阳坊里尺度。加以道路街衢宽度较小，除主轴干道定鼎门大街最宽处约为120米外，其余干道（通往城门者）40～60米，一般则为30米。街道坊里尺度缩小，使洛阳城较之长安结构紧凑，用地节省。

由于坊里向东向南发展，定鼎门大街以西仅17坊1市，而街东则有96坊2市，明显地不如长安、万年之分辖右街左街。洛阳的行政建置，州郡级为河南郡，下辖洛阳（县廨在水北毓德坊）、河南（县廨在水南宽政坊）两县。但也不是以洛水划分，水南也有洛阳县的辖区。武则天时期曾增设永昌、来庭两县，各析原洛阳和河南的辖区建立之，但中宗复位时即予废除。实际上，水南西侧有些坊划入苑区，沿洛水南岸的坊常有半坊以上是河堤和河滩。所以，总起来看，洛阳没有长安那种整齐、宽坦、对称的格局，而是比较顺任自然、灵活、不对称（图13）。

最能体现都城的庄严伟大的是主干道定鼎门大街。定鼎门，隋称"建国门"，大街北直皇城端门，长"七里一百三十七步。"隋时种樱桃、石榴、榆柳，中为御道，通泉流渠；今（唐代）杂植槐柳等树两行"。坊里街衢整洁，"坊各周四里，开四门，临大街。门并为重楼，饰以丹粉"。干道跨洛水建天津桥，"用大缆维舟，皆以铁锁钩连之。南北夹路，对起四楼。"此处洛水分枝为三道，故天津之南又有星津桥，天津之北有黄道桥，总起来冠以天津桥名，为入宫必由之途。桥北即皇城端门。

洛阳宫的皇城由于迫近洛水，南北纵深有限，面积不够，于是分出部分官署于宫城之东的东城。东城布置了庞大政府机构的主要部分——尚书省，另有四寺（太常、光禄、司农、大理）二监（军器、少府）。东城之北为含嘉仓城，含嘉仓实际即洛阳宫的太仓，规模宏大，其址已经考古发掘，屯粮遗迹，历历犹在。整个政府机构、禁军和太子属官，均包绕于宫城的东南两侧，形成隔城；宫城西北隔城，为皇子公主所居，东南隔城，为太子东宫。这些隔城加强了对核心宫城的拱卫，比之长安宫殿政府布局，亦自大有不同。

皇城之北为宫城，正门隋名则天门，唐改应天门。隋代"门上飞观相夹……武德（唐高祖年号）四年（621年），以其太奢……焚之。"门北即正殿乾阳殿，"殿基高九尺，从地至鸱尾二百七十尺，十三间二十九架。三陛重轩……云楣绣柱，华榱璧珰，穷轩甍之壮丽……倚井垂莲，仰之者眩曜。"乾阳殿北为大业殿，"规模小于乾阳殿，而雕绮过之。"乾阳殿的东西两侧为文成、武安两殿。"大业、文成、武安三殿……殿庭并种枇杷、海棠、石榴、青梧桐及诸名药奇卉"。武安殿唐名宣政殿，常朝所在，武安殿北便是著名的观文殿，"（殿）前两厢为书堂，各十二间，堂前通为阁道、承殿。每一间十二宝橱，前设方五香重床，亦装以金玉。春夏铺九曲象簟，秋设凤绫花褥，冬则加绵装须弥毡。帝幸书堂或观书，其十二间内，南北通为闪电窗，零笼相望，雕刻之工，穷奇极之妙。金铺玉题、绮井华榱，辉映溢目。每三间开一方户，户垂锦幔，上有二飞仙，当户地口施机……去户一丈，脚践机发，仙人乃下阁捧幔而升，阁扇即开，书厨亦启，若自然，皆一机之力。舆驾出，垂闭复常"。这个书堂的华丽和机巧，可谓空前绝后。

宫城之西为西苑，隋代范围周二百二十九里余，又名"会通苑"。唐代缩小为周长一百二十六里，改名"芳华苑"，又改"神都苑"。谷、洛二水，会于其间，支流蔓延，湖沼星布，林木滋茂，加以人工整修，成为仅次于西汉长安上林苑的历史上第二大苑。"其内为海，周十余里；为蓬莱、方丈、瀛洲诸山，（象海中三神山）高出水百余尺，台观殿阁，罗络山上……北有龙鳞渠，萦纡注海内。缘渠作十六院，门皆临渠……堂殿楼观，穷极华丽。宫树秋冬凋落，则剪彩为花叶，缀于枝条，色渝则易以新者，常如阳春。沼内亦剪彩为荷芰菱芡。"炀帝令"发大江之南、五岭以北奇材异石，输之洛阳；又求海内嘉木异草，珍禽奇兽，以实园苑"。几年后苑内"草木鸟兽繁息茂盛，桃蹊李径，翠阴交合。金猿青鹿，动辄成群。"这处规模宏大的苑囿，仅为炀帝一人恣意行乐而已。

洛阳多水，水工设施甚多，主要是伊洛两水的引导和利用。洛水急湍，冲刷河岸，于是宇文恺于积善坊北筑月陂："筑斜堤，束令（洛水）东北流。当水冲，捺堰九折，形如偃月，谓之月陂"，是曲折相接的防波堤。洛河岸如此之类尚有上阳、积翠二堤。洛水导流如漕渠，"当洛水中流立堰，令水北流入此渠。有余水，然始东下。时令官奴捺此堰，亦号蜀子堰"，这个分水堰颇似灌县李冰都江堰。分流处又设斗门，"上有桥，桥上有屋，水势峻急，激湍百余步"，是一处桥闸合一的设施，用以控制漕渠水量。由江南远道而来的舟船，沿漕渠至洛阳，其终点即立德坊的新潭，为诸州输租泊船处。潭经由泄城渠与含嘉仓通。沿漕渠尚有洛口仓、回洛仓，除黎阳仓在河北为北方主要仓库外，多数大仓均在洛阳城内及附近。漕渠亦是商贾贸易通道，其终点即北市（通远市），市南通济桥，桥东"皆天下之舟船所集，常万余艘，填满河路；商旅贸易，车马填塞，若西京之崇仁坊"，这一带沿渠诸坊，皆是商旅集中，喧嚣热闹处。

伊水则主要萦绕于水南坊市之间，宛转曲折，利于生活用水和培育园林，故谓"伊水尤清澈，园亭喜得之。"尤以东南一带，受伊水之惠最多。如履道坊白居易宅，《池上篇》云："东都风土水木之胜，在东南偏，东南之盛在履道里，里之胜在西北隅，西闲北垣"，"地方十七亩，屋室三之一，水五之一，竹九之一，而岛树桥道间之。"其邻崔群宅，"修篁廻舍，流水潺湲。"集贤坊裴度宅，"筑山穿池，竹木丛萃，有风亭水榭，梯桥架阁，岛屿回环，极都城之胜概"。履信坊元稹宅"多水竹"，柳当宅"有楼台水木之盛。"归仁坊牛僧孺宅，"嘉木怪石，置之阶廷，馆宇清华，竹木幽邃。常与诗人白居易吟咏其间。"中唐以后，洛阳成为闲散退休官吏，所谓"留守""分司""致仕"一类人物的隐居养老地。这种风气一直相沿至北宋。《洛阳名园记》所载，很多是唐代旧园，其实都是隋代洛阳河渠建设的结果。

自隋而后，唐初武德贞观年间，东都曾降为洛州。至高宗武则天时期始又恢复都城地位，尤其武则天称帝的十五年间，完全在洛阳视朝居住，直至退位死去，这时期是洛阳繁荣的最高潮，鼎盛至极。武则天好大喜功，奢侈浪费，不亚于隋炀帝。举其荦荦大者，首先数明堂和天堂。隋末，乾阳殿毁，唐垂拱四年（688年），武则天于其地造明堂，"（堂）高二百九十四尺，方三百尺。凡三层：下层法四时，各随方色；中层法十二辰，上为圆盖，九龙捧之上层法二十四气，亦为圆盖，以木为瓦，夹纻漆之。上施铁凤，高一丈，饰以黄金。中有巨木十围，上下通贯……下施铁渠，为辟雍之象。号曰万象神宫。"又在明堂北造天堂，以贮佛像。天堂五级，至第三级已俯视明堂，尺度之大惊人。证圣元年（695年），明堂天堂同时焚毁，次年再造明堂，尺度与前相同，其顶端用金珠代替。唐代咏明堂诗云"夜来双月满，曙后一星孤"，可想见金珠晶莹于半空之状。明堂之前，效法禹铸九鼎，也列有铜铸九鼎以象九州，各按其方位布列。豫州鼎最高大，高一丈八尺，其余一丈四尺，鼎身图各州山川物产特异之事。共用铜五十六万七百余斤。

长寿年间，武则天借口外国及边陲民族请求，为自己建立纪功颂德的纪念柱——天枢。天枢立于定鼎门内，"征天下铜五十万余斤，铁三百三十余万斤，钱二万七千贯，于定鼎门内铸八棱铜柱，高九十尺，径一丈二尺"，八面均五尺，下为铁山，有蟠龙麒麟，上为承露盘，径三丈，有四龙捧火珠，题曰"大周万国述德天枢"，这是历史上所知最大铸件，宏伟壮观。

咸亨三年（672年），高宗下令在伊阙开凿奉先寺大卢舍那佛像龛。武则天以皇后身份"助脂粉钱二万贯"。龛成于三年后上元二年（675年）。大卢舍那佛造像精美绝伦，是盛唐艺术高度水平的代表之作，亘古及今，驰名中外，罕有其匹。武则天晚年，又于北邙山白司马坂造大佛，耗资一千七百万文，未完成而止。

高宗武则天时期，洛阳另一大规模营建活动是在毗邻宫城的西苑之地造上阳宫，其西南又造西上阳宫，两宫夹谷水，驾虹桥以通往来。宫南濒近洛水，"有临眺之美"。高宗武则天经常在此宫视朝生活，是一区园林化的宫廷。

高宗武则天时期，洛阳是真正的首都，不仅是政治中心，也是经济贸易中心、文化中心，和长安一样，有许多外国商人旅居此地。也有祆祠、波斯胡寺。洛阳三市，最大的南市，"居二坊之地，其内一百二十行，三千余肆，四壁有四百余店，货贿山积"。大约南市附近多有胡人聚居，修缮坊有波斯胡寺；从善坊，武则天时曾设来庭县，以管领外郭侨民商人。玄宗初年，尚多居留东都，后来宰相裴耀卿建议自洛阳至长安沿途置仓，分段运输，关中粮蓄得以充实，从此唐朝廷再无必要就食关东、长驻洛阳，洛阳地位的重要性也就降低。除了第宅园林，再无重大建设活动。

唐末，朱全忠劫持昭宗迁都洛阳，仅短暂三年，唐即亡于后梁，都城则移往更为东方的大梁（即开封），称为"东京"，而洛阳则为西京。五代各朝，继后梁之后，后唐则以洛阳为都，大梁降为汴州宣武军；后晋则又以大梁为东京，洛阳复为西京；后汉仍都大梁，但自称继位的北汉，则以晋阳（太原）为都；灭后汉的后周，仍以汴梁为东京，以洛阳为西京。北宋继续五代的格局，定都汴梁。整体看来，由于长江流域经济发展已超过北方中原，位于南北运河上的汴梁，地理位置适中，交通方便，物资集中，地位超过洛阳，形成名副其实的首都，而洛阳实际只是陪都。赵匡胤建立宋朝之初，曾有意迁都于他的出生地洛阳，也曾修理洛阳宫；不过群臣认为宗庙仓库均在东京，每年供赋运输也集中大梁，这个局面已积重难返，不能迁移。宋太祖只得作罢，但他指出开封地形平旷，无险可守，在军事上不利。后来金兵南下，东京以城守不易而陷落，证实了他的预见。而自古沿黄河流域建立都城的历史，至此告一段落。

北宋时，洛阳保持陪都地位，无何建设。北宋末，洛阳在兵乱中严重破坏，城市萎缩，水南逐渐荒弃，仅于水北重建小城，以迄明清（图14）。与隋唐盛期有若天壤之别。

六、北宋东京

北宋东京开封府，战国时期称"大梁"，曾为魏国后期首都，迄魏亡于秦，共114年（前340—前225年）。唐代为汴州，肃宗以后，设宣武军于此。德宗建中二年（781年），节度使李勉重筑此城（《旧唐书》卷三十八·地理一），按唐代惯例，州军级城市采取子城——罗城制度，即在外城（罗城）之内建有内城（子城），州刺史、军节度使及其佐贰衙署、廨舍以及储存甲仗、布帛、粮食、档案文卷的库房，刑讯监狱等均位置其间，面积虽小而防卫森严，是全城政治、军事、经济的核心。州门或军门上为重楼或曰谯楼，设漏刻和报时的鼓和号角，又名"鼓角楼"，司全城启闭作息。这是当时地方州级城市的典型模式，汴州也不例外。

唐末五代，军阀混战，称王称霸的割据者即以所据的子城为王宫，建立国家。例如吴（扬州、淮南节度使）、南唐（昇州、昇府节度使）（《旧五代史》卷一百一十八·世宗纪五）、吴越（杭州、镇海军节度使，治所由润州移杭州）、楚（潭州、武安军节度使）、闽（福州、武威军节度使）、南汉（广州、岭南东道节度使）、蜀（益州、成都府、剑南西川节度使）、荆南亦称"南平"（荆州、江陵府、荆南东道节度使）、北汉（并州、太原府、河东节度使）等。各都城均有不同程度改建，但仍为子城——罗城基本形制。

朱全忠以宣武军节度使起家，篡唐后放弃唐末都城洛阳，以自己的根据地汴州为都，号东都，是为后梁（907—923年）。他仅把子城改名建昌宫，并未进行改建。后唐（923—936年）以洛阳为都，此地降为汴州。后晋（936—947年）、后汉（947—950年）虽以此地为都，号东京，但和后梁一样享国日浅，未遑建设。后周（951—960年）继之为东京，至世宗时（954—958年），扩地北至幽燕，南抵大江，江淮富庶之地尽入版图。作为都城，原来州军级地方城市的制度、设施规模，日益不能适应，问题累累。世宗乃于即位后，立即着手治理黄河，疏通东京漕运河道：五丈河、汴河、蔡河，四通八达的水运系统使各地粮食财货汇集东京，使东京初步形成为全国统一经济中心的格局。由此，人口剧增，旧城益感狭隘（图14）。

世宗显德二年（955年）下诏说："东京华夷辐辏，水陆会通，时向隆平，日增繁盛。而都城因旧，制度未恢，诸卫军营，或多窄狭，百司公署，无处兴修。加之坊市之中，邸店有限，工商外至，络绎无穷。僦赁之资，增添不定，贫乏之户，供办实难。而又屋宇交连，街衢湫隘，入夏有暑湿之苦，居常多烟火之忧。将便公私，须广都邑，宜令所司于京城四面，别筑罗城，先立标识，俟将来冬末春初，农务闲时，即量差近甸人夫，渐次修筑……"，又云："今后凡有营葬及兴窑灶并草市，并须去标识七里外；其标识内候官中擘画，定军营、街巷、仓场、诸司公廨院，务了，即任百姓营造。"次年，即发畿内丁夫十万人筑新罗城，周长48里223步（29160米）。直到宋神宗熙宁八年（1075年），才扩展加筑至周长50里165步（图15）。

他又下诏："近建京都，人物喧阗，闾巷隘狭，雨雪则有泥泞之患，风旱则多火烛之忧，每遇炎热相蒸，易生疾疹……周览康衢，更思通济……其京城内街道阔五十步者，许两边人户各于五步内，取便种树掘井，修盖凉棚，其三十步以下至二十五步者，各与三步，其次有差。"这是为行人和居民的遮荫和休息饮水而规定的。

后周世宗扩建改建京都，使东京城市环境大有改善，是城市建设史上著名的事例。但他享年不永，后周旋即为宋朝取代。东京的改造，主要是北宋时期持续进行的，一百余年间，屡有更作。主要在以下几个方面：

整治河道、保证漕运、供给京城　东京城区穿行河道有四：五丈河、汴河、蔡河、金水河。前三者加上黄河是漕运河道，而以汴河最为重要。太宗末年漕运粮食总数达580万石，真宗时达700万石。后来定额全国720万石，汴河为600万石，占全部运粮数八成以上。一次，汴河决堤，宋太宗亲自巡视堵塞，对侍臣说："东京养甲兵数十万，居人百万家，天下转漕，仰给在此一渠水，朕安得不顾？"因此，汴河每年挑浚河道，加固河堤，束水攻淤，疏通引黄入汴的河口，是国家水利工程的重点。宋太祖本来想迁都洛阳，但大量驻军和日益增加的城市人口，必须仰赖汴河的漕运，终于未能迁都。

汴水所漕为江南、淮南、两浙、荆湖诸路，即今天江苏、江西、浙江、安徽、湖北、湖南这一广大范围的租籴粮食，实际货贸贩运远达四川和广东（经赣州水运）。其突出的地位显而易见。

黄河由汴口在河阴（今荥阳境）入汴，至东京，运陕西租粮。

广济河（五丈河）漕运京东之十七州，即青、齐、密、济、沂、潍、登、莱、淄、宋、兖、徐、曹、郓、单、濮、拱诸州和淮阳军（下邳），即山东大部和江苏北部一部分。

惠民河（蔡河）漕运陈、颖、许、蔡、光、寿六州，即今天河南南部和安徽北部一部分。

流经东京的还有金水河，上游由密县引来，以石梁架渡汴河，入城壕，通五丈河。金水河贯皇城、历后苑，周流内庭池沼。又流经御街，用砖砌沟渠，植以花木，又垒石梁作井，官寺民舍汲用方便，专供饮用和宫苑城市的绿化灌溉。

宋初著名水利工程师陈承昭，负责五丈河、汴河、蔡河、金水河的河道修筑和水工设施，创造甚多，功不可没。

创建御街　作为皇帝，最高的礼仪是南郊祭天。必须以最高级的仪仗队——大驾卤簿，由皇宫出发至南薰门外郊坛行礼后返宫。巡行一遭，宋代大驾卤簿的人数，太祖时为11222人，太宗时为19198人，仁宗时为20061人，神宗时最多，达到22221人。浩浩荡荡，以大象十头或六头前引，皇帝在卫队和侍臣的簇拥下，乘大辂沿御街出城至圜丘。这种场面是地方州、军级城市所不可能有的。御街要求道路宽阔，路径修直，且与市廛民宅有所分隔。宋东京原是州军级城市，桥道必须加以改造，才能适应皇帝出行仪卫所需。在皇城宣德门前的一段最为整饬，"自宣德楼一直南去，约阔二百余步，两边乃御廊，旧许市人买卖于其间；自政和间官司禁止，各安立黑漆权子，路心又安朱漆权子两行，中心御道，不得人马行往，行人皆在廊下朱权子之外，权子里有砖石砌御沟水两道，宣和间尽植莲荷，近岸植桃、李、梨、杏，杂花相间，春夏之间，望之如绣。"（《东京梦华录》之二）

御街前经州桥。汉唐以来惯例，桥梁渡口常以华表为标识以便远见。于是形成州桥（天汉桥）、华表、御廊权子、宫门双阙的系列。金、元、明代的金水桥、华表、千步廊、五凤楼式的宫阙正门的系列就是脱胎于此。这一庄严伟大的建筑序列，源其始不过是改造地方级旧城的一种权宜手段，经提炼发展而臻至善。

御路是仪仗出行的干道，共有四条：一自大内宣德门向南经朱雀门出南薰门，这是主要的一条，即南郊祭天路线，并以御廊形成城市主要干道，即御街；二是自宣德门向东至土市子折北经旧封丘门至新封丘门，为北郊方泽祭地路线；三是自州桥向西经旧郑门至新郑门，为东京向西去郑州、西京洛阳大道；四是由宣德门向东经旧宋门至新宋门，为东去南京宋州应天府归德军大道。跨汴河的桥有十三座，州桥（正名"天汉桥"）正对旧汴州子城门，俗称"州桥"。州桥及相国寺桥"皆低平不通舟船，唯西河平船可过。"（《东京梦华录》之一）漕运粮食沿汴而由东南来的舟船，只能到相国寺桥之东，故东水门（通津门）内外沿汴一带成为粮仓区，置顺成仓等十仓。为了舟船穿行，桥梁"无柱，皆以巨木虚架，饰以丹艧，宛如飞虹"（《东京梦华录》之一），俗称"虹桥"。其法为宋仁宗时青州牢城废卒（牢城是厢军之一种，专司维修城垣）所创造。因其便于舟船通行，不久即在宿州（今安徽宿县）汴河上仿造，随后推广于东京汴河。《清明上河图》所绘，乃东水门外虹桥（图16）。

沿汴也出现货栈邸店。"周世宗显德中遣周景（威）大浚汴口……景（威）心知汴口既浚，舟楫无壅，将有淮浙巨商贸粮斛贾。万货临汴，无委泊之地，讽世宗，乞令许京城民环汴栽榆柳、起台榭，以为都市之壮。世宗许之。景（威）率先应诏，踞汴流中要起巨楼十二间……世宗……不悟其规利也。景（威）后邀巨货于楼，山积波委，岁人数万计"（《玉壶清话》卷三），即是著名的十三间楼，这是古代记录的城市房地产开发一例。

改造皇宫大内　宋东京皇城，原是汴州宣武军子城，周世宗曾加修缮。宋太祖即位，命令按西京洛阳宫殿制度改建，并扩大皇城之东北隅。但改筑后城周也不过五里（考古实测为 2500 米），是古代各朝宫城址最小者，很难容纳朝廷和后宫（禁中）一切应有的宫院场所。许多机构建筑和宫苑不得不在皇城外择地建设。加以常有更变、火灾多发，因此改建重建，纷扰不已。而宋代皇室土木工程耗费浩大，成为经济负担过重，导致国力贫弱的重要原因之一。而且由此形成东京城市布局不够宽阔从容，也不能区划严整分明。这是由州军级城市改造为都城时的不得已的权宜的措施所遗留，我们主要按照神宗熙宁、元丰年以后迄北宋末的状况加以分析。《东京梦华录》乃是徽宗政和到宣和的情况（图 17）。

皇宫朝廷　由于皇城范围小，尺度有限，布局非常紧凑。以皇城东西华门横街为界，其南分布：大朝会场所大庆殿，正值宣德门内，相当于唐大明宫含元殿；正衙文德殿，在大庆之西，相当于宣政殿；左掖门内，原为秘书省及三馆秘阁（合称崇文院），为皇家图书馆和修史所在。徽宗政和五年，移秘书省于左藏库，以地造明堂。左掖门内可能还有皇城司、仪鸾司和车辂院。右掖门内为政府枢机部门：中书省、门下省及宰相议事之朝堂、枢密院，还有中书门下后省、宣徽院和为皇帝起草诏令文章号称玉堂的翰林学士院。此外，皇城守卫军队的主管部门殿前司亦在右掖门内。在东华门至西华门横街之北，值大庆之后，有紫宸殿，其西为垂拱殿。往西沿横街排列皇仪殿（原为太后寝殿，后为举行丧仪之所）、集英殿（宴会用）。这一排殿宇是外臣出入之地，其北，则是皇帝寝宫（福宁殿）和皇后寝宫（坤宁殿），以及延福宫、广圣宫，再北则为"后苑"。这区宫苑之西，则建有储存已故皇帝的翰墨文章的龙图（太宗）、天章（真宗）、宝文（仁宗）诸阁。

自东华门进横街北侧有宣佑门，向北通内东门，达皇城北门拱辰门。其东为东宫和皇太子就学处资善堂、讲筵所，有皇城司（掌管皇城门卫）及军器库、殿中省、六尚局、御厨、香药库、内藏库等内诸司；其西侧为皇帝延见臣僚听讲解经书的崇政殿和太后垂帘听政的延和殿，实为内库的景福殿，更西则亦属"禁内"，即"入内内侍省"所服侍的后宫所在。整个禁城非常紧凑，如有新扩充改建，往往迁出一些机构，如徽宗时迁出延福宫以其地为"百司供应所"（大宴会后勤部门），迁出秘书省建造明堂。

政府机构、祭祀建筑和外诸司　由于多次迁改，并无事前的规划和一定的布局范围，且与居民市廛相混，不便管理和应用。这是元明清时期加以改进，出现内容与宋代不同的"皇城"的一个原因。

1. 太庙、社稷、景灵宫：均在皇城南面御街的东西侧。景灵宫是宋代特有的以供祀先朝帝后遗容的"原庙"，经常皇帝亲祭，故位于御街两侧，先有一东宫，徽宗时始在街西增建西宫。太庙、社稷则距御街稍远，位皇城之东、西方。

2. 政府：主要是尚书省和三司使，但神宗改革官制，并三司使入尚书省户部。元丰五年，新建尚书省于原殿前司地，位于皇城之西。徽宗时又移至皇城西南。

3. 外诸司也散布各处，如太仆寺的骐骥院、天驷监、养象所、驼坊在外城西北；卫尉寺的军器库一部在皇城外，一部在皇城内（宣德门楼）；掌管宫廷音乐的太常寺大晟府，近御街。光禄的内酒坊在内城外西北隅，军器监的东西作坊在兴国坊，物料库在汴阳坊。

这样漫无规则公私混杂的现象，是原为地方城市改为都城后不断插建变更造成的。宋代前期为加强中央集权，常以京官兼领它事，所以"使""提举""管勾""权""知"之类大量出现，名目繁多，机构复杂。官吏因科举大量取士、恩荫等入仕的途径不断增加，冗官冗兵，而又贪冒侵吞，惩戒不力，造成北宋国力贫弱，积重难返，终致灭亡。除元丰改制，裁并重复机构，建立新尚书省，一度有振兴气象外，终北宋之期，没有能改变这种混乱局面。

苑囿 宋东京除禁城内后苑外，在外城之外有四大御苑：琼林苑（城西顺天门外道南）、宜春苑（城东朝阳门外道南）、瑞圣园（城北景阳门外道东）、玉津园（城南南薰门外两侧）。另有定期向市民开放的金明池（与琼林苑相对道北）、凝祥池。元宵收灯后，则城外私人和僧尼佛寺的园林也向市民开放游赏。金明池的龙舟争标和诸军百戏，是春日皇室市民同赏的大节目。

徽宗时，大兴苑囿工程。政和三年，于拱辰门之北迁移旧百司供应所（移入大内原延福宫址）、内酒坊、裁造院、酒醋柴碳鞍辔等库之地及两僧寺两军营，以其地作延福五位，即大阉童贯等五人各建一座皇家园林，不相抄袭，争奇斗胜，号延福五位。这一区占了皇城至旧城北垣的全部空间，门卫森严同于禁苑，接着又越出北垣修延福六位，再继之又越景龙江以原徽宗睦亲宅潜邸创撷芳园，又称"龙德宫"。最后，在上清宝箓宫之东与延福五位相对，建艮岳。这一连串的园囿建设，引致花石纲，浪费严重，民怨极大。宣和四年，艮岳建成，不久，已经贫弱腐朽的北宋王朝，在金兵的突然打击下，终致灭亡。

坊巷 北宋真宗时，东京置坊名共一百二十五处。其中，旧城三十六坊，新城七十五，又增置十四坊。这些坊含有住宅、官舍、手工业作坊等不同的建筑类型，并不以性质区分。神宗时，诏东京旧城及汴河岸角门三更一点闭门、五更一点开门，不久又以新城诸门不以时启闭，公私不便，并以日初出入时为准，并没有如唐长安的坊里夜禁制度。说明这时城市的管理方式已有不同。

城市管理 宋东京发展了城市管理的新内容：（1）望火楼，军巡铺。"每坊巷三百步许，有军巡铺屋一所，铺兵五人，夜间巡警，收领公事。又于高处砖砌望火楼（《营造法式》所记为木造防火楼），楼上有人卓望。下有官屋数间，屯驻军兵百余人，及有救火家事……每遇有遗火去处，则有马军奔报军厢主，马步军、殿前三衙、开封府，各领军级扑灭，不劳百姓。"（《东京梦华录》之三）（2）惠民药局。宋仁宗时，同情疾病患者没有良药，乃颁布庆历（仁宗年号）善救方，官府给钱合药施予平民，并通行于天下。至徽宗时，乃设立惠民药局，夏季以汤药施与百姓。

（3）福田院、居养院、安济坊、漏泽园。仁宗嘉祐年间，设东西福田院，给老、疾、孤、穷、丐者粮食。神宗熙宁三年诏开封府四厢设四福田院，天寒时收养老疾孤幼、无依乞丐，由左藏库支给费用，至天暖即止。具体工作由左右厢公事所办理。类似福田院的，还有徽宗时设立的居养院、安济坊。漏泽园则是埋藏贫穷无力或无主的寄柩。真宗时开始用佛寺的空地和僧侣从事义葬。神宗熙宁年间，更定详细办法，赐僧侣紫衣或封法号作为鼓励。（4）每年开淘渠堑，由都水监负责；巡查各户火烛，由巡检司负责。东京的佛寺，也参与城市生活内容：清晨持磬木鱼报晓，开放集市，为国为私作佛事祈祷等。

以上，皆是城市公益事业的较早记载。此外，在城市交通城门口往来出入，太宗时《仪礼令》规定："贱避贵、少避长、轻避重、去避来。"交通秩序的出现，说明当时城市管理水平有很大进步。

市街商业 宋东京的首都地位，形成了五方杂处，商贸发达，在封建制度条件下达到市场经济的极度繁荣。东京新旧城内并无明显分区，商业街道、宅第、寺观、官府交织混杂。外地来京的地方官员应向东上阁门报到，住入朱雀门近侧的进奏院。外国使臣到京，分别入住都亭驿（辽国，位于朱雀门里）、都亭西驿（河西蕃部、夏国、党羌、吐蕃等）、怀远驿（南蕃、交州、西域、大食等）。各地来京的公务兵级、商人、应试士人，则有大量客店。如南方的客旅，多在保康门至旧宋门一带汴河两岸。南食店、妓馆也多在附近。东京没有集中的市，官府征税：小商贩于城门处；大商贩则有市易司权货务。商店按市场规律调整分布，有座铺，也有定期集市，如大相国寺每月五次定期开放百姓交易。酒楼、食店遍布城区各处，也有按行业相对集中的门类：如药铺多在封丘门马行街，金银彩帛多在界身。"屋宇雄壮，门面广阔，望之森然。每一交易，动即千万。"消费是有档次高下的。如酒店、住店"入其门，一直主廊约百余步，南北天井两廊皆小阁子，向晚灯烛荧煌，上下相照，浓妆妓女数百，聚于主廊槛面上，以待酒客呼唤，望之宛若神仙。"又如樊楼（丰乐楼），"更修三层相高，五楼相向，各有飞桥栏槛，明暗相通，珠帘绣额，灯烛晃耀。"东京如此正店七十二户，其余皆谓之"脚店"，不能遍数。

东京因客旅居民众多，服务行业发达。雇佣服务，如修缮工匠聚于桥头街巷口，出租鞍马代步者，分布于城区坊巷桥市，吉凶筵宴有"茶酒司"租赁椅桌陈设器皿合盘，有"白席人"下贴安排座次，执事劝酒。包办园林亭榭游览宴客亦有"地分"，"则例"，雇佣人力、干当、女使，有"行老""牙人"作中介担保。乃至饲养宠物、马匹都有专人。修旧如钉铰、箍桶、鞋帽腰带，劳务如打水淘井等也是专行。

瓦子是兼有日常百务和文娱两者功能的。如潘楼街附近的中瓦、里瓦，有大小勾栏五十多座，其中几处大棚，可容数千人。这里是中国最早的杂耍游艺场。有说唱、杂剧、傀儡（木偶戏）、杂技、说书讲史、影戏、诸宫调等。诸棚不问风雨寒暑，天天观众满座。钧容直（军乐队）每旬休假排演，教坊舞蹈演习，也是市民观众观看的热门。

和唐长安相比，东京城市生活内容有飞跃的变化。以后各代大抵均是汴京模式。继北宋之后的女真族金国，更是对东京艳羡不已，全盘照搬。1126年，金兵攻陷东京，俘虏徽、钦二帝北还，金银财帛罄数搜刮去以外，还运走所有的仪仗、书籍、图画、天文仪器、鼎彝、陈设、宫殿窗槛、装修、湖石，掳走技术工人、歌舞伎女等。天德三年（1151年）开始仿宋东京建造中都。1153年，金国首都由上京会宁府迁至燕京，奠定了元明清都城形制的基础。所以说，宋东京是古代都城史上的分水岭，其意义非常重大。

七、南宋临安

杭州，原名余杭。秦代建县，称钱塘县，其址在今灵隐前，此地有清泉。汉代，建堤以限海潮，堤内则清泉潴聚，逐成初期之西湖。县址亦由灵隐迁往湖东北至宝石山下。杭州依湖而立，因泉而活，在原来海湾浅滩形成了城邑。南朝末，曾置钱塘郡。隋代统一天下，废郡置州，称为"杭州"。州治由宝石山迁至凤凰山，即子城所在地，而州城即罗城周三十六里，是一处中等的地方州级城市。

隋代兴筑大运河南段，自洛阳至扬州，又越长江自京口（镇江）至终点杭州。由此江南之常州、苏州、秀州等环太湖各州得以迅速发展。杭州位运河南端，是航道起点，地位重要，财货集中，发展尤为迅速，日益繁荣（图18）。唐代，李泌任州刺史，以竹笕（竹管）引西湖水入城中，所谓"六井"，居民得以饮甘泉代替受海潮影响的苦咸水。杭人纪念他，为立祠名嘉泽庙于涌金门外。后来，白居易为杭州刺史，亦开濬西湖，引湖水为运河上源，又灌溉良田千顷，也受到杭人纪念，杭州城市由西湖侧向东方海滩成陆逐步发展。唐末，临安人钱镠占有杭州、越州两地，奏移镇海军额自润州（镇江）至杭州，一身兼镇海军、镇东军（越州，即浙江绍兴）两镇节度使。902年，唐朝封钱镠为越王。后梁建国后，907年，改封为吴越王。杭州成为吴越国首都。钱镠修杭州子城为宫城，在凤凰山下，又筑罗城周长凡七十里，形如腰鼓，为杭州城最大规模。吴越国在钱氏子孙相继统治下，维持保境安民的和平稳定局面，在五代乱世，免遭战火破坏，续有发展。钱镠有两大功绩：一是筑捍海塘；当时杭州城东南候潮门外，潮水昼夜冲击，城垣不能立，乃制大竹篓填以巨石垒至岸边，沿岸植大木椿以加固之，抗拒海潮的灾害。钱氏捍海塘自六和塔延伸至艮山门，1982年遗址被发现。二是设置撩湖兵士一千人，专一疏浚西湖，撩除葑草，使西湖不壅塞干涸，保持饮水清洁。钱氏对杭州城市发展是有功的，后世亦立庙以祀之。

北宋时，苏轼曾两至杭州，先为通判，后任知州。为治理西湖，他于元祐中上奏说"杭之为州，本江海故地。水泉咸苦，居民零落。自唐李泌始引湖水作六井，然后民足于水，井邑日富。百万生聚，待此而食。今湖狭水浅，六井尽坏，若二十年后，尽为葑田，则举城之人复饮咸水，其势必耗散。"（《宋史》卷九十七·河渠六）因建议以湖产菱荡利钱为专款，逐年雇人开葑撩浅。苏轼以开湖所积葑草为堤，横跨湖南北两山，夹道植柳，间以六桥九亭以通舟，方便行人，润州刺史林希榜曰"苏公堤"，后人因而又为苏轼立祠堤上。

北宋末，金兵陷东京，掳徽、钦二帝北去，同年，康王赵构自立于南京商丘，改元建炎。金人追击赵构。赵构溃逃至扬州，过江至建康。原拟在建康建立临时首都，修建了行宫。但在金兵追击下，退至杭州，又由明州出海至温州。绍兴三年（1133年），返临安，置行宫。当时仍拟在建康建立临时首都，于绍兴七年在建康修建太庙，并在建康设祭社稷之位。但却于绍兴八年正式定临安为"行在所"，确定临时首都地位。此时开始与金人言和，决策保守半壁江山的偏安局面。经绍兴十年金人渝盟，抗金斗争的胜利（刘琦、岳飞），而主和派秦桧用高压手段，终于十一年（1141年）实现议和，开始经营改造临安。绍兴十三年修南郊坛、筑圜丘、建景灵宫，十四年修筑社稷于城内观桥之东。又修整皇城，建立各殿及城门，基本形成一个都城的格局。但权宜简易较东京更甚。

南宋临安布局结构最根本的特点是皇城在南而城区在北。这是沿用唐宋子城在南、州城在北的大格局而来。五代吴越国虽有扩建，但只是罗城的扩大，市街坊巷仍然居北而宫城在其南。至北宋，吴越罗城西南便被废弃而又恢复州级城市的规模。南宋是在北宋州级城市基础上建造都城的。它以杭州子城作皇城，向北基本沿用吴越罗城。向南则于绍兴末年加了一重外城。城门名嘉会门（图19）。

临安城中的宗庙社稷、官署、邸宅、市肆坊巷皆在皇城之北，为了皇帝四孟亲祭景灵宫（在临安西北角余杭门里）通过仪仗，逐渐形成了御街，"御街自和宁门外至景灵宫前为乘舆所经之路……奉朝命修缮，内六部桥路口至太庙北……袤一万三千五百尺，旧铺石板，衡从为幅，三万五千三百有奇。"（《咸淳临安志》卷二十一）《马可·波罗行纪》描述此石铺道路："首应知者，行在一切道路皆铺砖石，蛮子州中一切道途皆然。任赴何地，泥土不致沾足。惟大汗之邮使不能驰于铺石道上，只能在其旁土道之上奔驰。上言通行全城之大道，两旁铺有砖石，各宽十步，中道则铺细沙，下有阴沟宣泄雨水，流于诸渠中，所以中道永远干燥。"《宋会要辑稿》亦有铺石事记载："……自都亭驿至丽正门，系文武百僚趋朝前殿之路，皆是泥涂……委是难行，欲望圣慈，申敕攸司，自候潮门之南至丽正门，并用石版铺砌，可通车马之路，所费无几。"对"大礼年分碍行辂"的疑问，则说"一路石版临期悉行除拆，礼毕日仍旧铺砌，初非难事。"这里指的是南面道路即丽正门、嘉会门一带御道，至于马可·波罗所言可能是和宁门北出的御街。中道铺砂，是可以行辂和走驿马的。赴文德前殿大朝，迂道由都亭驿、候潮门去丽正门，并非一概由和宁门入。由于官府、第宅皆在皇城之北，故御街以北为主，这是与历史上任何其他都城根本不同之处。所以临安所建太庙在御街之西，而社稷则在御街东。以北向为正，仍是左祖（西）右社（东），合于礼制要求。依《梦粱录》及《咸淳临安志》，临安厢坊以御街为中划分，也以西为左，东为右，与面南者适相反。但城外仍以东为左，西为右（图20）。

御街成了临安的主要干道。由于要通过仪仗队伍，所以街道较宽，所经桥梁亦低平便于车马通行，如众安桥、观桥均是。自和宁门，依其与宫禁关系的密切程度和官署的重要性，依次排列着：待漏院、阁门（皇帝的传达室）、三省、六部、封椿所（财帛积存处）、玉牒所（皇室族谱存放处）、太庙、五府等。这是后来逐步建置形成的，有的则添建插入坊巷或旧有寺观、军营基址，分布漫无规律。如景灵宫，原在禁中祭祀，后用韩世忠赐宅基改建（绍兴十三年，1143年），在城西北隅。这里也是皇帝亲祭的地方。因此御街贯通全城，以之为终点。又如社稷，乃绍兴十四年在观桥以东新建，在御街之东。

但是朝会南郊仍以南向为正，故丽正门，嘉会门仍要保持最高规格，"大内正门曰丽正，其门有三，皆金钉朱户，画栋雕甍，覆以铜瓦，镌雕镂龙凤，飞骧之状，巍峨壮丽，光耀溢目……内后门名和宁，在孝仁登平坊巷之中，亦列三门，金碧辉映，与丽正同。"嘉会门，是绍兴二十八年（1158年）为南郊扩展南向城垣而新添的门。九月建成，诏名嘉会门，其门形制与丽正门同。遇大庆殿、文德殿大朝，百官迁道都亭驿候潮门至丽正门前待漏候班，不能迳穿皇城，由和宁门至前殿。这是南向为正的传统。由此造成临安皇城南北两向均重要高规格的结局。遇有南郊大礼，照例去掉石版，填以潮砂，其范围为：太庙至南郊坛之泰禋门及嘉会门与丽正门之间（图21）。

御街不仅为礼祀所必经，也是城市商业贸易集中之地。两侧坊巷多数直接通御街或通过几条主要街巷而到达御街。杭州地方官府（临安府、钱塘、仁和二县）、学校、次要官署常在稍远的背街处。居民坊巷以咸淳图中所见极为密集。其结果就是火灾特多。据《五行志》所载，高宗、孝宗年间几乎连年火灾，且一年有火灾两次者。宁宗嘉定元年（1208年）火灾，烧毁全城十分之七，以致官吏不得不暂借在船上居住办公。临安有些火灾是人为纵火，防火尤为突出。其措施：1.加强消防队伍，"官府坊巷，近两百余步，置一军巡铺，以兵卒三五人为一铺，遇夜巡警地方盗贼烟火"；"更有火下地分，遇夜在官舍第宅名望之家伏路，以防盗贼，盖官府以潜火为重"；"于诸坊界置立防隅官屋，屯驻军兵，及于森立望楼，朝夕轮差；兵卒卓望，如有烟蜒处，以其帜指其方向为号，夜则易以灯。"此类"防隅"，全城共有23处，皆有望楼及值班兵卒，分布于城内外。2.开火巷：居民巷陌壅塞、街道狭小，蔓延火灾。绍兴三年知临安府梁汝嘉奉旨开火巷，"巷阔者不过一丈，狭者止五尺以下，若一概展作三丈，恐拆去数多。欲将已烧去处只展作一丈五尺，不经火处展作一丈，诏并依。"3.建塌坊："（杭州）城郭内北关水门里，有水路周回数里……于水次起造塌房数十所，为屋数千间，专以假赁与市郭间铺席宅舍，及客旅寄藏物货，并动具等物，四面皆水，不惟可避风烛，亦可免偷盗，极为利便。盖置塌坊家，月月取索假赁者管巡廊钱会，雇养人力，遇夜巡警，不致疏虞。"（《梦粱录》卷十九·塌房）

临安皇城，周九里。即《马可·波罗行纪》所谓"世界最大之宫，周围广有十里，环以具雉堞之高墙，内有世界最美丽最堪娱乐之园囿……中央有最壮丽之宫室，计有大而美之殿二十所，其中最大者，多人可以会食。"皇城虽以自和宁门出入为主，但仍以丽正门为正向面南布置朝廷。皇城内大体分为外朝、内寝、东宫、后苑及内诸司、学士院几部分。外朝正殿为文德殿（正衙六参官起居），随事可易额为：紫宸（上寿）、大庆（朝贺）、明堂（宗祀）、集英（策士），实即文德一殿。内寝有垂拱殿（常朝四参官起居）、后殿（延和殿）、端诚殿、崇政殿（祥曦）、福宁殿（寝殿）、复古殿（燕息娱乐）、损斋（休息）、选德殿（处理政务，屏风有地方官姓名及地图）、缉熙殿（讲殿）、钦先孝思殿（宫内神御殿、奉祖宗遗容）、坤宁殿（太后殿）、秋华殿（皇后殿）、嘉名殿（进食殿，前廊相对有殿中省、六尚局，长廊名锦胭廊）及皇后、皇太后寝殿数处。皇城之东有东宫，皇太子所居，此地花木环绕，环境幽静，主要殿堂有新益堂（即熙明殿）、凝华殿、瞻箫堂、彝斋等。

皇城的内后苑，据《武林旧事》等书记载，有古树、大池、飞瀑，主要建筑有翠寒堂、观堂、庆瑞殿、清燕殿、膺福殿等。

学士院在和宁门内东侧，有玉堂、摛文堂等。此外皇城还包含内诸司及库房（内藏库、军器库、御药库、御酒库、内侍省、巡检司、内东门司、仪鸾司、修内司）。保存先朝帝王笔迹的天章阁（自太宗以下诸帝至龙图、天章、宝文、显谟、徽猷、敷文、焕章、华文、宝谟、宝章、显文等阁，实为一阁）。

整个皇城，兼有明清的皇城与禁城的内容，而处山林地区，顺应自然，布局较自由灵活，可称为园林式的宫廷，是一大特色。史料载皇城内含有南北宫门，似有单独的宫禁区，如此，临安皇城实为元明清皇城的先声。

在皇城之东北望仙桥东，有德寿宫，由秦桧赐宅旧址改建。绍兴三十二年（1162年），高宗禅位退居于此，当时称为"北内"。宫内凿大池引水注之像西湖，叠石像飞来峰，主要建筑为冷泉堂、聚远楼等。园中杂植花木，四时可赏。古木阴森，环境清雅。亦可于宫中泛舟仿西湖之游，是一园林式的离宫。孝宗禅位，改重华宫，以后为皇太后宫，又改名"慈福、寿慈宫"。

御街北去，不仅是全城交通干道，也是主要商业街道，"自和宁门杈子外至观桥下，无一家不买卖者，行分最多。"店铺名"铺席"，沿御街的要闹处有南瓦、中瓦、大瓦、下瓦、清和坊、五间楼（酒楼，宝佑坊北）、融和坊、市南坊、官巷（寿安坊）、众安桥、观桥等。五间楼至观巷南街，御街两侧是金银盐钞引交易铺，"铺前列金银器皿及现钱，谓之'看垛钱'"，融和坊至市南坊，谓之珠子市。买卖"动以万数"。又官巷以花市（卖奇异花样、珠宝首饰、锦绣罗帛等），炭桥以药市、便门外以布市著名，等等。临安的各种商号，分门别类，形成"团行"。"团"如：花团、青果团、柑子团、鲞团；"行"如：方梳行、销金行、冠子行、鱼行、蟹行、姜行、菱行、猪行、菜行、布行、鸡鹅行。以劳务或手工技艺为生者名"作分"，如碾玉作、钻卷作、篦刀作、腰带作、金银打钑作、裁缝作、铺翠作、漂褙作、装銮作、油作、木作、砖瓦作、泥水作、石作、竹作、漆作、修香浇烛作、打纸作、冥器作等。"行"的范围还包括骨董行、散儿行（钻珠子眼）、双线行（做靴鞋）、香水行（澡堂）等。惠民药局本是官府制药免费施给市民的，现在有了商业行的药局药铺。酒楼分官办与私办两种，一般都是彩楼欢门，廊院花木森茂，主廊聚浓妆妓女，吹奏吟唱，喧笑引客。临安的商业较东京更盛，除了用铜钱之外，又用"会子"或名"关子"，即纸币。元代明初用纸钞，就是由此发展的。

劳务服务包括：举办宴会时服务的四司六局、旅途、制药、轿夫等临时工，以及养马供草料，养犬供饧糠，养猫供鱼蟵，养鱼供虮虾儿；家务如劈木柴、挑水供应食水、通沟渠、"倾头脚"（倒便桶）、收泔水等。南宋继承北宋的社会救济事业，更有发展：1.火灾毁房舍，具抄老幼按人口发放钱米；2.设施药局，为病者诊视，给以医药；3.贫家无力养育或弃婴，雇请乳妇，官为收养于局中。如愿收养，官给钱米绢布，以三年为期住支；4.养育院，衰老贫弱无靠不能自养者，官给钱粮（如五保户）；5.漏泽园，埋无主遗骸。

内河用船以载粮食、货物、客人，因临安城内河道，实际全是人工运河，故运河起点和临安郊区商贾云集，旅客亦多，形成了十多个集镇，称为市。临安下属钱塘、仁和两县共管辖镇市十五处，"各可比外路一小小州郡"。除了内河舟船外，专用于西湖游览的舟也有多种，大小不一。中等的五百料"可容三五十余客，皆奇巧打造，雕栏画栋，行运平稳，如坐平地"，"西湖春中，浙江秋中，皆有龙舟争标，轻捷可观，有金明池之遗风。"

临安临浙江通海，可以直接出海至朝鲜半岛（时为新罗）或日本，亦可至东海岸至明州（宁波）、泉州再赴海外，临安之海港在近郊者，依马可·波罗所记，约为澉浦，即在浙江出海口。外国之海船载重量大者可载一千"婆兰"（胡人谓三百斤为一"婆兰"。见《宋史》卷一百八十六·食货志下八），谓之"独樯"；次大载三分之一，曰"牛头"；再次又三分之一。出海航行，风雨晦冥全凭针盘而行。中国远洋航船，"大者五千料，可载五六百人；中等二千料至一千料，亦可载二三百人，余者谓之'钻风'……每船可载百余人。"航行远洋和近海（温、台、明、越）的发达可以想见。远方海外交易，设市舶司以管理之。临安亦设两浙市舶司，驻临安。

西湖至南宋时，仍为临安主要水源，且是城市风景区。经多年陆续修建，竹笕已为地下石涵沟代替，注水入城。继续保持保护水面，严禁污染（洗马、倾灰泥），禁开垦田及栽植菱芡水生植物，保持湖水水源清澄。西湖周围亭台楼阁，梵宫宝刹，风景极美。南宋已形成十个著名风景点：苏堤春晓、曲院荷风、平湖秋月、断桥残雪、柳浪闻莺、花港观鱼、雷峰夕照、两峰插云、南屏晚钟、三潭印月。至今仍然如此，且更为发展。如三潭印月已成为湖中小洲，建有亭台楼阁，供人游览休憩。沿湖栽植奇花异树，风光更美。

临安是都城中一个很特殊的例子，仍然面临地方城市改造为都城所带来的问题。吴越国钱氏虽有一些国都规模的建设，但在北宋降为地方城市后已经缩小规模、废除一些设施（如罗城、宫城、城垣城门、朝天门、盐桥门、炭桥门等）。所以，临安城市不是直接由吴越临安来的，而只是北宋杭州州城的改造。城市有如下特色：1.临安城垣除了加了南垣嘉会门外本身没有扩大，城市的发展除了城内加密外，主要向郊外市镇转移居民坊巷，形成没有城垣包绕的卫星城市群。2.内侍警卫部门包绕皇城、凤凰山布置，地方机构（临安府、仁和县、钱塘县及所属机构）在城内坊里间，不占御道。御道以北向为正，故"左祖右社"布于御道之西（太庙）、东（社稷），与传统适相反。3.城内实际划分为宫城（有南北宫门，亦应有垣，按前朝后寝布置）、东宫、学士院、后苑、内诸司三衙及仓库。后者则分布皇城各处，多在山冈上。4.城内交通以舟船、肩舆、步行为主，不宜车行骑马（铺石版路面），河道桥梁特别发达。"盖杭城皆石版街道，非泥沙比，车轮难行，所以用舟楫及人力耳。"运河码头，则集中北郊下塘、官塘、中塘三地。"（公私船只）每日往返，曾无虚日。"粮米、盐袋、砖瓦灰泥等大宗运物，更用水道运输，官用成批船只，称为"纲"。也有官家私家自备船只或供租赁雇用的各种型号的船。5.火灾多发，防火突出。史料载坊巷牌坊以石易木即始于南宋临安时期。

临安是11至12世纪世界上人口最多最繁华也是最美丽的城市。所谓"上有天堂下有苏杭"的说法就是此时形成口碑。《马可·波罗行纪》谓之"天城"（苏州称为"地城"），临安的富庶美丽在行纪中有充分动人的描述，虽数字夸大，大体是真实的，这是一份极为珍贵的历史遗产，值得加意爱护和珍惜，永远保持其美丽。

八、元大都（兼论金中都）

　　13世纪，漠北蒙古族首领成吉思汗及子孙，建立了一个地跨欧亚的大帝国，在他们的统治下有许多不同宗教不同文化不同语言不同人种不同生产方式和生活习惯的民族。这在世界历史上是绝无仅有的。除了古代中国记载之外，基督教、伊斯兰教国家和地区的历史学家、宗教徒、商人、旅行家、外交使臣也有许多关于当时元大都的记载、目击者的回忆和其他史料。《马可·波罗行纪》就是其中非常著名的一例。关于元代、关于元大都，长期以来是世界范围兴趣集中之点。前人，包括外国和中国的学者，已做了详尽充分又深入细致的分析研究，很难有什么新意可发挥了。从中国都城建设史的角度来看，元大都是现代北京的直接前身，它的出现标志着大漠南北统一国家首都的诞生，其意义当是十分重大。

　　北京现在位置，古代为蓟。历史地理学家的研究证明，自中原北行至塞外游牧民族地区的交通线，沿太行山东麓而行，至蓟分道过山隘出东北平原或蒙古高原。战国时燕国首都和十六国时期前燕（慕容儁）的首都（不久迁邺），都在蓟。隋为涿郡，唐为幽州刺史治所，则都是地方州级城市。到了五代，东北游牧民族契丹人从后晋皇帝石敬瑭手中获得北方包括幽州在内的燕云十六州，契丹族的辽国乃于936年建幽州为南京析津府，又称"燕京"；实际上是辽国五京（其他为上京临潢府，今内蒙古巴林左旗，东京辽阳府，西京大同府，中京大定府，今内蒙古宁城）中最主要之一京。这就开创了游牧民族进入传统汉族农业为主的中原地区并建立了统治中心的历史。历史地理学家侯仁之先生有一段很精彩的话，概括了古代蓟城——幽州的地位："简单来说，从秦时起一直到唐朝末年，每当汉族统治者实力强大，内足以镇压农民的起义，外足以扩张势力、开拓疆土的时候，就一定要以蓟城为经略东北的基地。反之，每当汉族统治者势力衰弱，农民起义作为一种阶级斗争的形式而日趋激烈的时候，东北的游牧民族也常常乘机内侵，于是蓟城又成为汉族统治者一个军事重镇……一旦入侵之后，蓟城又成为必争必夺之地，并以之作为继续南进的跳板……这期间也经常出现一些比较安定的局面，于是蓟城又会很快的发展起来，成为中国北部的一个经济中心，并促进了汉族与游牧民族之间的物质文化的交流。"这种北方游牧民族的侵入，前后相继，越来越猛。契丹之辽国以后，女真族的金国，控制及于江淮，乃迁其都自上京（会宁府，今黑龙江阿城）至燕京，号中都大兴府。然后是蒙古族的元，择址于金中都东北郊，建立了大都（府名亦为"大兴"）。后于1276年灭南宋，最终控制了到南海之滨的全部中国。

辽南京析津府，即燕京，实际是唐幽州城的改建。北宋出使辽国使臣路振、许亢宗等有见闻记录，《辽史》也有记载。当时辽南京城周长二十五里，一说二十七里，城西南角为幽州子城，后为宫城，其西、南垣与外城（罗城）的西、南垣部分合为一。平日西、南、北三门不开，惟东门可出入。这大约和契丹族尊尚东向有关。城的北部有"三市"，应是商业区。城内分为二十六坊，坊名"并唐时旧坊名也"。"大康广陌，皆有条理"，街市道路整齐，继续沿用唐代一城两县（东为蓟县，西为幽都）的分治办法。整个城市仍然是唐代面貌。其子城即宫城有较多修建。在五代十国时期，刘仁恭、刘守光父子割据时，自立为帝，可能有宫殿的改筑，但是完整的布局不详。辽国帝王崇尚佛教，"其魁杰伟丽之观，为天下甲。"西郊的潭柘寺，至今尚在。辽国与北宋相持一百余年，辽国地区保持汉族唐代建筑风格较多。

12世纪初，女真族崛起于今黑龙江阿城县白城地区，1115年建立金国，即在根据地建上京会宁府。金国发展迅猛。1126年灭辽，1127年灭北宋，扩地至江淮，在辽南京（宋改燕京）设中书省和元帅府。1141年，金与南宋订立和约，形成稳定的南北对峙的局面。1149年，完颜亮篡位称帝，第三年（1151年），即下令将国都由上京迁至燕京。因为上京会宁府远在东北，不便控制淮水以北广大中原农业地区，而且作为首都，中原物资的运输很困难，公务路途遥远，兼顾南北不如燕京的地位优越，迁都乃历史必然趋势。完颜亮迁都以前，"先遣画工写京师（指北宋东京）宫室制度，至于阔狭修短，曲尽其数，授之左相张浩辈，按图以修之"，且"浩等取真定府潭园材木，营建宫室及凉位十六。"历史上有拆取汴京宫殿窗装修用于燕京及移艮岳假山石堆成琼华岛山上建广寒宫的传说。

从史料所知的金中都形制可以看到北宋东京的强烈影响：城分三重：宫城、皇城、都城。都城周三十五里多，基本是扩建辽南京的东、南、西三面而成，北面不改动。城近方形，旁三门，皇城居中。金代熙宗、海陵王完颜亮两代尊崇儒教，故城市布局明显受《考工记》制度的影响。皇城周长九里三十步，四方辟门：东，宣华门；西，玉华门；北，拱宸门；南，宣阳门。宣阳门内有驰道千步廊，通宫城南门应天门。应天门东为左掖门，西为右掖门，这三座并列的南向门内分别为三区：中区为前朝后寝区；外朝：大朝大安殿、常朝仁政殿（即辽宫嘉宁殿）；后寝：昭明宫（皇帝正位）、隆徽宫（皇后正位）。东区左掖门内为东宫（太子宫）、寿康宫（太后宫），寿康之北为内省。西区右掖门为琼林苑、鱼藻池及泰和宫；十六位嫔妃寝宫；鱼藻池即辽南京的瑶池、瑶屿，为宫廷内园林区。大安殿后有横街，出东西华门，亦犹汴京大庆殿后东西华门横街一样（图48）。

南宋范成大使金，撰《揽辔录》描写金中都之情景："过新石桥，中以杈子隔绝，道左边过桥入丰宜门，即外城门也。过石玉桥，石色如玉，桥上分三道，皆以栏楯隔之，雕刻极工。中为御路，亦栏以杈子，两旁有小亭，中有碑曰龙津桥（案：与北宋东京南薰门里龙津桥同名）。入宣阳门（与朱雀门相当）……楼下分三门，中门为御路，常阖，皆画龙；两旁门通行，皆画凤。入门北望其阙（指应天门，与汴京宣德门对应）。由西御廊（即与汴京之御廊对应）首转西，至会同馆……出馆复循西御廊至横道，至东御廊首转北，循檐行，几二百间。廊分三节，每节一门。路东出第一门通街，第二门通球场，第三门通太庙……将至宫城，廊即东转，又百许间。其西亦有三间，出门但不知所通何处……东西廊之中，驰道甚阔，两旁有沟，沟上植柳。两廊屋脊皆覆以青琉璃瓦，宫阙门户即纯用之。驰道之北即端门，十一间，曰应天之门……亦开两挟，有楼如左右昇龙之制，东西两角楼，每楼次第攒三檐，与挟楼接，极工巧。"

我们从南宋末年至元初的《事林广记》中，也可以见到简略的金中都中轴线上丰宜门、宣阳门、应天门及近旁两侧的主要建筑布局图，可以参考（图22）。可以说，金中都基本上是继承北宋东京城主干道南薰门—朱雀门—御廊杈子—宣德门及左右掖门这一系列，这即汴京模式的再现。金中都承前启后，对元大都的影响甚为明显，这一体系因此延伸至元代以迄明清，其地位至关重要。

中原至中都的漕运可达通州，而通州至中都不通舟楫，改为陆运，"人颇艰之"。大定十年（1170 年），又议决卢沟水（即今永定河）达通州以通漕。结果，"以地势高峻，水性浑浊，峻则奔流漩洄，啮岸善崩，浊则泥沼淤塞，积滓成浅，不能胜舟……竟不能行而罢。"后遂塞之。

但大定二十九年（1189 年）所修卢沟桥则是瑰玮壮丽，古今有名。

蒙古族游牧漠北，原无城郭庐室之居，1215 年，攻占中都，但是并不入据。金迁都南京（即开封府）。蒙古之中央斡儿朵大帐设立于蒙古和林地区（今蒙古人民共和国境内）。中都则降为燕京路总管大兴府。成吉思汗死（1227 年），三子窝阔台汗继位，攻陷汴京，金亡（1234 年）。此后一段时间，蒙古军队主要用于远征俄罗斯及东欧国家，对南宋的侵入则暂时和缓。窝阔台汗国此时大帐仍设在漠北的哈喇和林（Khara-Khorum），19 世纪末被俄国考古学家发现。1949 年，苏联学者基谢列夫证明该地唐代就是一个繁荣的贸易手工业中心，居民信仰佛教。成吉思汗时期则既是军营又兼为商贸手工业中心。大约窝阔台汗时期则有了蒙古帝国首都的概念。至蒙哥汗时期，法王路易派使者基督教长老威廉（Friar William of Rubruck）朝见，威廉长老的行纪是可贵的历史资料。加上后来基谢列夫的考古发掘研究和波斯学者拉施特的记录，证实了哈喇和林面积不大，有土城垣和夯土台，有中国式的建筑，沿南北中轴线布置，前为宴集的大殿，后为有内室的寝帐，有四个角楼，以表示为宫城。发现了石碑下的龟座、许多琉璃屋饰，其中有中国式的龙形。证明为中国式木屋架建筑。显示征服了亚洲很多地方的蒙古统治者嗜爱中国式建筑的华美和适于表现王者之居（图 23）。

往后，蒙哥汗命四弟忽必烈管理"漠南汉地军国庶事"。忽必烈迁帐于桓州（今内蒙古多伦）之西北的金莲川（今内蒙古正蓝旗），命刘秉忠经营宫室，这即是开平。

1259 年蒙哥死于四川合州，忽必烈迅速地赶回开平称帝，并且平定了幼弟阿里不哥之叛，决定以开平为上都（1263 年），燕京为中都（1264 年），为夏冬之两都。

刘秉忠（僧子聪）设计的上都是一座三重城垣的城市：外城周长约 2200 米见方（苑囿和居民坊巷）、皇城约为 1400 米见方（皇城为行政机关所在）、宫城约 600 米见方。宫城的四角有角楼，城内主要建筑是位于宫城中轴线北垣上的大安阁，传说是汴京原物熙音阁移此（图 24）。此外开平城有八座佛寺和太庙。但是 1267 年之后移都大都后，开平的政治性质减弱，而只是夏季皇帝游猎娱乐的行宫，没有新的建筑了。

忽必烈汗即帝位后，群臣建议为了兼顾大漠南北，应移都燕京。忽必烈接纳了这个建议，但因为金中都已被严重破坏且水源不足，没有继续利用金中都旧城，而是在其东北以金的离宫琼花岛万安宫为中心另建一座都城。但是从总的来看，仍然受到金中都的规划体制的强烈影响。它的接近《考工记》的原则，实际是沿用金中都布局而来。忽必烈接受刘秉忠、赵秉温相宅选址经图作画，于至元四年（1267 年）正式动工，至元十三年（1276 年）大都城建成。至元二十年（1283 年），城内衙署、税务、商铺大体就绪，正式由旧城中都迁入大都。同时为大都设立管理机构：大都路总管府，大都留守司。此皆沿袭金之制（图 25）。

大都外城周长 60 里，比汴京略大。门十一，北垣二门，其余"旁三门"。沿袭金中都的"旁三门"共十二而少其一。外城南面正中为丽正门，入门为长七百步的"千步廊"，过廊抵皇城正门棂星门。皇城垣名"萧墙"，亦名"阑马墙"，周二十里，包绕以太液池为中心，围绕三组建筑群：池东宫城、池西隆福宫及兴圣宫，以及御苑和内侍机构等。宫城周长九里三十步，共四门：南，崇天门及左右的星拱门和云从门；东，东华门；西，西华门；北，厚载门。宫城四角有角楼，三重檐用琉璃瓦。入棂星门数十步，至金水河，上架周桥，三道，石明洁如玉，雕琢龙凤祥云极工巧，为著名石工曲阳杨琼之作。时为至元十三年（1276 年）。周桥，亦犹汴京之州桥，音讹。桥周围栽高柳。过桥二百步，至崇天门，门楼十二间，下列五门皆金铺朱户，丹楹藻绘，彤壁琉璃瓦饰，门上有两观，平面呈凹形。其模式与金中都应天门相似，而为明清午门之先声，转相承替。崇天门内为主要朝廷区，入门为大朝大明殿一组，正门为大明门及左右日精、月华二门。大明殿规模宏伟，下为三阶台基，用白石栏杆围绕，栏杆下有螭首，其形极似明、清故宫太和殿。殿前月台有一沙坑，铺植沙漠中移来的莎草，示子孙不忘蒙古立业的发源地漠北沙漠。大明殿内正中为皇帝和皇后并列座位，其下左右为皇族百官怯薛官（侍卫）侍宴坐床。《马可·波罗行纪》："任何大朝会之时，其列席之法如下：大汗之席位置最高，坐于殿北，面向南。其第一妻坐其左；右方较低之处，诸皇子侄及亲属之坐在焉，皇族等座更低，其坐处头与大汗之足平；其下诸大臣列坐于他席，妇女座位亦同，盖皇子侄及其他亲属之诸妻，坐于左方较低之处；诸大臣骑尉之妻坐处更低。各人席次皆由君主指定，务使诸席布置，大汗皆得见之。"

大明殿后有柱廊连寝室、两夹、香阁。皆"青石花础，白玉石圆磶，文石甃地，上藉重茵，丹楹金饰，龙绕其上；四面朱琐窗、藻井间金绘饰，燕石重陛，朱阑涂金铜飞雕冒。中设七宝云龙御榻，白盖金缕褥，并设后位，诸王、百寮、怯薛官（侍卫）侍宴坐床，重列左右。前置灯漏，……漆瓮一……酒卓一……玉瓮一、玉编磬一、巨笙一、玉笙、玉箜篌……前悬绣缘珠帘，至冬月，大殿则黄狚皮壁幛、黑貂褥，香阁则银鼠皮壁幛，黑貂暖幛。凡诸宫殿，乘舆所临御者，皆丹楹朱琐窗，间金藻绘，设御榻，茵褥咸备。屋之檐脊，皆饰琉璃瓦。"

大明殿之左右有文思殿、紫檀殿。"皆以紫檀香木为之，镂花龙涎香，间白玉饰壁，草色髹绿，其皮为地衣。"这些装饰方式，皆以前未有而创自元代，多用兽皮亦为游牧民族特色。

大明殿经柱廊与寝室香阁相连，成一组"工"字形之殿群，其后为另一组"工"字形殿宇即延春阁、柱廊与寝殿、香阁组成之殿群。寝殿东暖殿为慈福殿，西暖殿为明仁殿，两庑并有钟鼓楼列左右，这一布局，类似金中都的大安殿与仁政殿的前后重连。

宫城之北为御苑，主要为花圃及皇帝劝农的籍田"熟地八亩"。宫城大明延春之西为太液池，池中有两小岛：南为瀛洲，即今日团城处，北为琼花岛，后改称"万寿山"，山顶有广寒殿，地高四望空旷，周栽柳树，马可·波罗所记"绿山"即此。万寿山与瀛洲间有二百尺长的白玉石桥，瀛洲又有木桥通池东西岸，所以是宫西交通枢纽。太液池之西有隆福、兴圣二宫。同样是用廊相接的前后殿，呈"工"字形平面，这是宋、金相传而更为发展的形式。明清的故宫前三殿、后三殿，实际是"工"字形平面的变体。隆福宫由光天殿、柱廊、寝殿组成，原为太子住所，后为太后所居。隆福宫之西还有西御苑。兴圣宫由兴圣殿、柱廊、寝殿组成，储藏文物图书的奎章阁、太子读书的端本堂也在宫内。

在宫城、皇城的总布局、宫殿平面形式、装修、装饰等方面可以明显看出元代的承前启后特色，给予明清故宫以直接影响。皇城禁墙之内，还有皇家动物园的灵圃、庖人之室（御厨）、酒人之室（酒库）、内藏库二十所、仪鸾局、鹰房及嫔妃库房、缝纫女库房、宦人之室等服务后勤部门。皇城内又有宿卫直庐（卫士室）、（中书）省、（枢密）院、（御史）台百司官侍直处。元代皇城（萧墙）与隋唐皇城的性质完全不同而是休闲、娱乐、后勤为主的性质，而为明清皇城之先声。

外城（图26）布局相当对称，宫城中轴延伸为全城轴线，城市的几何中心是中心台。其东十五步的中心阁，为全城中轴线起点，向南通过万宁桥、宫城厚载门、崇天门、皇城的棂星门和外城的丽正门。大都南北垣与中心台大约等距，可见在筑城之先已经预定。中心台之西为鼓楼，上有"壶漏、鼓、角"，是唐宋以来传统的报时方式。鼓楼北为钟楼，因为城区寥旷，鼓声不能及远，进而用钟，开创此后都城报时用钟的先例。明南北京也如此设置。元代大都实行夜禁："一更三点，钟声绝，禁人行；五更三点，钟声动，听人行。"中心阁和钟鼓楼成为城市中心。

大都街衢整齐宽畅平坦，遇有水面稍作曲斜。大街宽二十四步，小街宽十二步，与街垂直东西向的是居民宅巷，蒙古语"胡同"，沿用至今。北京后英房发现元代居民遗址，面积宽大，质量上乘，不逊于明清宅邸，当是中上层人物居所。

大都太庙于至元十四年（1277 年）建于齐化门内之北；社稷则迟至至元三十年才建"于和义门内少南"。这才按《考工记》的规定完成"左祖右社"。

重要的中央官署所谓"省院台"。中书省最近皇城，在丽正门内千步廊之东（金在中都宫城左掖门内）；枢密院于皇城东华门外近侧；御史台则位于文明门内近皇宫处。大都行政管理机构大都路总管府和警巡院则在全城中央中心阁之东，便于控制全城。大都路下分两县以中轴为界，丽正门以西为宛平县，以东为大兴县。其下辖两兵马都指挥使，一在北城，一在南城（金中都旧城）。

大都的主要市场有二：一在钟鼓楼周围地区，尤以钟鼓楼以西的斜街，近海子（积水潭），为运河船舶终点，多商铺货栈及歌台酒馆。有缎子市、皮帽市、帽子市、鹅鸭市、珠子市、沙剌市（珠宝）、铁器市、米市、面市等，另一在皇城之西顺承门内羊角市，因其近旧城，多南方、西来商贩所居，亦多旅店商铺、羊市、马市、骆驼市、驴马市。各城门外及旧城均有商业集市。市场税务统由大都宣课提举司管辖，税率四十之一至三十之一，应该说是很轻的，有利于商人活动。大都国际贸易亦盛，有不少外国商贩，较多者如波斯、阿拉伯和高丽的商人。

大都物资供应，主要来自江南，主要是水运。元代整修运河，部分沿用旧有者。自燕至通州，金代曾建运河，以水源不足而失败。元代的漕运大都至通州则成功地解决了水源问题。由元代大科学家郭守敬勘察、建议并亲自督工修建了引昌平白浮泉水至大都西北的瓮山泊，再东流去大都入城，"自西水门入城，环汇于积水潭，复东折而南，出南水门，合入旧运粮河……先是，通州至大都陆运官粮岁若干万石，方秋霖雨，驴畜死者不可胜计，至是皆罢之。三十年，帝还自上都，过积水潭，见舳舻蔽水，大悦，名曰通惠河。"金代修建失败的漕河，至此成功。元大运河从江南船运的物资粮食，直达大都城中心，郭守敬的功绩不可没（图 27）。

元代后来发展海运，由长江口直达天津大沽口，转通州至大都。海运逐渐取代运河，直到明代初年。

元代建大都的技术，受宋代影响很大。筑城仍是夯土中设永定柱、纴木，分层夯成。表面并不覆以砖，而是用编苇被盖如人蓑衣。为此在文明门设立苇场，"每岁收百万"，还设立专门"砍苇被城上"的部队。有人曾经建议甓城以一劳永逸，结果未实现。但是，城门则用砖砌成门券和砖壁。元代发展了砖结构技术，现存的穹顶砖结构的"窑殿"如开封延庆观、杭州凤凰寺均是。1971年考古发现了元大都和义门（今西直门）瓮城遗址，门道、门券、城壁全用砖砌成。大都的城垣东西侧均发现了"水窗"，其做法和宋《营造法式》中"卷辇水窗"完全相同。水窗用于城垣当河道沟渠处，有窗棂，可以过水而阻止人和舟船通过，是古代筑城中常见的工程设施。金代沿用宋代技术，而元代又沿袭金代。元代的《河防通议》一书，是根据金代都水监的官方制度编写的，其中列举的土工方面的条文，和《营造法式》基本一致。这证明了宋、金、元在建筑技术上的传承关系。

大都城内又有南北方向沿干道修筑的排水干渠，走向和大都天然排水坡面一致。用石条砌成宽1米，深1.6米的排水渠，部分沟渠上盖覆着石条。

综观宋—金—元之间的继承和发展过程，金是一个非常关键的环节，起了承前启后，有所创造、有所前进的重要历史作用：

1. 金中都仿效宋汴京的城市布局，主要是城市中轴线的布局。丰宜门相当南薰门；北为龙津桥，同名；再北为宣阳门，相当朱雀门，门内即千步廊。驰道御沟植柳，较汴京更宽阔整齐；驰道北即宫城正门应天门，亦有挟楼两观，相当汴京宣德门。门两旁亦有左右掖门，而建筑之工巧瑰丽，超过汴京。范成大评之为"制度不经，工巧无遗力，所谓穷奢极侈者。"

2. 北宋汴京之朱雀门，乃里城（旧城）门，但金中都之宣阳门，并无城垣包络宫城如后来之皇城。这重垣的四至及城门各家研究的见解不一，文献亦不明确。据记载，宣阳门内有千步廊，东西有文武楼、太庙、尚书省，但亦有馆驿（来宁馆、会同馆）及民居，尚非皇城的性质，只能理解为迎合汴京制度而加的一道门，是一种过渡形式。到元代才发展为排斥民舍官署于外包络周围的萧墙皇城。但是，金代有门无垣，元代有垣无门（正式城门），均欠完整。

3. 金代熙宗、海陵王完颜亮都是崇儒的君主，金中都采取《考工记》的"方九里（明初实际测为35.52里，近于36里）、旁三门"的制度，或与此有关，这是金中都城的创造，在此之前，历代并未有依据《考工记》原则建造的都城。中都的市场，主要在都城北面一带，因城外有漕河（闸河）流经，货运方便，成为全城最繁华的商市区。这和"面朝后市"的说法也能一致。元大都近于《考工记》制度的规划，应该是仿效金中都而来。

4. 宋代通用的工字殿形式，前殿与后殿间用柱廊相接。金代成为工字形前殿后阁形式，元代则演变为前殿与后之香阁寝堂以柱廊相接，并加两翼小殿之式。明代之前三殿后三殿即由此演变而来。

5. 金的建筑艺术，在仿宋的基础上有发展和提高。应天门仿宣德门，但"两挟有楼如左右昇龙之制，东西两角楼，每楼次第攒三檐，与挟楼接极工巧"；宣华、玉华、拱辰三门，皆"金碧翠飞，规模宏丽"。龙津桥："以石栏分为三道，中道限以护阱，国主所行也。龙津雄壮特甚，中道及扶栏四行，华表柱皆以燕石为之，其色正白，而镌镂精巧，如图画然……桥北二小亭，东亭有桥名碑。"令我们想见天安门前汉白玉桥和桥头华表的配置。金代多用琉璃，宫殿门阙纯用碧琉璃，千步廊则用于屋脊。大安殿西廊弘福楼之后数殿，"以黄琉璃瓦结盖，号为金殿，闻是中宫。"城阙门户则"金钉朱户"。燕石、碧或黄色琉璃瓦，朱红门窗金铜钉，构成金代宫殿的艳丽色调。这些特色在元代更为发展。明代广泛使用黄琉璃，结果就成了明清宫殿色彩基调。

总之，金之一代继往开来，非常关键。

九、明南京（兼论明中都）

元末，农民起义的红巾军首领之一的朱元璋初起兵，定远人冯国用告之："金陵龙盘虎踞，帝王之都，先拔之，以为根本，然后四出征伐，倡仁义，收众心，勿贪子女玉帛，天下不足定也。"朱元璋在元顺帝至正十五年（1355 年），渡江攻克太平（安徽当涂），接纳当地儒士陶安的进言："金陵，古帝王之都，龙盘虎踞，限以长江之险，若取而有之，据其形胜，出兵以临四方，则何向不克。"于是决定攻取集庆路作为根据地，实现击败群雄，驱逐蒙元，统一中国的大业。他于次年（1356年）率军攻占集庆路，改为应天府，自立为吴国公。以元行御史台为公府，置江南行省及行枢密院，向四外发展。逐步占领皖南、浙江、江西、湖北一带，攻灭陈友谅，于 1364 年自称吴王，置中书省，设左右丞相等；又置大都督府，设大都督、左右都督等官职。又改元御史台为王府，有戟门、西华门、白虎殿等。1366 年拓广建康城，定新宫宫阙制度，开始建造新宫于钟山之阳。1367 年拓都城竣工，新宫亦成。其制为三殿（奉天、华盖、谨身）、两宫（乾清、坤宁），翼以廊和文武楼。同时，建立了天地分祭的圜丘、方丘以及分坛而祭的太社、太稷。宗庙首先建立四亲庙（高、曾、祖、考），各建庙而环以都宫。此年，消灭了张士诚，开始北伐。次年，即皇帝位，改为洪武元年（1368 年），继续营建都城（图 28）。

应天府城是在元的集庆路城基础上扩大加筑而成。集庆路城即南唐之金陵城，包括了六朝时期的建康城、丹阳郡、西州城、冶城、石头城在内。经历宋元两代的长期使用，形成了以旧宫城前御道为轴线的旧城区。居民密集，市肆栉比，已不能再容纳一座宫城。朱元璋的吴王府，原是元江浙行省御史台，经过改造，仍不能满足皇宫的要求，也必须另建宫城。新宫完成，于洪武元年正式迁入。原来的王府改称为旧内，后来赐给徐达为宅邸。

新宫择址于旧城之东、钟山之阳，是古代青溪、燕雀湖一带多沼泽的低地，颇不利于营建皇宫。所以明代宫城基址大量用杉木桩，1962年发现的木桩粗大，径16～28厘米，最粗达36厘米，在长约15米的基址下，木桩数达1700余根，极为密集。

整个南京城利用了旧城的西、南两侧，拓宽加高加厚，向东包络了宫城皇城，向北逾过钟山龙尾（富贵山）沿玄武湖堤向西延伸，包络九华山（覆舟山）、鸡鸣寺山（鸡笼山）在内。原来城垣选线估计是由鸡鸣寺山西去通过鼓楼高地（六朝宣武城武帐岗），直到清凉山一带然后沿江南下与旧城在石头城处衔接。可能由于这一段全要畜力、人力搬运材料，运距远，负担极为繁重，且费时，于是在鸡鸣寺后山突然中止，改向北去沿玄武湖西折与狮子山（卢龙山）处已有的江防军事营垒相接，再沿江南下，包络沿江高地马鞍山、四重山、石头城等。这些地方均近船运可达的河道，可见水运条件是决定城垣位置的重要条件。南京城墙修筑前后长达二十一年（1366—1386年）。早期墙体多属实心砖砌，以条石为基，自玄武湖北上之城垣则以单面砌砖，内侧为土阜为主，大约为了减省用砖量和缩短工期而采取比较简易的办法。

南京城垣用砖皆尺寸约为40厘米×20厘米×10厘米之巨大青砖，作为义务劳役（所谓"均工夫"）向各地摊派，砖上有模印府县提调官、司吏，地方总甲、甲首、小甲、窑匠姓名，以及造砖年月，作为质量检查用。除少数南京附近卫所烧造者外，绝大多数来自长江及其上游湘江、赣江等支流的江苏、安徽、江西、湖北、湖南的州县，已知有28府、160多个县和卫所。可见主要是船运条件所决定。城垣长33.67公里，高约14～21米，厚约14米，可谓古代世界第一。

城门13座，走向沿地形和水道需要而灵活转折，轮廓亦非方整，与《考工记》所谓"方九里、旁三门"完全无关，而是从实际城防需要出发。城门以通济、聚宝、三山三门最为雄伟，皆有四道城门之瓮城，今唯聚宝门（中华门）尚存。城门全体为庞大的砖结构体，除顶面尚存城楼础石之外，内分两层，加上两侧，共有"藏兵洞"27个，可屯驻兵士约3000人及粮食物资（图29）。

明代筑南京城垣，切断了几处水流，靠埋在城垣下的水管来沟通。两处是玄武湖水溢流渠道，一在大树根，一为武庙闸。另两处是燕雀湖水（青溪水）入城渠道，一在钟山龙尾，现在半山园、前湖处的城垣下。另一处为城东壕水进至五龙桥的水道穿越城垣处，地名铜心管桥。这几处地下水管道均用巨大的铸铜管套接而成，管的两端是水闸，用铜板节制水流。

最有代表性的是玄武湖南流的溢水闸，即武庙闸。玄武湖水通过地下管线入珍珠河至南唐金陵城北的杨吴城壕。所用管道有 150 多节，其中铜管 107 节（径 95 厘米，长 104 厘米，厚 1.5 厘米），铁管 43 节（径约 98 厘米，长约 81 厘米，管壁约 2 厘米），各节用企口套接，发掘时完好无损。为了防止城垣下沉剪断水管，水管上跨以砖券两重。第一重券长随水闸之间管线，全长约 70 余米，用三券三伏，相当水窗做法，其上当城垣处再加一重券，用五券五伏，相当城门做法。这样，城垣和湖堤重量由砖券负担，管道只承受其周围填土的重量，比较安全。筑城完毕，这些砖券均已深埋地下。

城内侧出水闸，用条石砌如方井，闸板由相叠的两重铜盘组成。上盘可提升，盘下面有圆榫五，下盘固定，有圆孔五。闭闸时，榫嵌入圆孔，水阻不流；开闸时，提升上盘，水由下孔溢出。此种铜闸，在故宫内五龙桥金水河穿过宫城处也有发现，国内罕见，仅南京明城有此数处遗物，表现了明代的科学技术高超水平，非常珍贵（图 30）。

明南京筑城时间延长，和临濠中都的兴筑有关。洪武元年（1368 年）八月，下诏："朕观中原土壤，四方朝贡，道里适均……然立国之规模固重，而兴王之根本不轻。其以金陵为南京，大梁为北京，朕于春秋，往来巡狩。"接着，在南、北京之间，建立中都。洪武二年（1369 年），"帝召诸老臣问建都事。或言关中险固，或言洛阳为天下中，汴梁为宋旧京，或又言北平故元宫室，就之可省民力。帝曰，所言皆善，惟时有不同耳……但平定之初，民未苏息，若建都于彼，供给力役，悉资江南，重劳其民。若就北平，宫室亦不无更作。建业，长江天堑，龙盘虎踞，足以建国；临濠，前江后淮，有险可恃，有水可漕，朕欲建为中都，何如？皆曰：善。"帝又欲都关中，举棋不定。

洪武二年（1369 年），在朱元璋故乡临濠（今安徽凤阳）开始营建中都，役民工近百万人，工料均集中临濠，全力以赴。至洪武八年（1375年），皇城宫城基本已形成，城外皇陵亦早已建成。朱元璋忽又放弃建立临濠中都的愿望，"以劳费罢之。"中都建设虽然终止，但已建成的部分，今所谓"皇故城"仍保存遗迹，可以看出明初的都城规划观念。

中都城垣仍分都城、皇城、紫禁城三重（图31a），都城中轴线在凤凰山，计划设11门，建成9门。南面正中仍为洪武门，入门经千步廊至皇城承天门。洪武门之东为南左甲第门，门北直鼓楼，洪武门之西为前右甲第门，门北直钟楼。都城之内为皇城，四面辟门，正南为承天门，在中轴线上，其他东为东安门，西为西安门，北为北安门。承天门至宫城午门之间，左（东）为中书省，右（西）为大都督府。再外侧为"左祖右社"。这是洪武十三年（1380年）撤销中书省以前的布局唯一见于记载者（图31b）。

洪武十三年（1380年），以叛逆罪处死中书省令胡惟庸，撤销中书省，六部之上不设宰相，而由皇帝直接处理政务，以后永乐年间出现了内阁大学士，以皇帝秘书身份处理六部奏呈。又改大都督府为中、左、右、前、后五军都督府，分领在京在外各都司卫所。这是中国古代政府体制一大变动。自此以后，南京、北京均以六部和五军都督府取代最初的中书省和大都督府，其位置也由午门前移至承天门前。

中都宫城（紫禁城）平面正方形，周长6里，四面南为午门，东为东华门，西为西华门，北为玄武门。午门三道，两侧为左右掖门，与南京同。既罢中都，此处宫城用作囚禁皇族之有罪者，称为凤阳"高墙"，而凤阳也是罪官贬谪之所。

临濠中都城西南角突出"凤凰嘴"，正对城南皇陵（葬朱元璋父），大约出于风水之说。

中止临濠中都工程，朱元璋遂集中力量营建南京，逐步完备坛庙礼制建筑及城垣、陵寝的建设，持续至洪武二十年（1387年），其间多有改易。

南京皇城在都城东南，1367年建成，皇城正门为承天门，南直洪武门（洪武十九年/1386年改建）和都城正阳门。洪武门内为千步廊，廊之东为六部（刑部在太平门外），廊之西为五府，以及其他一些官署。这已经是洪武十三年取消中书省和大都督府以后的布局。千步廊至皇城承天门前东转为长安左门，右为长安右门。皇城东为东华门，西为西华门，北为玄武门。承天门前有外五龙桥，入内为端门，其北为宫城正门午门（图32）。

宫城正方形，东为东安门，西为西安门，北为北安门，午门内为内五龙桥，其北为前三殿：奉天、华盖、谨身；再北为后寝：乾清宫（皇帝正寝）、坤宁宫（中宫）。中轴线之东有文华殿，为一"工"字形殿（前后殿连以穿殿），为经筵及东宫视事所；之西有武英殿，皇帝戒斋所居。文华殿后有大本堂，为皇太子、诸王授经读书处。

乾清、坤宁之间，建文时（1399—1402年）增建省躬殿，于是形成后三殿。后三殿之东为清宁宫，西为仁寿宫，皆太后所居。这些布局，北京基本仿之。

奉天殿庭，左有文楼，右有武楼。北京奉天殿前之体仁阁、弘义阁亦为此制结果，这是因袭元大都大明殿前文武楼之制而来。

外地入南京，主要由三山门（水西门）进城，故皇城之长安右门为必由之途，往来较多。官吏住宅亦沿此路分布，以便上朝及赴千步廊前六部五府。通济门内的会同馆，为外国使臣接待处。

洪武二十三年至二十四年（1390—1391年），又在南京都城之外，加建一圈外郭城，主要是防御性，利用天然坡丘筑土城，长约60公里，设16处城门：东，姚坊、仙鹤、麒麟、沧波、高桥；南，上方、夹岗、双桥、凤台、安德、驯象；西，江东；北，观音、佛宁、上元、外金川。雨花台、钟山、幕府山均包络在内。外郭已湮没而门名仍存（图33）。

明南京的坛庙建设，初期所立，后来多有更易。太庙、太社稷依礼分别于宫之东西。明初建四亲庙（高、曾、祖、考），各为一庙。到了洪武八年（1375年）改建太庙，则为同庙异室，前正殿，后寝殿，皆九间。永乐迁都，建庙如南京制。

明初，太社太稷是分坛而祭的，同一垣内，社在东，稷在西。洪武十年（1377年）改作社稷共为一坛，在午门之右，升为上祀。永乐中，北京社稷坛制如南京。

明初，天地分祭。建圜丘于正阳门外，钟山之阳；方丘于太平门外，钟山之阴。洪武十年秋，明太祖认为人君事天地犹父母，不宜异处，分祭天地，情有未安。遂定天地合祀之制，命作大祀殿于南郊。永乐十八年（1420年），北京大祀殿成，规制如南京。直到嘉靖九年，又改为天地分祀，有了圜丘和方泽，即天坛和地坛。嘉靖二十一年（1542年）另建大飨殿，行明堂大飨之礼，就是后来的祈年殿。

洪武初，又建立先农、朝日、夕月坛；山川坛、太岁坛，岳渎海镇山川城隍坛。

洪武三年（1370年），除了太庙外，太祖又建奉先殿于宫门内之东，以太庙象外朝，以奉先殿象内朝。每日进膳如家人礼，诸节致祭，月朔荐新。永乐迁都北京，建奉先殿如南京之制。

此外，洪武初又建历代帝王庙于钦天山（北极阁）之阳。于国学（国子监）建孔子庙。明立国以前，即在重大战役处立庙祀阵亡将士，谓之功臣庙，有南昌府、康郎山、处州府、金华府、太平府等功臣庙。至立国建都南京后，又立功臣庙于鸡笼山。祀主要功臣二十一人，后加至一百零八人，从祀又二百八十人。在南京立十庙以祀诸神，包括真武大帝、关公、天妃、妈祖等，有的也在鸡笼山（图34）。北京所在立为九庙，内容略有出入。这是立庙大致情况。

洪武十四年（1381年），朱元璋为自己预筑陵寝于钟山西峰玩珠峰下独龙阜，十五年，葬皇后马氏于此，称为孝陵，至十六年完工。陵址及陵制，皆明太祖自定，一改汉唐宋以来的方上陵体为圆坟与宝城明楼。陵前合上下宫为一，有享殿（永乐以后称"稜恩殿"）及守陵宫监住所。陵前立碑亭及石象生，有狮、骆驼、象、麒麟、马六品。每品皆两立两跪共 12 对，以及文武臣成对侍立共 4 对，其制皆太祖自定。

孝陵自卫岗下马坊禁约碑始，西北行至大金门，为孝陵兆域墙垣的入口。兆域周围四十五里，西抵城垣，北过钟山，东至灵谷寺。大金门北为神功圣德碑亭（四方城），亭北过桥即神道，石象生终处为棂星门。神道迂回绕梅花山，传为三国孙权蒋陵，山北为孝陵前金水桥。陵前宝城，石砌明楼下为隧道达宝城，即以巨石砌围墙的高大圆形陵体。孝陵宝城前不设"五供"，明楼前为巨大石桥，称升仙桥，桥跨深涧，桥面宽阔平坦如广场，是祭奠处。这一大金门、神道、碑亭、石象生、棂星门以及陵体本身的宝城明楼，以圆坟代替方上之制，是明太祖朱元璋自我作古所创立的陵制。后来为北京明陵及清东（遵化）西（易县）陵所沿用而有变化。

南京都城城区寥阔，于城中央几何中心高地上建钟鼓楼，以为报时用，这是仿元大都中心台钟鼓楼的设置方式。南京鼓楼基座砖砌高台尚存，其上原有沿高台边缘的柱础仍在，如复原，当为重檐三滴水之高阁建筑，下檐为平座腰檐，与北京鼓楼形制相仿。明代置大鼓两面，小鼓二十四面及铜壶滴漏，又有画角二十四枚，仍是鼓角并用。鼓楼建于洪武十五年（1382 年），钟楼在鼓楼西，有钟三口，楼已毁，钟为洪武二十一年所铸，现置大钟亭。钟直径 2.29 米，高 4.27 米，底边厚 0.17 米，重 23 吨，为明代巨钟之一。

明南京城西临长江，交通以航运为主。因主航道北移，此处成沙洲和夹江，夹江自大胜关入三岔河。商旅多从江东门、三山门入城，而外国君王使臣则由龙江驿暂住入见。江东门上新河为上关，龙江关为下关，是进入南京的主要码头。龙江关附近有"龙江船厂"，其址东西 460 米，南北 1180 米，分作七个船坞。永乐年间，郑和出洋至东南亚以迄阿拉伯半岛和东非，龙江船厂是当年建造和修理海船的地方。据载，最大的船长 44 丈，宽 18 丈，有 12 帆，可容千人。

上关上新河江东门往三山门入城至三山街为商业贸易最繁华的地区。秦淮河沿三山门侧西水关至通济门水关为城内航道，还可以由大中桥沿杨吴城壕（青溪）至竺桥和北门桥，都是舟船可通处。市场多分布于江河处：聚宝门外为粮食、薪炭和农产品市场；江东门为粮食、六畜市场，长江上游来的桐油、蓖麻、纸张经此入城；上新河为木材市场，上游湘江赣水的木材在此集散。三山门更是水陆百货总汇，商贩云集。手工业作坊也萃集城南，合称"103行"，而以丝织业最为著名。由江东门至三山门、三山街建立了十六座大酒楼，迎接四方客旅。秦淮河灯火甲天下，笙管彻夜达旦，是南京最繁华处。明初，南京军民居室皆官给，比舍无隙地。商贩至，或止于舟，或储货于城外。驵侩上下其价，商人病之，明太祖命于三山诸门外，滨水为屋，名"塌房"，以储商货。洪武二十四年，令三山门外停集商货，分定各坊厢长看守货物，税银一分。（《明会要》卷五十七·食货五"塌房"）"塌房"起源于南宋临安，以存放货物免遭损坏收费看管。南京有了官办塌房之后，北京亦加仿效。

朱元璋为避开长江风浪之险，"欲自畿甸近地凿河流以通于浙"，洪武二十六年元月，命崇山侯李新开胭脂河，在今溧水县境，"西达大江，东通两浙，以济漕运。河成，民甚便之"，遗迹尚存。

洪武年间，南京设立规模庞大的国子监，全国各地送贡生来此读书，明初官吏数少，就直接任命监生出任地方官。最盛时学生达九千人，包括日本、高丽、琉球、暹罗等国的留学生。国子监址在鸡鸣山南今东南大学处，邻成贤街。迁都北京后，北京国子监在今北城雍和宫对街，亦名成贤街。南京则称"南监"，有《南雍志》记其事。

洪武三十一年（1398年），朱元璋死，皇太孙立，是为惠帝，年号建文。建文四年，其叔燕王朱棣篡位自立，改元永乐，是为成祖。成祖于永乐元年（1403年）宣布改北平府为北京顺天府，称"行在"，开始筹划营建北京都城皇宫，但他仍在南京视朝处理国事。当时曾派遣庞大的远洋船队赴海外，由太监郑和率领船队通好南洋西亚东非国家，即由南京出发，在龙江关附近处建天妃宫祈风。郑和第三次由南京出发，归后，赐建静海寺，寺有碑文记其事，今存。

明永乐十年（1412年），朱棣为纪念母亲马皇后，建大报恩寺于聚宝门外，至宣德六年（1431年）讫工，历时十九年，用工二十万。寺内大塔高84.30米，全用彩色琉璃件拼砌塔身表面，光彩耀目，欧洲传教士称为"磁塔"，惊叹为中古世界七大奇迹之一。磁塔于清晚期咸丰六年（1856年）毁于太平天国战争中，但考古发现了埋在地下的部分当年修塔备用的琉璃件，现存南京博物院，可据以复原当年九级宝塔的瑰丽壮观。

明成祖于永乐十八年（1420年）正式迁都北京，称"京师"。南京作为首都的时间共有五十三年。

明南京虽早在洪武建元以前就开始建造，但后来几经修改，在元朝覆灭后，曾详细调查测绘元大都皇城宫殿。它的形制受到一定程度元代影响，同时也有明初自创的成分。其主要之点如下：

一、不规则的城市轮廓，宫在旧城东侧新建，完全不考虑《考工记》的说法。城门随宜而定，共数十三，与"旁三门"无关。宫前"左祖右社"是唯一受《考工记》影响之处。

二、南京皇城，除了包含宫前的"左祖右社"而外，其布置内容不明。而后来北京皇城的性质和内容，以休闲、储藏、内侍服务机构为主。

三、宫室制度沿袭传统的前朝后寝制度，在形式上则仿效元大都的"工"字形殿阁相连的布局发展为前三殿、后三殿（原先只有两殿）。朱元璋的幕僚将吏中，有人到过大都，知道大都宫室的形制。如明建国前来使被留用的元户部尚书张昶，智识明敏，熟于元代典故，明初的建置制度多出昶手。吴元年（1367年），昶谋叛归被杀。但是张昶介绍元朝的制度中也可能包括了与礼仪有关的宫室之制。这或许是明代宫室制度与元代有沿袭相似之处的线索之一。

四、明初所采用之祭祀建筑形制不久多有更改。明嘉靖时北京坛庙又有大更动，始成现状规制。如太社太稷由分而合，天地分祭而合祭，太庙之四亲庙改为一庙多室的制度等，较历代为整齐统一。

五、宫前门阙、角楼、千步廊、华表、金水桥之配置，宋金元一脉相承，皆汴京体系。南京沿用这一体系。

六、宫室色彩雕刻工艺则是金元发展的燕京系统：白玉石雕，黄绿色为主的琉璃工艺，窗、槛、门、户的金朱色，以及梁、柱、藻井、屏版的青、绿、朱红间金彩画，发展了后期宫廷建筑色彩。

十、明清北京

明洪武元年（1368 年）七月丙寅，大将军徐达兵至通州，是夜三更，元主携后妃太子及随从开健德门北走。五天后，徐达军占领大都，城市未受任何破坏。明太祖命令改元大都为北平府，设置燕山六卫以守卫北平。徐达命令华云龙经理故元都，新筑北城垣东西长 1890 丈。这时，元朝廷虽逃往漠北，但仍有军事力量，念念不忘重返大都，是对北平的重大威胁。为了缩小城区便于防守，决定将城北约三分之一面积空旷少人的范围，划弃于外，南移五里另筑新垣，九月初即匆匆完工。徐达改北面城门安贞门为安定门，健德门为德胜门。在占领大都初期，徐达命令指挥叶国珍量度北平南城（金中都城）的周长为 5328 丈，命令指挥张焕量度元皇城周长为 1026 丈。

元都既克，明太祖命令大将军徐达、副将军常遇春率军取山西，扫除元残余势力。留兵三万人分属六卫，设立大都督分府，以孙兴祖领分府事，华云龙副之，守卫北平。孙于洪武三年帅燕山六卫兵卒出塞战死，在北平较长留守经营的是华云龙，除了移筑北平城北垣之外，又经画建造燕王府。明太祖第四子朱棣于洪武三年封燕王，于洪武十三年之藩北平。燕王府是改元大都隆福宫而成。依洪武七年所定制度，亲王府前殿曰承运，中曰圜殿，后曰存心；四城门，南曰端礼，北曰广智，东曰体仁，西曰遵义。殿之后，为三宫。门殿用青色琉璃，用朱红、大青绿点金为彩饰。可能华云龙所经画的燕王府在此之前，利用元旧宫，制度较为特殊，但门殿名号仍依定制。

1403 年，燕王朱棣以"靖难"为名，篡位自立在南京即帝位，改元永乐，是为成祖。元年正月，建北京于顺天府，称为"行在"。于燕王府故址建立西宫，巡狩北方时居此听政。四年，采木于四川、湖广、江西、浙江、山西，准备营造北京宫室。至永乐七年，确已建了北京宫室，如南京之制，正殿亦为奉天殿。另外，建立长陵于昌平天寿山。但是，真正的正式宫殿，开始集议于永乐十四年，十五年，命陈圭董建北京，至永乐十八年（1420年）始正式完成。下令改京师为南京，北京为京师，去其"行在"称号，以十九年正式迁都北京。然而仁宗继位之洪熙初期（1425年），仍称"行在"，至正统六年（1441年）才罢去行在之称，定为京师。这是因为永乐十九年迁都之后，至四月间，奉天、华盖，谨身三座主要殿宇火灾毁去，虽能暂时在奉天门听政，但许多重要仪式不能举行。二十年，乾清宫又焚毁。此期间，成祖率兵亲征阿鲁台离开北京，留皇太子监国，连年亲征，永乐二十二年，于归途中去世。仁宗继位，以太子留守南京，北京复为行在。三殿的重建与两宫的修复迟至英宗正统五年方完成，正统六年罢称行在，复为京师，不再更改。

永乐十八年（1420年）所建北京宫殿，虽屡焚屡建，至明晚期未已，但宫殿、门阙规制，悉如南京，"壮丽过之"。明北京的制度，仍是三重垣：京城、皇城、宫城（紫禁城）。

京城周45里，9门，东、北、西各二门：东：朝阳（原齐化），东直（原崇仁）；北：安定、德胜（均徐达改）；西：阜成（原平则）、西直（原和义）；南三门：正阳（原丽正），正统初改、崇文（原文明）、宣武（原顺城）。永乐十七年，因增加皇城千步廊之距，京城南垣向南移一里。嘉靖三十二年筑罗城（外廓）于南侧，转包东西角楼，长28里。门7：永定（正南）、左安（南左）、右安（南右）、广渠（东）、东便（东北）、广宁（西）、西便（西北），是明清北京城最后规模（图35）。

皇城周18里，中轴线上南正门为承天门（即天安门），其前门为大明门，大明门内为千步廊，抵承天门前，左右转为长安左门，长安右门，即所谓"三座门"（已拆除），又北与皇城南墙合。皇城略为长方形，东为东安门，西为西安门，北为北安门（即地安门，元代又称厚载门）。中轴线为宫城主要门殿，偏皇城东，西侧为元代太液池，后来名为"北海"及"中海"，南海是明代拓建的。

宫城（紫禁城）周6里16步，实测为760米×960米。平面为南北纵长方形，东为东华门，西为西华门，北为玄武门（清改为神武门），南为午门，即俗称"五凤楼"，为正门。午门之前门为端门，这约是古代止车门的遗意，出端门即为出宫。太庙与社稷在宫的左右，具体路线是由宫内出端门后，左入太庙街门去太庙，或右入社稷街门去社稷，庙社是在宫外左右侧的。皇城正门是承天门，其前门为大明门，出了大明门才算出皇城（图36）。再左去为六部（刑部除外），右去为五军都督府。这些衙署在皇城的左右侧，但在皇城外，和最初中书省和大都督府（相当元枢密院）的分立于宫前的临濠中都很不相同，而是沿袭南京中期改建后的制度。清代兵制不同，八旗入居内城，五府也成为驻军区。

明代文献中，称承天门、端门、午门为宫城的三重门（《明史·地理志》），或只是表示左右前后的门名（《明史·舆服志》），而不言其性质和地位。根据实际使用中的情况和建筑体制，我们找出了其间关系：

宫城（紫禁城）地位最尊，正门午门为九间重檐庑殿，其前门为端门，低一等，为九间重檐歇山；皇城地位次之，其正门承天门相当端门，为九间重檐歇山，其前门为大明门，等级与左右长安门一样，为单檐歇山三孔砖券门。

正式场合，只有出（入）了端门才算出（入）了宫城。例如明成祖神主祔庙，由宫内往太庙，皇帝乘辇随行，"至庙街门内，皇帝降辂……内使捧神主册宝，皇帝从，由（太庙）中门入，至寝庙东第三室，南向奉安"，只有出了端门后，才由此入太庙（图32）。

皇城也一样，只有出了大明门，才算出皇城。例如遣使去女家纳彩（下聘），皇帝的制书和节（代表皇帝）置于彩舆中，由奉天门中门出，直出大明门，再去皇后家（《明史·礼九》）。无论在京城何处，迂道多远，都必须经由皇城和宫城的正门及其前门，而不能经由侧门（如长安左门或右门）。

宫城内，主要分为前朝后寝两大区。朝以前三殿（奉天、华盖、谨身）为主，文华、武英两殿也属之。各殿功能和地位不相同。

奉天殿是大朝所在，规制宏伟，前庭广阔，是全宫最壮丽的中心。九间重檐庑殿，是明代最高规格。清改建为十一间，殿左右廊庑，改为墙垣。大朝常在每年正旦、冬至、天寿节（皇帝诞日）举行，或登极、祭告、誓戒、遣官、册立、册封、冠、婚、上谥、上尊号等，均皇帝御此行礼，百官陪位。朔望常朝也在此举行。除了大朝和常朝，日朝则在华盖殿或奉天门，即所谓"御门决事"。如有午朝（一日两朝）则在会极门（左顺门）。此外，奉天门也是大宴、颁诏、宣赦、遣使、遣将、赏功等活动处。

华盖殿是大朝前皇帝准备衮冕的地方，有时接见、赐宴、朔望常朝也在此。谨身殿用于常朝、赐宴、策士之处。永乐间修《太祖实录》成，即置谨身殿（南京）。

文华殿主要是太子所居处，"东宫视事之所"。太子受朝贺、见藩王、读书讲学、行冠礼、册皇太子，均在文华殿。经筵（为皇帝讲书）也在此。洪武时，殿后建大本堂，为皇子读书处。乾隆年间，在堂址建文渊阁。

武英殿，皇帝戒斋时所居，亦常朝（朔望）、赐宴、命妇朝见皇后之处。殿后的仁智殿，俗称"白虎殿"，为皇帝死后停枢之处，几筵亦常在此。

前朝范围内，还有内阁（左顺门外）和一部分内府机构、直房、库房。明代占比重甚小，清代则乾清宫横街一线之南，除前三殿及文华、武英等外，几乎大半为内务府机构所占。太和殿前体仁阁、弘义阁，也成为档案库。

后寝则为乾清门以北，以乾清宫、交泰殿、坤宁殿为主，两翼为东西六宫及太后宫（东为仁寿宫，西为清宁宫）。

乾清宫，"是曰正寝"，明代是皇帝寝息处。宫后有暖阁九间，分为两层，各置床榻，清初仍为寝宫，雍正以后移居养心殿，而以乾清宫为听政地，"内廷受贺、赐宴，及常日召对臣工，引见庶僚，接觐外藩属国陪臣，咸御焉。"这真正是周礼所谓"燕朝"了。

交泰殿，在乾清、坤宁之间，建文时建省躬殿，"为退朝燕息之所，置古书圣训其中"。北京所建名"交泰"，为后妃所处，清代则为铜壶滴漏和储藏玺宝之处。

坤宁宫，皇后所居，称"中宫"。皇后治宫内，但清代皇后并不一定居此。宫九间重檐庑殿，东西为暖殿。清代按满族习俗改装室内。

乾清、坤宁之两侧东西各六宫，共十二宫，为妃嫔所在。另建仁寿宫（在东）和清宁宫（在西）以居太后。清代太后亦尝居东宫或西宫之一。宫后为御花园及东西五所。东部一号殿一区，清乾隆改为太上皇宫：宁寿宫，皇极殿一组及其后养性殿一组，为颐养晚景，东侧为戏台畅音阁，西侧"乾隆花园"为园林区；与乾清宫西部之雨花阁，同为乾隆盛期的建筑佳作。

宫城之外为皇城，皇城内西侧为西苑三海，以太液池、万寿山、广寒殿为主体；北侧为万岁山（清代称"景山"），占地甚广。所以内府诸司较多分布于皇城的东北和东侧。明代内府包括十二监（司礼、御用、内官、御马、司设、尚宝、神宫、尚膳、尚衣、印绶、直殿、都知），八局（兵仗、巾帽、针工、内织染、酒醋面、司苑、浣衣、银作），四司（惜薪、宝钞、钟鼓、混堂），总名为"二十四衙门。"此外，还有各种名色库房，均主要在此区。

皇城东南，有英宗退位时所居崇质宫，及复位后所增修的龙德殿、乾运殿、永明殿、圜殿等。龙德殿后飞虹桥，石雕精美，桥之北叠石为山。回龙观以海棠盛。此数区宫苑犹如园林组群，总名之为"南内"。其西侧为皇史宬，是嘉靖时所建皇家档案馆，储存太祖以来各朝御笔实录，所谓"金匮石室"，用砖券无梁殿，防火安全，建筑至今完好。

西苑是皇帝后妃游赏休憩之所。环太液池，北为太素殿（前为五龙亭），西有清馥殿（清为弘仁寺，俗谓之"旃檀寺"）及玉熙宫（宫内演练戏曲之所）。西南有万寿宫，即成祖登位前利用元代隆福宫址改建燕王府宫殿所在。嘉靖晚年信道玄修于此。宫西大光明殿、太极殿、香阁一组，亦修道场所。池西岸最南是兔儿山，人工叠山，人工喷水，曲水流觞，是西苑盛景之一，山巅清虚殿，与万岁山同为登高眺览都城处，明末已圮废湮没。西苑又有"灰池"，人工暖房培植蔬菜，清代改为南花园，为养植花木、制作盆景的花圃，按季节分送宫殿内安放。

西苑西北隅有库房十区，称"西十库"，为宫中主要仓库群。有惜薪司，宫中存放薪炭处。

明晚期，皇城设禁并不严密，每逢隆冬三海冰冻，常在池冰上作"拖床"之戏，是人力推拉的雪橇。"近京贫民，群来趁食……拉拖床以糊口"，平民百姓可以入内。至清代，环三海另建内皇墙，其内才是皇家禁区，其余皇城范围有八旗驻军，有赐宅给翰林学士作居家处（如高士奇、朱彝尊），亦有内务府诸吏员住家处，已不是皇家禁区了。

明代宦官权力极大，司礼监掌印秉笔，且代皇帝批奏本，左右朝政。设有内书堂、经厂、东厂等。司礼监在宫城内武英殿后隆崇门以南，属后庭范围。其居处在皇城东北侧。其余"二十四衙门"和各库则分布此区，极为密集，巷陌纵横绳列。通向宫门和皇城门则为大道，由道枝分则为街，在清代则成八旗驻军区，形成的"胡同"，犹存原明代内府衙门名。

成祖营北京，坛庙礼制建筑的分布、制度均依南京成法。到了嘉靖，有较大变动。正德帝死后无子，嘉靖帝以藩王入继，想以制礼作乐建立威信，有两次高潮。其一在嘉靖九年（1530年）、十年之间。九年，改合祀天地于大祀殿为分祀天地于圜丘、方泽（天坛、地坛）；恢复洪武二十一年（1388年）停止的祭祀朝日、夕月，建日坛于朝阳门外，月坛于阜成门外；十年，始行祈谷大雩礼；改山川坛为"天神地祇坛"，建太岁坛于正阳门外之西，与天坛对。第二次高潮是嘉靖十七年，追尊生父建"世庙"，后改曰"崇先殿"，在奉先殿之东；而最大的动作是建立明堂大飨之礼。明堂之礼，明初所无而嘉靖力主进行，是因为依《孝经》："严父莫大于配天"，最孝敬先父的办法，莫过于在祭天时以先父牌位陪在上帝牌位之侧。而只有明堂礼才可以这样做。所以，就决定建立明堂—称为"大飨殿"，这就是今天的天坛祈年殿的前身。这殿的形式，是嘉靖二十一年（1542年）由皇帝自定："南郊旧殿，原为大祀所，昨岁已令有司撤之。朕自作制像，立为殿，恭荐名曰泰享（大享），用昭寅奉上帝之意。"及定岁以秋季大享上帝，奉皇考睿宗配享。明年，将竣工，定门名"大享"，殿名"皇乾"。其形为三重檐圆屋顶，上青示天、中黄示地、下绿示万物。清代乾隆时改建，加大尺寸，易三层异色为一律青色，色调纯净统一，更为庄重鲜明，并更名为祈年殿。后世评论明嘉靖帝说："以明察始而以丰昵终矣。"起初是有道理的后来却是为了私心的满足而已。不过，他所创立的祈年殿，确成为最能代表中国古典建筑之美的伟大作品。而北京以最完备的礼制建筑布局著称，也完成于嘉靖时期。

明代北京地方行政机构，基本因袭元大都。崇祯十七年、顺治元年（1644年），清兵入据北京，建立满清王朝，设顺天府和大兴、宛平两县，顺天府在元大都路总管府旧址（鼓楼东），宛平县在地安门西，大兴县与北城兵马司同在东城教忠坊。大兴与宛平以城市中线（钟鼓楼—正阳门—永定门）分界而治。下分五城，辖内城二十九坊，外城七坊。所谓五城，明以内城为四城，外城为一城，基本上以通向城门的干道为界。如明之五城："中城，在正阳门里，皇城两边；东城，在崇文门里，街东往北，至城墙并东关外；西城，在宣武门里，街西往北，至城墙并西关外；南城，在正阳、崇文、宣武三门外，新城内外；北城，在北安门至安定、德胜门里并北关外。"洪武二十三年（1390年），仿元大都兵马司都指挥使司，设南京五城兵马指挥司。永乐二年（1404年），设北京五城兵马指挥司。其后，又设巡视五城御史以监察之。兵马指挥司并管市司，三日一校勘斛斗秤尺，因时定物价，职责不仅是巡警地方而已。清则内外城皆各分五城，统以步兵统领，俗称"九门提督"。

城下设坊，不过是名义和管理上的区划，实际仍然是以通向城门者为干道（大街），其间又或有小街，枝分出"胡同"，即坊区内巷道。北京沿用大都成法，胡同相距约70米，约是一所住宅进深。但日久又变出许多种布局方式。

商市。永乐初年，"改建都城，犹称行在，商贾未集，市廛尚疏。奉旨，皇城四门，钟鼓楼等处，各盖铺房"，谓之"廊房"，招民居住，召商居货，官收其租，"径解内府天财库交纳，以备宴赏支用"。（《宛署杂记·廊头》）在正阳门大街，有廊房头条胡同、二条胡同、三条胡同等，著名的大栅栏紧接其次。鼓楼周围是元代已有的集贸区。鼓楼大街又名十字街，钟楼在鼓楼北，鼓楼西南为米市、面市；钟楼西南有缎子市、皮帽市；鹅鸭市在鼓楼西，珠子市在钟楼前街西第一巷，靴市在翰林院东，就卖底皮、西甸皮；柴炭市集市在钟楼，铁器市在钟楼后。

其他如米市在就日坊北大街（东单牌楼大街）之北；马市、猪市、羊市、百鸟市在东马市街；估衣市、柴草市、杂货市在东大市街（东四牌楼大街）。灯市口大街"亘二里许，南北两廛"，"市之日，凡珠玉宝器以逮日用微物，无不悉具。衢中列市，棋置数行，相对俱高楼。楼设氍毹帘幕，为宴饮地。一楼每日赁值至有数百缗者。"灯市口附近佟府夹道，有"宝和六店"，管商贩杂货，岁征银数万两，是皇宫御店。其他如宣武门外下斜街，丰台种花人以每月逢三之日则车载杂花至市售之。天坛北之估衣市，每天清晨以旧衣旧物来此交易。

清代庙会最有名的数琉璃厂灯市。"街长里许，百货毕集，玩器书肆尤多，元旦至十六日，游者极盛……琉璃厂尤盛，厂前陈设杂技、钲鼓聒耳，游人杂沓，市肆玩好、书画、时果、耍具无不毕集，自正月十四五至十六七而罢，名曰逛厂。"清代琉璃厂的书肆因开修四库全书而极盛。"江浙书贾奔辏辇下"，书坊二十余家，以五柳居、文萃堂、二酉堂最为有名。厂西书肆外又有"骨董、法帖、装潢字画、镌刻碑版耳"。至今基本如此，是一条历史悠久的文化街。

寺观的庙会遍于全城各处。而以东城隆福寺和西城护国寺最为有名。"百货具陈，目迷五色，王公亦复步行评玩。"隆福寺期在月之九、十日，护国寺则月之七、八日，相互错开而又衔接。

清代外省人来京，除了旅店，多按籍住入会馆，一般都集中在南城崇文、正阳、宣武三门之外。除了东北、内蒙古、新疆、西藏之外，差不多全国各省都有会馆在京。主要按县建馆，按省建馆有的再建两处以上（如四川、贵州等）。经商、科举、选官都是进京的原因，大量文学笔记诗词也主要描述这一带。名人如纪昀的阅微草堂、朱彝尊的古藤书屋、查慎行的敬业堂、李笠翁的芥子园，龚自珍、翁方纲等文人，都曾住此一带。掇山名家张涟（南垣）、张然（陶庵）父子在北京园林叠石于南海瀛台、玉泉山静明园、畅春园，张然所作怡园即在虎坊桥南半截胡同。

当时内城主要是八旗驻军营房，故俗称"满城"。"顺治元年，定鼎燕京，分列八旗，拱卫皇居。"连皇城在内也驻兵，"皇城周十八里有奇，前明悉为禁地，民间不得出入。我朝建极宅中，四聪悉达，东安、西安、地安三门以内，紫禁城以外，牵车列阛，集止齐民。"八旗及蒙古军、汉军，按"方位相胜"的原则分布于全部内城：镶黄（安定门内）、正黄（德胜门内）在北，正白（东直门内）、镶白（朝阳门内）在东，正红（西直门内）、镶红（阜成门内）在西，正蓝（崇文门内）、镶蓝（宣武门内）在南。八旗满军进入皇城，而蒙古军、汉军在外围。其具体的分界街坊胡同见《八旗通志》和《大清会典》等（图37）。八旗军营中自然包括眷属和作为家奴的汉人包衣等。后来生齿日繁，界限错杂混淆。

明末战乱，宫殿苑池遭受很大破坏。《乾隆京城全图》是乾隆中期所作，距清朝建国已有百余年，距康熙中期之《皇城宫殿衙署图》亦有六、七十年。所表现的太液池西苑一带，许多宫殿已煨为灰烬，成为草棚、马栏，废墟空地，依然未能修复。万寿山顶广寒宫顺治时改建白塔，太液池西北岸阐福寺于乾隆十一年建，其前五龙亭仍在。西苑只有少数殿宇尚完好，如西岸通明宝殿、大光明殿及太极殿一组，瀛台及涵元殿一组，崇雅殿丰泽园等尚在，西安门内西什库仍在其旧地。其他所谓玉虚宫、万寿宫（成祖潜邸所在）、清馥殿（清改为弘仁寺檀佛殿）、腾禧殿等，或鞠为茂草，或改为他所，或为内府人员所居。皇城内，以地安门为界，西为正黄旗栅栏（兵营），门以东，为镶黄旗栅栏。景山以东以迄东安门，亦为八旗驻地。东安门北为镶白旗，以南为正蓝旗栅栏或满洲堆子。其间胡同小街之名，已与近代相同，或仍用明代内府机构为地名，如"巾帽局胡同""针工局胡同""酒醋局胡同""东黄瓦门""钟鼓司胡同"等。皇城东南隅，皇史宬尚存，原明代"南内"，后来是摄政王多尔衮睿亲王府处。顺治六年，王得罪去，后改为玛哈噶喇庙，又成为缎库及普渡寺。许多殿阁亭榭，假山石桥，精巧雕刻之类，俱无踪影，而代以正蓝旗栅栏、堆子、胡同。

康熙至雍正乾隆，逐步整修北京城，主要是宫殿门阙以及庙社诸坛。苑囿的恢复有限也很难，因为众多八旗将士已安身居于皇城之内多年。据康熙《皇城宫殿衙署图》《乾隆京城图》，在西苑沿太液池西岸，有一道内皇墙，仅圈三海及岸边紫光阁、时应宫以迄阐福寺、大西天经厂以迄蚕坛于内，这大约就是皇帝专用的禁区。虽有广大水面，主景均在，但缺少用于布置离宫如同明代万寿宫那样的大幅土地，这或许是清代宫廷营造向郊外发展离宫的一个内在原因吧。

自康熙起，先就经营了围场附近的热河行宫，但比较朴素自然。雍正开始经营圆明园于其赐邸。但清代营建之高潮，在乾隆时期，然而用力于皇城宫苑者少，而用力于郊外、承德等地者多。就北京而言，有瓮山清漪园、圆明园（包含长春园、万寿园）、玉泉山静明园、香山静宜园、碧云寺、昭庙等。有清一代辉煌巨业皆成于此时。盛期之后，守成维护而已，直到清末颐和园，是恢复被毁的清漪园（后山且未恢复）而作的最后努力。这些都是众所熟知，无待烦言的历史（图27）。

明清北京，是我国历史上最后建造的一座封建帝王都城。气势庄严宏伟，造型色彩鲜明美丽，动人心魄。它的艺术成就，集中在皇城宫城上，对宫廷的礼仪制度、宫廷的生活排布皇宫园囿的严密保护，完全满足了封建王朝的需要，与其艺术形式也是高度完美地统一。它是北宋、金、元各代建都经验的最后总结，各代都有所增益、丰富和完善以至凝练为谐调统一的艺术品，足以代表伟大的中国文化。我们应理解它，爱护它，发扬优秀的文化传统。

一、中国古代城市水工设施概述

中国古代城市，由于漕运、引水、蓄水、排水等需要，建造了堰、陂、堨、塘、渠、闸、伏窦、水门、水窗等设施。除了文献史料和考古发掘的资料以外，许多城市都有这一方面的遗物、残迹、碑记等资料，把它们整理出来，对于今天的城市建设会起到一定的积极作用。

一、漕渠

当城市人口聚集到一定程度，而该地区资源又不足以维持需求时，就必须仰仗外地供应。在古代，主要是粮食。战国以前，无此类问题。春秋临淄号称 20 万人口，本地区资源尚可维持。这种城市实际上只是地区中心而已。秦汉建立了统一的国家，首都成为全国的中心，超出了地区经济的范围，人口急剧增加，且后来有外国移民侨民，国家有权向各地调集物资输送至首都。在古代，像首都这样的大城市，消费人口多，要维持供给，输送量很大。事实证明，靠陆运是非常困难的，一定要发展水运，于是出现了漕运。可以这样认为：漕运是在一定历史条件下出现的，而水运条件的优劣又是一个大城市能否维持的决定因素。可以说，漕渠是古代大城市的命脉。

汉武帝时，大司农郑当时上奏书说："异时关东漕粟从渭上，度六月罢，而渭水道九百余里，时有难处。引渭穿渠，起长安，旁南山下，至河三百余里，径，易漕，度可令三月罢。而渠下民田万余顷又可得以溉。此损漕省卒，而益肥关中之地，得谷。"《汉书·沟洫志》汉武帝同意，命令水工齐人徐伯进行测量定位，发卒数万人穿漕渠，三岁而成，获益极大。这是最早出现的漕渠。后来，隋迁都于汉长安东南 30 里的新都大兴。开皇四年（584 年），宇文恺由大兴凿广通渠引渭达河，依循的仍是郑当时建议的方案。这两次人工漕渠，都是因为渭水多泥沙，深浅不常，不利舟运，不能保证供给，必须另辟漕渠所致。然而，渭水入河，下游又有砥柱之险，多年以来，费尽人力心血，仍无法克服。因此，洛阳的地位显得很重要，自秦代起，凡都关中，均以洛阳为陪都，至东汉，乃迁洛阳。由洛入河，北可因济水通山东各地，南由荥阳入淮、泗水系以至长江流域，位置比长安优越，且无砥柱之险。但洛水常奔溢或枯竭不能航，于是亦有漕渠之设。《水经注》卷十六"谷水"载：

"汉司空渔阳王梁之为河南也，将引谷水以溉京都，渠成而水不流，故以坐免。后张纯堰洛以通漕洛中，公私怀瞻。是渠（阳渠）今引谷水，盖纯之创也。"

渠桥石柱有铭："阳嘉四年（135年）乙酉壬申，诏书以城下漕渠，东通河、济，南引江、淮，方贡委输，所由而至……"这段话指明了漕渠的作用。洛阳漕渠有谓吕不韦时始建，则又比郑当时早了百年。

魏明帝迁洛，修千金堨，堰谷水，周流城衢，又东为漕渠。晋代，都水使者陈勰再修，北魏则继承西晋的遗留。从汉代王梁、张纯，到北魏，一脉相传，或引洛，或堰谷，目的都是在保证漕运的稳定通畅。

洛阳千金堨引谷水因高就低，先驱动水碓，然后入城，形成西游圆海、天渊池。又枝分为阳渠，周流街衢，供城市之用。再东流而为漕渠。综合开发，一水多用，是非常成功的城市渠道建设。

北魏孝文帝迁洛，论者常强调政治与文化的原因，认为出于控制中原，南下江淮之必需，又是脱离旧俗，学习汉文化之必要。其实，孝文帝自己说过，经济是根本要点："朕以恒代无运漕之路，故京邑民贫。今移都伊洛，欲通运四方，而黄河急浚，人皆难涉。我因有此行（谓乘船经泗水，入黄，再溯流洛水还洛阳），必须乘流，所以开百姓之心。"他为了证明水运之利，曾亲自倡导乘船，重视造船事业，是位有眼光有魄力的人物。

隋炀帝经营东都洛阳，改城址于魏晋洛阳之西，原有漕渠只好放弃，而另辟新渠名曰"通济渠"。渠水来源，是筑堰分截洛水而来，名为斗门堰，与月陂同为宇文恺规划洛阳所设计的重要水工设施。斗门堰原理，与湔堋（都江堰）相似。通济渠平行洛河北，至偃师入洛，尔后入河入泗、淮，经邗沟入江，奠立大运河南段（黄河以南）的基础。江南城市的水运条件虽然优越，但仍需要辟人工渠道以有效地发展水运。例如很早就开凿了沟通浙江水系与太湖水系的运河。六朝都建康，秦淮河上游凿破岗渎，通太湖水系，与三吴地区水道相通，为当时重要航道。建康仰给于三吴（吴、吴兴、会稽），为立足基础。

通过比较漕运条件的优势，关中的长安终于让位于三门峡下游的洛阳、汴梁地区。宋初，太祖曾准备都洛阳，权衡利弊，终于选择水运枢纽的汴梁（开封）。金中都的物资供应仰赖华北平原，水运集中到通州后，还有50里陆运才到中都，虽曾多方设法开辟漕渠达通州，终因水源不足而失败。

元大都的奠立，根本原因是解决了漕渠水源的问题。这是郭守敬的功劳。金代已开辟了漕渠，主要困难是水源。他引昌平白浮泉至玉泉山与玉泉山水相合，又南汇合高梁河水，水源充分，流至积水潭，下游开通惠河至通州。这样，就奠定了元明清三代建都北京的基础。通州至天津，再南至黄河，辟运河汇集华北平原各河流，与南运河接。津浦铁路通车以前，它始终是中国南北的大动脉，关系至为重大，也是中国历史上最大的漕运建设。

二、蓄水湖

在城市内或近郊，拦截水流，蓄水成人工湖泊，可以供给城市用水、调剂气候、灌溉滋润、美化环境。古代有许多成功的例子，至今我们仍在受利。例如，汉长安昆明池即是最早的蓄水湖。池在长安西南，周围40里，建于汉武帝元狩三年（前120年）。建章宫太液池在其北，较小，亦武帝建。两池均以沆水（即潏水，见《水经注》，或谓之交水）为源，实即截沆水而成湖。昆明池即郑当时漕渠上源，引渭之说不确。此渠经由长安城南明堂辟雍，又东折，北经青门外，东去为漕渠。沈水又枝分飞渠入城为沧池，在未央宫西侧。所谓飞渠，应是高架水道，越城而过（《水经注》卷十九"沈水"）。这和后来宋东京城金水河用木漕架越汴河而入宫城后苑，元大都金水河所用"跨河跳槽"（《元史·河渠志》）都是城市河道比较特殊的设施。

魏晋洛阳，则有天渊池，由谷水枝分入城内华林园，东注为池，又与天然泉沼翟泉相通，成为宫苑主要水面。谷水东出为漕渠，在太仓前形成停泊运船达千艘的河港，再东，又形成方湖、鸿池等大水面，再东去入洛。

南京的玄武湖，也是人工湖泊。宋元嘉二十三年（446年），在鸡笼山与覆舟山间，筑北堤，拦截东北山地泉流而成湖。湖水南引入华林园，再入台城，成为建康城北宫苑区主要水源。古代玄武湖面积较今日为大，且可通江。除宋代曾废湖为田外，历代都浚湖修堤。但成为民众共享的园林区，至今不到一百年。

三国曹魏、后赵、前燕、东魏、北齐时期的国都邺城，曹操时引漳水积成玄武池，用以训练舟师。北齐治华林园（改名"仙都苑"），内有大海可以泛舟，周回25里。

唐长安宫苑，则有大明宫太液池、南内兴庆池及城东南隅之芙蓉园曲江等人工湖泊，皆为截引源自南山北流入渭的细流汇聚而成。同时，汉代的昆明池此时继续疏浚利用。昆明池地势稍高，又汇聚沣水滈水，水源充分，已有汉代堰闸等设施基础，池水东引至长安。但自唐文宗时疏浚之后，渐就荒废，水竭为田。

芙蓉园占地约20顷，周回7里，为汉代乐游苑故址，截蓄黄渠水而成湖，北伸为曲江，沿坊里间北流。芙蓉园是唐长安唯一未被帝王垄断的风景区，可以泛舟，池周亭馆接连，是最好的游览胜地。宋东京则有金明、玉津等四园，均有大水面，为游览胜地。其中金明池开辟于太宗时期，每年在此演习水军，纵人观赏。

杭州的西湖实际也是人工湖。东汉时，为捍止海潮，在今天湖滨一带筑塘。后来，隋唐以后城市逐渐在塘外涨沙地上发展，塘内却汇聚西山泉流而成湖，为始料所不及。西湖三面环山，只东侧限以湖堤，湖水位比城内低处要高些。湖水位能保持经常高度，是因为湖东北隅昭庆寺前有节制闸，溢出的水经渠道通往余杭门外运河。西湖早先是杭州用水来源之一，用竹管或瓦管通入方池，池上盖石板，板上凿眼可汲水，叫作"四眼井""八眼井"之类，但与真正的井有别。西湖饶鱼虾茭藕之利，至于说到湖光山色，风景如画，更博得了人间天堂的美名，千载传咏。

元大都的积水潭、太液池，虽原是天然水面，后来经过人工的改造，引来白浮泉、玉泉山水，下开通惠河，建立了一系列水工设施。这些水面迄今是北京城区调节气候、滋润绿化、休息游览的主要成分。

元代在北京西郊瓮山拦蓄玉泉山水，改造瓮山泊，形成长河——高梁河上游的蓄水库。这一带因此有丰富稳定的水源，到明清时期，发展为广大的园林地区。清中叶乾隆时在瓮山泊筑清漪园，清末改建称"颐和园昆明湖"，在湖之西北玉带桥处，有泉水入口闸，湖东知春亭南一线长堤，是拦水大坝，湖之东南隅绣漪桥处，则为出水闸口，堤之中段，复有节制闸一处，控制湖面水位。湖水除经河道流入北京城内之外，对西郊农田灌溉也有很大益处。作为园林，颐和园更是举世闻名的。

从历史上看，在城市内或近郊修筑蓄水湖，无例外地都收到了长远的、多方面的益处。有天然的湖泊，恰好可用的机会比较少，而人工筑湖，唯有一时之劳，事成则坐享千年之利，已为事实证明。这里，开辟水源、选择湖址，注意节制导流等方面的经验，值得今天研究吸取。而今天我们接受历史遗产，任其湮废淤淀，污染日甚的情况是普遍的，能无惭愧？

除了以供给生活用水、园林绿化、近郊农田灌溉而筑蓄水湖之外，古代有些城市，在通航河道旁筑塘蓄水，与河道连通，作为停泊船只的河港。汉魏洛阳漕渠，出东阳门东，在太仓前形成容船千艘的河港即是一例。又如《水经注》卷三十九"赣水"

所记：

"赣水又历钓圻邸阁下度支校尉治，太尉陶侃移治此也。旧夏月，邸阁前洲没，去浦远。景平元年（423年），校尉豫章，因运出之力，于渚次聚石为洲，长六十余丈，洲里可容数十舫。"

又，同书卷三十二"淝水"，有：

"（淝水）……又北过寿春县东……北入于淮。淝水又西分为二水，右即淝之故渎，遏为船官湖，以置舟舰也。"

这类人工形成的水面，是泊船用的。

三、城市水道

水道，有供水用，有排水用，有明渠，有暗管。这是任何城市必须解决的设施。这里只是举出部分情况。

迄今所发现最早的建筑排水设施，是陕西岐山凤雏西周前期宫室（宗庙）遗址发现的陶质排水管。这种管外形如长罐，互相套接，埋于地下，出口于东侧沟壑中。扶风一处遗址，则用石板、卵石块砌排水道。遗址年代相当于晚商，约为纪元前11世纪以前，当时排水技术已有相当进步。

往下，战国遗址如燕下都、赵邯郸，都有各种形式的排水构件，或为管状，或为槽状，有些露明件且有精美造型。秦始皇骊山陵有五角形陶质排水管发现。汉长安渭水北坂陵区，也有类似构件。这些发现，足可证明排水沟管采用的历史已经很长久，且有相当高的技术水平。

至于地下供水沟管，则实物保存甚少，而文献中不乏记载。例如，《水经注》卷五（此处依《永乐大典》本分卷。下同。）"邺城"条：

"（漳水）……魏武又以郡国之旧，引漳流自城西东入，迳铜雀台下，伏流入城东注，谓之长明沟也……沟水南北夹道，枝流引灌，所在通溉，东出石窦堰下，注之湟水。"这里，入城出城，均经石窦"伏流"。

又，卷二"洛水武阳城"条：

"（漯水）……西北迳武阳新城东，曹操为东郡所治也。引水自东门石窦北注于堂池，池南故基尚存。"

又，卷五"滱水卢奴城"（定州）条：

"或云：水黑曰卢，不流曰奴，故此城籍水以取名矣。池水东北际水有汉中山王故宫处，台殿观榭，皆上国之制。简王尊贵壮丽有加，始筑两宫，开四门，穿北城，累石为窦，通涿、唐水流于城中。""……滱水之右，卢水注之，水上承城内黑水池……自汉及燕涿。池水迳石窦，石窦既毁，池道亦绝。"

又，卷七"谷水阳渠"条：

"（阳）渠水又东历故金市南，直千秋门，右宫门也。又支流入石窦（逗）伏流，注灵芝九龙池。魏太和中，皇都迁洛阳，经构宫极，修理街渠，务穷隐，发石视之，曾无毁坏。又石工细密，非今之所拟，亦奇为精至也，遂因用之。"

这一段值得重视，它指明石窦作工细密，沿用已达数百年的事实。石窦很可能是发券结构。古人渐知地下结构物，管状比侧壁盖板的槽状有利。《洛阳伽蓝记》中也提到这种石窦（逗）：

"凡此诸海（指翟泉即苍龙海、果林都堂之流觞池，堂东之扶桑海），皆有石窦（逗）流于地下。西通谷水，东连阳渠，亦与翟泉相连。若旱魃为害，谷水注之不竭，离毕（大雨之兆）滂润，阳谷泄之不盈……"

这一段也很重要，指明各池用石窦沟通，互相挹注，保证不竭不盈，炎旱淫雨均不能为害。用石窦的好处是：不占地面路面，不需经常疏浚维修，不用桥道等附加工程，一劳永逸，遗利无穷。这批石窦，大约与天渊池同时修建自曹魏初至魏太和迁都，已有二百七十多年，毫无损坏。晋修洛阳，有多起石作工程，包括竭、桥、石窦、渠塘等，作工精密，且发展了石券技术，是城市建设史上重要的里程碑，值得重视。

亦有私宅用石窦之例。如卷十一"洧水"：

"（洧）水又东入侍中襄阳侯习郁鱼池……又作石伏窦引大池水于宅北作小鱼池……"

这种伏窦（逗）在地下穿过建筑物引水流至他处，明渠则不能办到这点。

地下引水管道，又见于南唐时金陵城，用磁管引玄武湖水穿过城市至宫城。此种环形管道，至明初筑南京城时达到登峰造极的水平。

明代筑南京城垣，切断了几处水流，城垣内外水道靠埋设在城垣下的管道来沟通。主要有四处：两处是玄武湖水溢流渠道，一在大树根，一在大堤水闸，另两处是燕雀湖水入城渠道，一在钟山龙尾下，一在朝阳门南城壕，前者成为宫城护城河水源，后者为外五龙桥金水河水源，最后均归入杨吴城壕。这几处地下管道均用巨大的铸铜管套接而成。管的两端设水闸，启闭节制水流。现东南城壕入水口在城内侧的地名犹称铜心管桥。

最有代表性的是玄武湖溢水闸。自宋元嘉二十三年（453 年）筑堤形成玄武湖时起，湖堤上就有闸引湖水入渠道，流至宫苑内。湖底日渐淤积，堤岸逐年培高，湖面水位后来竟常年高于堤内地平。明代筑城于堤上，切断渠道，改用铜制暗管穿城垣基础下入城，注于珍珠河。所用管道一百多节，铜管为主，少量铁管。管径约 90 厘米，长约 100 厘米，管壁厚 2 厘米，管缘有企口可以套接，发掘时完好无损。

当初筑城，可能先筑城垣，再铺设管道。因此须于城的基础下预留孔道。现发现城垣跨管道处有砖券两重：第一重纵长为堤两侧水闸之间的全长，约七十余米，用三券三伏，相当于水窗做法；下券之上当城垣处再筑第二重券，其长比城垣基础稍加出，约三十余米，用五券五伏，相当于城门做法。这样，城垣重量和湖堤重量不影响到管道，管道只承受周围填土的重力，比较安全。筑城完毕，这些砖券均已填埋地下。

城内侧出水闸，明《南雍志》称为"铜井闸"。闸用石砌方井，闸板由相叠的两重铜盘组成，上下启闭。盘方形，下盘固定，有圆孔五，上盘背有纽，可提升。盘下面有圆榫五，闭闸时，榫入圆孔，水阻不流；开闸时，提升上盘，水由下孔溢出。此种铜闸大约为控制出水口流量而设，因湖水位高，水压大，须防止汹涌而至，破坏渠道，或不及宣泄引起泛滥。

此种铜闸，南京已发现三处，除玄武湖闸外，明故宫午门内五龙桥金水河穿过宫城处亦有同类铜闸。这种闸为国内罕见，是科学技术史的珍贵资料。

四、水门和水窗

水门，当河道入城处，可以启闭，以保证城市安全。水门的构造类似水闸，但性质根本不同。设水门的目的是断航，但不遏止水流，因此门作栅格状。设水闸的目的是遏水不流，因此闸板密实无缝。

水窗是固定的栅棂，置于河道或沟渠间，目的是防止船只通过或外人潜入，但不遏止水流，它不能开启。

楚纪南城曾发现可能是水门的遗迹。《水经注》亦有水门记载，如：

"洙水又西南，枝津出焉，又南迳瑕丘城东，而南入石门。古结石为水门，跨于水上也。"（卷四"洙水瑕丘县"）

宋东京城，如《东京梦华录》中记载：

"新城南壁，其门有三：……城南一边，东南则陈州门，旁有蔡河水门；西南则戴楼门，旁亦有蔡河水门。蔡河正名惠民河，为通蔡州故也。东城一边，其门有四：东南曰东水门，乃汴河下流水门也，其门跨河，有铁裹窗门，遇夜如闸垂下水面，两岸各有门通人行路，出拐子城，夹岸百余丈……西城一边，其门有四：从南曰新郑门，次曰西水门，汴河上水门也……又次曰西北水门，乃金水河水门也。"

据所述，宋东京城有水门五处，其中汴河东水门记述最详，可概其余。所谓窗门，谓门不用实拼板而用棂格，通过水流，可以减少水流侧压负荷，裹铁叶是为防斧锯破坏。水门昼启夜闭，备战备盗，主要是为保证城市安全。

苏州博物馆藏平江府城图碑，刻有水门者五门：盘门、阊门、齐门、娄门、葑门。均陆门与水门并列。盘门当运河枝入城处，为运输物资主要航道，门形制崇宏在其他水门之上。今日苏州盘门虽为清同治年间重修，水门址仍在原处，只是宋代用排沙木及横梁的门道改为砖券，仍可以看到古代水门的具体做法。江南城市，凡有河道入城通航处，总是有水门，近世尚且保存一些，因为城市发展，拆除城垣，现在能见的已很少。所以，盘门水门是值得重视和保护的。

水窗是固定的断航防潜，但可通过水流的水口。城垣跨河道，或墙垣，建筑物跨沟渠之处用之。

最早的遗物是唐长安西内苑所发现的铁窗棂。窗为铸铁件，高79厘米，宽57厘米，厚4厘米，上有栅格菱形孔眼。此式当是沟渠间防潜用。文献上《邺中记》载石虎皇后浴室的水渠间则用"铜笼疏"，也是水窗的一种。

明孝陵方城前升仙桥下溪涧，流过陵垣外有水窗，为石券，窗棂为砖柱。此处跨距大，做法粗壮。

跨河水窗，宋《营造法式》称为"卷輂水窗"：

"造卷輂水窗之制。用长三尺，广二尺，厚六寸石造。随渠河之广，如单眼卷輂，自下两壁开掘至硬地，各用地钉（本橛也）打筑入地（留出镶卯）。上铺衬石方三路，用碎砖瓦打筑空处，令与衬石方平。方上并二横砌石涩一重，涩上随岸顺砌并二厢壁板铺垒，令与岸平于水窗当心平铺石地面一重，于上下出入水处，侧砌线道三重，其前密钉掰石桩二路。于两边厢壁上相对卷輂（随渠河之广，取半圆，为卷輂棬内圜势）……"

《营造法式》所载水窗，列在石作，只讲了石构造部分，而未谈及当河身过广时，用多跨水窗或两岸筑马头摆手等。亦未提到窗棂构造。但在元大都遗址勘察中，发现大都东西城垣下的水窗遗物。水窗底和两壁用石板铺砌，顶则用砖券。过洞长约20米，洞身宽 2.5 米，石壁高 1.22 米。洞的内外口均有菱形断面铁栅棍作窗棂，间距 10～15 厘米。水窗地基满筑地钉，缝隙用碎砖石渣夯实，地钉上铺横木（衬石方），其上砌石地面及两壁。与《营造法式》所载基本一致。（侯仁之《元大都、明清北京》）可见，这种水窗做法，使用时间很长。明代筑南京城，三山（水西）门至石城（旱西）门，沿南唐金陵城垣址增筑，城垣跨运渎出城处，地名"铁窗棂"，应为铁棂水窗。此种水窗，可能推早至南唐初期。

五、其他

中国古代城市及宫廷中，有特殊之水工技法，载于史籍，屡见不鲜，其中若干讫莫可解，亦无遗物借以旁证。掇拾一二，以助思兴。

1. 翻车渴乌

《后汉书·宦者传》说：

"（灵帝）……又使掖庭令毕岚铸铜人四，列于苍龙、玄武阙（苍龙，东阙；玄武，北阙）。又铸四钟，皆受二千斛，悬于玉堂及云台殿前。又铸天禄虾蟆，吐水于平门外桥东，转水入宫。又作翻车渴乌，施于桥西，用洒南北郊路，以省百姓洒道之费。"

平门，为汉洛阳南面正门（《后汉书·百官志》），当南郊大路，跨谷水有桥，门内即南宫。"天禄虾蟆，吐水于桥东"，似引水北流。翻车渴乌，则在桥西。唐李贤（章怀太子）注云："翻车，设机车以引水，渴乌为曲筒，以气引水上也。"不知此注根据为何？翻车，有人认作龙骨水车，人力戽水器；渴乌，则以为虹吸曲管，所谓"以气引水"。这些解释似成问题，如为人力戽水，何能省费……虹吸现象亦不能引水上升。

现在设想，翻车，当如今日黄河上游所见高架水车，用水流本身驱动，戽水上升，倾入水槽，导流入渠，昼夜不息，不劳人力。渴乌，似为唧筒式抽水泵，利用单向阀，使流体从容器一处进入，另处排出，这是风箱的工作原理。唧筒虽有不同，原理一样。汉代金属加工和机械已有相当水平，西汉出现齿轮，东汉则有三个轴向旋转的被中香炉（丁缓、李菊所造），而水力驱动的水排鼓风设备，已用于冶炼。所以唧筒之用于吸水、喷水，是有可能的。而若发展为往复运动的摇臂式双筒水泵，似乎即是形象化名词"渴乌"的起因。

设想，当时大约先用翻车提水沿水槽向洒水车供水，然后用渴乌把水车贮存水喷洒于路面，这是一幅古代城市洒水车工作的情景。是否如此，可以研究。

何以这种发明对后世绝无影响，没有后继呢？汉代有一种陶井圈（也是一种水工设施），久已失传，宋代人掘地见了，不知为何时物，但知用之于流沙地掘井，效果非常好（宋庄季裕《鸡肋篇》）。汉末和西晋末两次动乱，人口减少，生产倒退，确使我国科技发展遭受极大损失。这是历史教训。

2. 吐水铜龙

古史中记载吐水铜龙之事多起，抄录于下：

"《语林》曰：陈协（勰）数进阮步兵籍酒，后晋文王（司马昭）欲修九龙堰，阮举协，文王用之。掘地得古承水铜龙六枚，堰遂成。"（《水经注》"谷水"）

"咸康二年（336年），（虎）使牙门将张弥徙洛阳钟虡，九龙、翁仲、铜驼、飞廉于邺。"（《晋书》载记）

"（石虎邺城）华林园中千金堤上，作两铜龙，相向吐水，以注天泉池，通御沟中"（《邺中记》）

"石虎正会，殿前有白龙樽，作金龙于东厢（太武殿，石虎邺宫正殿），西向，龙口金樽受五十斛（《邺中记》《太平寰宇记》载此条云：作金龙吐酒于殿前，金樽可容五十斛，供正会。）"

"（世宗永平四年）五月己亥，迁代京铜龙置天渊池。"（《魏书》"世宗纪"）

按，此天渊池在洛阳，代京亦有天渊池，凿于文成帝兴安年间。

"千秋门内道北有西游园……有碧海曲池……灵芝钓台……钓台南有宣光殿，北有嘉福殿，西有九龙殿，殿前九龙吐水成一海。"（《洛阳伽蓝记》卷一）

以上，曹魏、西晋、石赵、北魏均用铜龙吐水。石虎迁洛阳九龙至邺，石赵邺城后为前燕所据。北魏亡燕，又迁其器物入平城，于是代京天渊池亦有铜龙，代京铜龙最后迁至洛阳。西游园中九龙吐水，或是代京原物，或为仿制品。此种承替脉络，清晰可见。若铜龙纯为装饰器玩，似无必要屡次不惮烦劳，千里迁徙。应别有其道理在。推测铜龙实际是引水器，利用虹吸原理，引渠水入海，或反是，引海水越堤入渠。这样可以不用水闸，无启闭之劳，即可引水注于低处。注水地点，可以更动，用毕，铜龙可以移走。当需要增减流量时，增减铜龙数量（假定口径相同）即可。铜龙本身又是工艺品，兼收点缀园景之用。所以，它是调节水流的必备器具。可能制造困难昂贵，所以不惜千里辗转迁徙。上述《后汉书》记载东汉洛阳平门外吐水虾蟆天禄，应属同一性质，器型不同而已。

石虎邺宫太武吐酒金龙，无非使酒槽中的酒注入酒樽，一如渠水入海，工作原理与吐水铜龙相同，外形也模仿铜龙，只是用于室内，愈加豪华精致罢了。

3. 浴池

《邺中记》载有：

"石虎金华殿后有虎皇后浴室，三门徘徊反宇，栌欀隐起，彤采刻镂，雕文粲丽。四月八日（佛诞日），九龙衔水浴太子（即佛）之像。又，太武殿前沟水注，浴时，沟中先安铜笼疏，其次用葛，其次用纱，相去六七步断水。又安玉盘受十斛，又安铜龟饮秽水。出后，却入诸公主第。沟亦出建春门东。又，显阳殿后皇后浴池上作石室，引外沟水注之室中。临池上有石床。"

这是一个4世纪时的皇后浴室的描述：石室、石床、石池、渠道引来天然泉流，铜笼疏是水窗，防人潜入，葛、纱则为过滤用。浴室内有铜龙引渠水入池。佛诞日，则用此种铜龙行浴佛礼，历史上还有唐玄宗时骊山温泉石浴池、元大都宫内石浴池等记载。但是，只描述石雕刻的精美，陈设的华丽，未及水源、排除污水等要点。至于城市市民公共浴室，宋东京城内已有营业性浴池。至清中叶，《扬州画舫录》卷一，记述了扬州营业性浴池情况："……并以白石为池，方丈余，间为大小数格。其大者近镬水热，为大池；次者为中池；小而水不甚热者，为娃娃池"云云，则与今日浴池相仿佛。我国石造浴池，历史悠久，高级者且极尽豪华奇巧之能事。惜遗物凤毛麟角，华清池面目已改，仅故宫"香妃浴室"（"香妃浴室"在故宫武英殿西厢浴德堂。其内设备可供土耳其式蒸气浴，为乾隆时造。）尚可见一斑。

以上列举了几个方面与利用水有关的工程和技术，主要是城市建设工程中的水工设施。本文只是粗略勾勒，尚待继续搜集资料，甄别排比，作出比较准确的分析，以深刻认识我国古代科学技术成就。

在中国历史上，汉、魏、晋，科学技术发展活跃，人才项背相望，在世界古代史上，占有光荣的地位。惜晋末大乱，多年经营，毁于一旦，生产倒退，科学窒息。阅览往史，深可感慨。历史的倒退，本来是可以避免的。努力清理这一段隐晦的史料，也许是有意义的。

二、子城制度

1.

　　子城、罗城之称，始见于南北朝史籍。北朝如寿春（今安徽省寿县）、定州（今河北省定县）、长安（今陕西省西安市），有子城、罗城之设。

　　《魏书》列传第四十六杨播传附杨侃传：侃，字士业……年三十一，袭爵华阴伯。释褐太尉，汝南王悦骑兵参军。扬州刺史长孙稚请为录事参军。萧衍（梁武帝）豫州刺史裴邃治合肥城，规相掩袭……邃后竟袭寿春，入罗城而退。

　　《魏书》列传第四十六杨播传附杨津传：（津）孝昌初，加散骑常侍，寻以本官行定州事。既而近镇扰乱，侵逼旧京（谓代京，今山西省大同市），乃加津安北将军、假抚军将军、北道大都督、右卫，寻转左卫，加抚将军。始津受命，出据灵丘（今山西省灵丘县），而贼帅鲜于修礼起于博陵，定州危急，遂回师南赴……其后，贼攻州城东面，已入罗城，刺史闭小城东门，城中骚扰，不敢出战……津以城内北人虽是恶党，然掌握中物，未忍便杀，但收内子城防禁而已。

　　《资治通鉴》卷一百五十八、梁纪十四、武帝大同四年（538年）：……百姓互相剽掠，关中大扰。于是沙苑所房东魏都督赵青雀、雍州民于伏德等遂反，据长安子城，伏德保咸阳，与咸阳太守慕容思庆各收降卒以拒还兵。长安大城民相帅以拒青雀，日与之战……

2.

　　南朝亦有子城、罗城之称，如荆州（今湖北省江陵）、吴州（今江西省鄱阳）、郢州（今湖北省武昌）。子城或称"金城"。

《南史》卷八梁本纪下梁元帝：……及魏人烧栅，买臣、谢答仁劝帝乘暗溃围出就任约……答仁又请守子城，收兵可得五千人。帝然之，即授城内大都督……

《太平御览》卷一百九十六引《渚宫故事》：湘东王（即梁元帝萧绎，时为荆州刺史。侯景之乱，武帝、简文相继亡故，建康残破，绎即位称帝，以荆州为都）于子城中造湘东苑，穿池构山，长数百丈。

《资治通鉴》卷一百六十五、梁纪二十一、元帝承圣三年（554年）：长孙俭问（于）谨曰："为萧绎之计，将如之何？"谨曰："耀兵汉、沔，席卷渡江，直据丹阳（谓建康），上策也；移郭内居民退保子城，峻其陴堞，以待援军，中策也；若难于移动，据守罗郭，下策也（此指荆州）。"（见《北史》卷二十三、列传十一、于谨传。字句微有出入。）

《资治通鉴》卷一百六十五、梁纪二十一、元帝承圣二年（553—554年）：吴州刺史开建侯蕃，恃其兵强，贡献不入（胡三省注：《五代志》：鄱阳郡，梁置吴州），上密令其将徐佛受图之……上以佛受为建安太守，以侍中王质为吴州刺史。质至鄱阳，佛受置之金城，自据罗城，掌门管……质不敢与争。

《资治通鉴》卷一百六十四、梁纪二十、简文帝大宝二年（551年）：（王僧辩以六月）辛酉，攻郢州（江夏，今湖北省武昌），克其罗城，斩首千级。宋子仙（侯景党羽）退据金城，僧辩四面起土山，攻之。（又见《南史》卷六十三、王僧辩传）

3.

唐代建都长安洛阳，宫城以皇居所在，讳言子城，而外城仍称罗城或罗郭。日本平安京（今京都市）仿长安之制，虽无外郭而犹有罗城门之名。

《旧唐书》高宗本纪：（永徽）五年春三月……辛未，曲赦所经州县系囚。以工部尚书阎立德领丁夫四万筑长安罗郭……冬十一月癸酉，筑京师罗郭，和雇京兆百姓四万一千人，版筑三十日而罢。

《唐会要》卷八十六：天宝二年正月二十八日，筑神都（洛阳）罗城，号曰金城。

4.

唐代各州辄有子城罗城之设，见诸史籍，其例甚多，如：

申州（今河南省信阳市）

《资治通鉴》卷二百四十、唐纪五十六、宪宗元和十二年（517 年）：鄂岳观察使李道古引兵出穆陵关，甲寅，攻申州，克其外郭，进攻子城。

郓州（今山东省郓城县）

《资治通鉴》卷二百四十一、唐纪五十七、宪宗元和十四年（819 年）：距城数里，天未明，悟（刘悟，时率兵攻李师道于郓）驻军，使听城上柝声绝，使十人前行，宣言："刘都头奉帖追入城。"门者请俟写简白使，十人拔刃拟之，皆窜匿；悟引大军继至，城中噪哗动地。比至，子城已洞开，惟牙城拒守（胡三省注：凡大城谓之罗城，小城谓之子城，又有第三重城以卫节度使居宅，谓之牙城），寻纵火斧其门而入。牙中兵不过数百，始犹有发弓矢者，俄知力不支，皆投于地。

宿州（今安徽省宿县）

《资治通鉴》卷二百五十一、唐纪六十七、懿宗咸通十年（869 年）：八月，壬子，康承训焚外寨，张儒等入保罗城（胡三省注：外寨，宿州城外之寨；罗城，宿州罗城也），官军攻之，死者数千人，不能克，承训患之，遣辩士于城下诏谕之。张玄稔尝戍边有功，虽胁从于贼，心尝忧愤，时将所部兵守子城，夜，召所亲数十人谋归国……

吴房（今河南省遂平县）

《资治通鉴》卷第二百四十、唐纪五十六、宪宗元和十二年（817 年）：甲寅，李愬将攻吴房，诸将曰："今日往亡。"愬曰："吾兵少，不足战，宜出其不意。彼以往亡不吾虞，正可击也。"遂往，克其外城，斩首千余级。余众保子城，不敢出……

成都（今四川省成都市）

《资治通鉴》卷二百五十二、唐纪六十八、懿宗咸通十一年（870 年）：西川之民闻蛮寇将至，争走入成都。时成都但有子城，亦无壕，人所占地各不过一席许，雨则戴箕盎以自庇；又乏水，取摩诃池泥汁，澄而饮之。（胡三省注：《成都记》：摩诃池在张仪子城内。隋蜀王秀取土筑广子城，因为池。）

《古今图书集成》经济汇编考工典卷二十二、城池部汇考六：成都府城池，即会城。大城创于张仪，小城筑于杨秀，罗城增于高骈。

徐州（今江苏省徐州市）

《资治通鉴》卷二百五十一、唐纪六十七、懿宗咸通九年（868 年）：……丁丑，贼（谓庞勋）至城下，众六七千人，鼓噪动地，民居在城外者，贼皆慰抚，无所侵扰，由是人争归之，不移时，克罗城。彦曾（崔彦曾，时为徐泗观察史）退保子城（胡三省注：罗城，外大城也。子城，内小城也。），民助贼攻之，推草车塞门而焚之，城陷。

5.

唐代州军子城之设，非惟中原腹地，即边徼荒服，亦复如是。如：天德军（今内蒙古乌拉特旗西北）。

李吉甫《元和郡县图志》卷四·天德旧城：……西城是开元十年张说所筑，今河水来侵已毁其半。臣量其事势，不堪重修……其子城犹坚牢，量留一千人，足得住居。

交州（即交趾。唐安南都护府所在，亦名安南。今越南社会主义共和国河内市）

《资治通鉴》卷二百五十、唐纪六十六、懿宗咸通四年：……是日，南诏陷交趾，蔡袭（时为安南经略使）左右皆尽……荆南虞候元惟德等谓众曰："吾辈无船，入水则死，不若还向城与蛮斗，人以一身易二蛮，亦为有利。"遂还向城，入东罗门。（胡三省注：东罗门，安南罗城东门也。）蛮不为备，惟德等纵兵杀蛮二千余人。逮夜，蛮将杨思缙始自子城出救之，惟德等皆死。

6.

而明清两代地方志中所记唐代子城，不乏其例：或至有谓子城创设于隋代及至晋代者。虽胥为后人追记，犹待证实，然亦未可谓其毫无所据。如：

桂州（今广西壮族自治区桂林市）（图38）

《古今图书集成》考工典卷二十三、城池部汇考七引《广西通志》：桂林府城池，初，唐武德中，桂州总管李靖筑子城，在漓江西浒，周围三里十八步，高一丈二尺。宋皇祐间，经略使余靖筑外城。

福州（今福建省福州市）

《古今图书集成》考工典卷二十二、城池部汇考六引《福建通志》：福州府城池，汉封无诸为闽越王，都治。晋太康四年，郡守严高改筑越王山之南为子城。唐天复间，闽王审知筑罗城。

容州（今广西省容县）

《古今图书集成》考工典卷二十三、城池部汇考七：容县城池，在绣江上，唐容管经略使韦丹所筑。内为子城，周二里二百六十步。外城周十三里。

湖州（今浙江省湖州市）

《古今图书集成》考工典卷二十、城池部汇考四：湖州府城池，子城即今府治，周一里三百六十七步，东西二百三十七步，南北一百三十六步……武德四年李孝恭外筑罗城，周二十四里，东西一十里，南北十四里。

潞州（今山西省长治市）

《古今图书集成》考工典卷十八、城池部汇考二：潞安府城池，隋置。上党县西北。子城大城皆自隋创。

太平州（宋置。今安徽省当涂县）

《安徽通志》卷三十五、舆地志：府（谓太平府，明置）城创建于吴黄武间，东晋太和七年，桓温重筑，并建子城于内，为今府治。

徽州（今安徽省歙县）

《安徽通志》卷三十五、舆地志：城在乌聊山麓。隋义宁元年汪华筑……罗城周四里二步，子城周一里四十二步。唐中和五年又广城之……而子城遂废。

宁国府（今安徽省宁国市）

《安徽通志》卷三十五、舆地志：府城初创于晋内史桓彝，今所谓子城是也。梁太守何远稍增筑之。隋开皇间刺史王选以宛溪形势，别筑罗城，广轮至三十里。

润州（即京口，今江苏省镇江市）

陆游《老学庵笔记》卷六：京口子城西南月观，在城上，或云即万岁楼。京口人以为南唐时节度使每登此楼西望金陵，嵩呼遥拜，其实非也。《京口记》云：晋王恭所作。唐孟浩然有万岁楼诗，见集中。

7.

据上所引，子城罗城之设，昉于南北朝，已确凿无疑，或可追溯于两晋。至唐代则州军治所设子城，已为常规。惟此期之子城罗城均已泯灭无迹，而文献阙佚，其制度区划未可详知。其时尚有于子城之内复设牙城如郓州之例（见4），此后南唐留从效筑晋江军（今福建省泉州市）城，亦具牙、子、罗三城；又吴房以县治而具子城、罗城，均属例外偶见。

8.

五季承唐末丧乱，藩镇拥兵割据，称王者蜂起，皆因节度使衙子城之旧，以为宫在，拓而广之。如楚马希范之潭州、前后蜀之成都、吴越钱镠之杭州、闽王审知之福州、南唐之筑金陵城，率皆如是。而影响及于后世极为深远者则为唐汴州宣武军城之改作。朱全忠以宣武军节度使篡唐，梁室既建，以汴州为东京，以州牙子城为建昌宫而未遑改作。至后周世宗显德间始谋扩大之，遂为宫城（旧子城）、阙城（旧罗城）、新城（外罗城）三重之制。宋踵继周后，以东京为都。虽屡经改建，规模终不逮隋唐都城之恢廓远矣。为崇闳皇居，于宫城门前辟御街，以杈子御廊与市廛相隔，直抵天汉桥（旧名州桥，以其正值州衙前）；遂启后世宫前置千步廊，以桥为前引之制，历金、元、明、清，胥以此为则。源其始，但一时权宜之计耳。

《宋会要辑稿》方域一·东京大内：大内据阙城之西北。宫城周围五里，即唐宣武军节度使治所。梁以为建昌宫。后唐复为宣武军治。晋为大宁宫。国朝建隆三年五月，诏广城，命有司画洛阳宫殿，按图以修。

高承《事物纪原》六·京城：《宋朝会要》曰：自朱梁建都，以汴州为东京，皆因藩镇旧制，但改名额；而周显德五年，始广新城，周回四十八里二百三十步。宋敏求《东京记》曰：周世宗显德二年四月，诏京城四面别筑罗城。三年正月，发京畿、滑、郑、曹之民，命薛可言等四面督之，韩通总其事；王朴经度，凡通衢委巷广袤之间，皆朴定其制。

高承《事物纪原》六·大内：又曰：今大内即宣武军节度治所，朱梁建都，遂以衙第为建昌宫，晋天福初又为大宁宫，第改名号而已。周世宗虽加营缮，犹未合古制。建隆三年，发开封浚仪民广皇城。四年五月，太祖遣有司画洛阳宫殿，按图修之，自是皇居始壮丽矣。

陆游《家世旧闻》：宣德门本汴州鼓角门……制度极卑陋，至祖宗时，始增大之，然亦不过三门而已。

9.

隋唐以降，各州郡有修立图经之举，见诸史书经籍志（艺文志），而均已不存。宋沿唐制，各州修备图经，以闰年上之职方（兵部诸司之一），成为定制。故宋代方志地图视前为盛，至今颇有存者；而州军子城之制，参酌以文献记述，于是可以得而言之。今以严州（原名睦州，建为遂安军，后又升为建德府，今浙江省建德县）（图39、图40），苏州（设平江军、州升府，名曰：平江府。今江苏省苏州市）（图41）、建康府（原为升州，设建康军，州升府，名曰：建康府。今江苏省南京市）（图42～图44）为例，次第述子城制度区布之概要如后。

10.

子城门或名州门、府门、军门，视门额而定。亦名鼓角楼或鼓角门，置更漏鼓角以节时而警昏晓。城楼设鼓角，唐代已然。京城长安宫城承天门晨昏击鼓以为诸门启闭之节。而州军子城鼓角楼实因城市报时制度而设。建筑宏伟峻拔，全城观瞻所系，亦名谯楼，明清往往修复沿用之，其迹迄今犹有存者。如福建省莆田市谯楼，即宋兴化军鼓角楼。子城门前左右对设宣诏、颁春两亭，以为传达诏令及告谕处所。

《唐六典》卷八：城门郎掌京城、皇城、宫殿诸门开阖之节，奉其管轮而出纳之……开则先外而后内，阖则先内而后外，所以重中禁尊皇居也。候其晨昏击鼓之节而启闭之。

承天门击晓鼓，听击钟后一刻，鼓声绝，皇城门开；第一咚咚声绝，宫城门及左右延明、乾化门开；第二咚咚声绝，宫殿门开。夜，第一咚咚声绝，宫殿门闭；第二咚咚声绝，宫城门闭及左、右延明门、皇城门闭。其京城门开闭与皇城门同刻……

《唐会要》卷七十三：安南都护府……元和四年……其年九月，安南都知兵马使兼押衙安南副都护杜英策等五十八人状，举本管经略招讨处置等使兼安南都护张舟到任以来政绩事：安南罗城，先是经略使伯夷筑。当时百姓尤甚陆梁，才高数尺，又甚湫隘。自张舟到任，因农隙之后，奏请新筑。今城高二丈二尺，都开三门，各有楼。其东西门各三间。其南门五间，更置鼓角……

曾巩《元丰类稿》卷十八：《广德军重修鼓角楼记》：熙宁元年冬，广德军作新门鼓角楼成……盖广德居吴之西疆，故鄣之墟。境大壤沃，食货富穰，人力有余。而狱讼赴诉，财贡输入，以县附宣（宣州，宋宁国军，今安徽宣城），道路回阻，众不便利，历世久之。太宗皇帝在位四年，及按地图，因县立军，使得奏事专决，体如大邦（谓州府）……而门闳隘庳，楼观弗饰，于以纳天子之命、出令行化，朝夕吏民，交通四方，览示宾客，弊在简陋，不中度程……自冬十月甲子始事，至十二月甲子卒功。崇墉崛兴，复宇相瞰，壮不及僭，丽不及奢。宪度政理于是出纳，士吏宾客于是驰走。尊施一邦，不失宜称。至于伐鼓鸣角，以警昏昕，下漏数刻，以节昼夜，则又新是四器，列而楼之。邦人士女，易其听观，莫不悦喜，推美诵勤……

高承《事物纪原》卷七：镇：……宋朝之制，地要不成州而当津会者，则为军，以县兼军使……

《浙江通志》卷四十七·古迹九·金华府：州旧子城：《万历金华府志》：在大司前谯楼至星君楼一带，及大司后披仙台一带是也。旧经云：周四里。《洪志》云：径一里二百九十步五尺。旧有四门：南、保宁军（宋代金华为婺州，保宁军节度）门，西、桐树门，北、金华门，东、熙春门。城今废，惟遗保宁、桐树二门。保宁即今大司前谯楼……

《湖南通志》卷三十三·地理三十三·古迹二·道州：鼓角楼，即今州城之谯楼也。宋建……义太初《鼓角楼记》：自汉以来，郡国有谯门。颜师古曰：门上为高楼以望，名曰谯。丽谯者，美丽之楼也……

《至元嘉禾志》卷七·廨舍：（元）嘉兴路总管府衙：在子城内，旧府治也。谯楼外有旧宣诏、颁春二亭。

11.

鼓角楼正北为仪门，则州衙之正门也。或曰戟门。唐制：节度使、州刺史得于门前列戟，其数有差。鼓角楼至仪门间两侧，则为州军佐贰、诸司、幕职官视事之所。仪门北为设厅，为州军长官治事处，实子城之核心。设厅前立戒石，刻太宗所书戒石铭四句：尔俸尔禄，民脂民膏；下民易虐，上天难欺。南宋绍兴以后以黄高庭坚所书戒石铭刊石立于州衙厅前。此制迄明清犹可见之。

《唐会要》卷三十二：戟，天宝六载四月八日，敕改仪制令：庙社（谓太庙太社）门、宫殿门，每门各二十戟；东宫，每门各十八戟；一品门十六戟；嗣王郡王、若上柱国，柱国带职事二品、散官光禄大夫已上、镇国大将军已上各同职事品，及京兆、河南、太原府，大都督大都护，门十四戟；上柱国、柱国带职事三品、上护军带职事二品、若中都督、上州、上都护、门十二戟；国公及上护军带职事三品、若下都督、中下州，门各十戟。并官给……

议曰……凡戟，天子二十四，诸侯十。今之藩镇，古之诸侯也，在其地则施于公府门，爵位崇显者，亦许列之私第……

李焘《续资治通鉴长编》卷二十四·太宗太平兴国八年·夏四月：上尝作戒谕辞二付阁门，一以戒京朝官受任于外者，一以戒幕职、州县官。丁未，令阁门于朝辞日宣旨勖励，仍书其辞于治所屋壁，遵以为戒。

洪迈《容斋随笔》："尔俸尔禄，民膏民脂，下民易虐，上天难欺。"太宗皇帝书此，以赐郡国，立于厅事之南，谓之戒石铭。

王明清《挥麈录·余话》卷一：成都人景焕《野人闲话》，盖乾德三年所述，其间载蜀后主一条，今录于后：蜀后主孟氏，讳昶，字保元，尊号睿文英武仁圣明孝皇帝，道号：玉霄子。承高祖纂业，性多明敏，以孝慈仁义，在位三纪已来，尊儒尚学，贵农贱商……蜀主能文章，好博览，知兴亡，有诗才。尝为箴诫颁诸字人，各令刊刻于坐隅，谓之颁令箴，曰："朕念赤子，旰食宵衣。讬之令长，抚养惠绥。正在三异，道在七丝。驱鸡为理，留犊为规。宽猛得所，风俗可移。无令侵削，无使疮痍。下民易虐，上天难欺。赋与是切，军国是资。朕之赏爵，固不踰时。尔俸尔禄，民膏民脂。为民父母，莫不仁慈。勉尔为诚，体朕深思……"

《景定建康志》卷四·诏札碑刻·高宗皇帝御札曰："近得黄庭坚所书太宗皇帝御制戒石铭，恭唯旨意，是使民于今不厌宋德也。因思朕异时所历郡县，其戒石多置栏槛，植以花草，为守为令者鲜有知戒石之所谓也。可令摹勒庭坚所书颁降天下，非惟刻诸庭石，且令置之座右，为晨夕之念，岂曰小补之哉。"

朱象贤《闻见偶录》：今凡府州县衙署，于大堂之前正中俱立一石，南向刻"公生明"三字，北向刻"尔俸尔禄，民膏民脂，下民易虐，上天难欺"十六字。官每升堂，即对此石也……予考旧典，此名戒石，所刻之十六字，乃太宗书赐郡国以戒官吏，立石堂前欲令时时在目，不敢忽忘之意。先是后蜀孟昶撰戒官僚二十四句，至宋太宗表出四句。元明以至国朝，未有更易。

12.

设厅之北为堂，则常日议事，公文案牍及延纳接待之所；堂后则州军长官宅院，前堂后寝，一循古制。此区侧后例有园池，列置亭榭，以为休沐憩息与夫延宾享客之处。故有客位及茶酒司、帐设司、虞侯、鞍辔、轿番等祗应部门。由鼓角楼、仪门、设厅至宅堂，南北相次在同一轴线，为子城之主体；而仪门以内，尤为枢要，即古之牙城，仪门即所谓牙（衙）门也。仪门外两侧，则为通判、幕职官、诸曹及武职治事之所。官吏廨舍，亦在各厅之后或他院。

通判，宋初设此以分州军长吏之权。名为倅二，实为敌体。常自为一区，以示尊优。大郡繁剧，常置二员，厅分东西；余则置一员。其宅院亦常在子城中。

幕职官，即今秘书之职。以签判（签书判官厅公事）为首，凡节推（节度推官）、察推（观察推官）、支使（观察支使）及判官均属之，各有厅以处之。

诸曹官：录事参军为诸曹之长，纠诸曹稽违，治事之所即州院。其余户曹参军（即司户）、司法参事、司理参军各有厅据子城内。司理，宋初为马步院判官，掌讼狱勘鞫之事，开宝间改为司理院，以文官任之。此地院有监狱禁系人犯，故地位尤重。

武官：南宋以州郡长官文臣为正职，武臣为副职；要郡置钤辖，次要郡置都监。一路之军政则由路分都监掌之。其治事处常在子城内，称路分厅、路钤厅。

建康府之例较特殊。由《景定建康志》所见，南宋时，原子城为行宫所据，其中建筑区布亦循宫禁制度改造。而于子城东南转运使衙改为府治。建康府帅臣兼知府事及行宫留守、沿江制置使、安抚使等职，故府廨一依子城制度，设府门即鼓角楼、仪门、戒石、设厅等，以为帅臣治所，而于其东西侧设沿江大幕府（制司签厅）以行制置使之职，建康府都厅以行府事，安抚司签厅（帅司签厅）以掌军事。故其区划布局视他郡尤为庞杂错综，而仍不失子城制度固有程式，所异者唯府廨未周以城垣，不称子城耳。

子城内，常有军资、甲仗库，以及公使库（钱帛）、酒库（宋代禁私酿，酒皆官酤）；又有常平仓、都仓以蓄贮粮食，架阁库（楼）以存文献档案。

《宋史》卷一百六十七、职官七、"府州军监"：宋初革五季之患，召诸镇节度会于京师，赐第以留之，分命朝臣出守列郡，号权知军州事，军谓兵，州谓民政焉。其后，文武官参为知州军事，二品以上及带中书、枢密院、宣徽使职事，称判某府、州、军、监。诸府置知府事一人，州、军、监亦如之。掌总理郡政，宣布条教，导民以善而纠其奸慝；岁时劝课农桑，旌别孝悌；其赋役、钱谷、狱讼之事，兵民之政皆总焉。凡法令条制，悉意奉行，以率所属；有赦宥则以时宣读，而班告于治境；举行祀典；察郡吏德义材能而保任之，若疲软不任事，或奸贪冒法，则按劾以闻；遇水旱，以法振济，安集流亡，无使失所……

通判：宋初惩五代藩镇之弊，乾德初，下湖南，始置诸州通判……建隆四年，诏知府公事并须长吏、通判签议连书，方许行下。时大郡置二员，余置一员，州不及万户不置，武臣知州，小郡亦特置焉……职掌倅二郡政，凡兵民、钱谷、户口、赋役、狱讼听断之事，可否裁决，与守臣通签书施行。所部官有善否及职事修废，得刺举以闻……南渡后，设官如旧，入则二政，出则按县；有军旅之事，则专任钱粮之责，经制，总制钱额，与本郡协力拘催，以入于户部……

欧阳修《归田录》：通判国朝自下湖南，始置诸州通判，既非副贰，又非属官，故尝与知州争权。每云我是监郡，朝廷使我监汝，举动为其所制。太祖闻而患之，下诏书戒励，使与长吏同押，凡文书非与长吏同签书者，所在不得承受施行。自此遂稍稍戢然，至今州郡往往与通判不和……

《宋史》卷一百六十七、职官七、"幕职官"：签书判官厅公事、两使防团军事推判官，节度掌书记、观察支使：掌裨赞郡政，总理诸案文移，斟酌可否，以白于其长而罢行之。凡员数多寡，视郡大小及职务之烦简……

"诸曹官"：旧制，录事参军掌州院庶务，纠诸曹稽违；户曹参军掌户籍赋税、仓库受纳；司法参军掌议法断刑；司理参军掌讼狱勘鞫之事……

高承《事物纪原》："司理"：……旧制，诸州有马步院及子城院，主禁系讯狱。张绪《续锦里耆旧传》曰：开宝六年秋，敕改马步院为司理院，废马步都虞侯，除文资为司理参军。成都雄藩一十六处置左右焉。子城院不得禁系公事……

江少虞《皇朝类苑》卷二十五："司理参军"：五代已来，诸州马步军院都虞侯以牙校为之。太祖虑其任私，高下其手，乃置司寇参军，以进士九经及第人充……后又改曰司理参军。至今俚俗犹以司理院为马步院。

《宋史》卷一百六十七、职官七："制置使"：不常置，掌经画边鄙军旅之事……中兴以后，置使，掌本路诸州军马屯防扞御，多以安抚大使兼之，亦以统兵马官充；地重秩高者加制置大使……

"经略安抚司"：经略安抚使一人，以直秘阁以上充。掌一路兵民之事。皆帅其属而听其狱讼，颁其禁令，定其赏罚，稽其钱谷、甲械出纳之名籍而行以法……建炎初，李纲请于沿河、沿淮、沿江置帅府，以文臣为安抚使带马步军都总管，武臣一员为之副……

按：据《景定建康志》，当时建康府帅臣马光祖之阶、职、爵全称为：观文殿学士、光禄大夫、沿江制置大使、知建康军府事兼管内劝农管田使、江南东路安抚使、马步军都总管、行宫留守、节制和州无为军安庆府三郡屯田使暂兼淮西总领、金华郡开国公、食邑三千户食实封陆佰户。

"路分都监"：掌本路禁旅屯戍、边防、训练之政令，以肃清所部。州府以下都监，皆掌其本城屯驻、兵甲、训练、差使之事……建炎初，分置帅府，以诸路帅臣兼。要郡守臣带兵马钤辖，次要郡带兵马都监，并以武臣为之副……

《宋会要辑稿》职官四七、"牙职"：……又有中军、子城、鼓角、宴设、作院、山河等使，或不备置。又，客司置知客、副知客军将；又，通引司置行首副行首通引官。其防御、团练等州使院牙职悉约节镇而差减焉。

13.

1234 年，蒙古灭金，与南宋对峙。又四十年，乃灭宋而一统中国。然南宋旧境民众武装抗拒蒙古统治，此伏彼起，终元之世未尝少止。以故元朝屡申严令禁江南宋民私藏武器，且议悉徙宋皇室赵氏族人赴大都，其所以防范江南宋民者备至。明代浙江方志记载元朝令各地堕毁城垣，禁止修城。以当时情势论，当属事实，惟此事不见载于正史耳。于是罗城子城毁弃殆尽，外城虽后来修复，而子城制乃绝。唯有鼓角楼往往颇存，后世称为谯楼，以为城市晨昏警时之用，而识其形制源流所自者，盖已鲜矣。

《元史》世祖本纪：
二十三年二月：严禁宋民私藏兵器。
二十四年十一月：……"江南归附十年，盗贼迄今未靖者……"

二十六年六月：……帝曰："汝（谓汪惟和）家不与他汉人比，弓矢不汝禁也，任汝执之。"十二月……绍兴路总管府判官白絜矩言："宋赵氏族人散居江南，百姓敬之不衰，久而非便，宜悉徙京师。"

三十年二月：申严江南兵器之禁。

《浙江通志》卷二十三、城池一：

杭州府城池：《成化杭州府志》：元既取宋，禁天下修城，以示一统，而内外城日为居民所平……

嘉兴府城池：《至元嘉禾志》：元至元十三年，罗城平，子城见存……

宁波府城池：《成化四明郡志》：……元初，隳天下城池。民居侵蚀，渐为坦途……

《浙江通志》卷二十四、城池二：

金华府城池：《万历金华府志》：……元至正间，诏天下隳城防，于是罗城尽隳……

《浙江通志》卷五十、古迹十二、温州府下：旧子城。《万历温州府志》：在今府城内。梁开平初钱氏始筑。周三里十五步，通四门。内卫府治，外环以水。元至元十三年，废为民基，止存谯楼门址。

14.

明代大修城池，近世所见皆其时物。虽亦颇因旧迹，惟筑外垣，而子城则荡然无存。且明代地方城市，南北亦颇异趣：南方多存宋代旧貌；北方则常置鼓楼于十字街口，为前所未有。其嬗递脉络，未可遽论。唐宋州军子城虽已不存，因其重要性而为治史者必知：子城聚一州之精华，军资、甲仗、钱帛、粮食、图书文献档案，皆蓄于此。子城为一州政治核心，政府、廨舍、监狱皆设其间，子城鼓角楼司城市生活行止之节；建筑壮丽，为全城观瞻所系。往昔学者未尝措意及此，深用为憾。

余非敢论说，但就涉猎书史中掇摭一二，罗列于此，倘一虑之得而可为治史者助，则私心慰焉。

（1984 年 4 月 28 日晚灯下）

三、魏晋南北朝至隋唐宫室制度沿革
——兼论日本平城京的宫室制度

中国自古是中央集权的政体，而且朝皇权高于一切发展。中国古代的宫室制度密切联系于这一发展，几经变迁。隋唐以后比较明晰，而隋唐以前迄今没有认真清理。许多流行看法（例如说周礼之制一脉相承，贯穿始终），似是而非。实有必要重加研究。

中国古代文化对日本的影响，也是隋唐以后比较明晰，前此则若明若暗。我认为隋唐以前的南朝文化即已长期深刻影响日本，迄今仍能感觉它的存在。1983年9月，我曾应邀在日本奈良国立文化遗产研究所作题为"隋唐宫室制度"的演讲，其中说到："从城市制度上看，公认平城京摹仿自唐长安，但平城京的宫室体制，似乎更接近中国南北朝时期的宫室制度"。当时限于时间，未能举例详加论证。但是表示愿意另写专文讨论此事。本文即为实践这一诺言而作。

大家知道，唐长安的宫室制度，根据《唐六典》的记述，是以太极宫（西内、即隋大兴宫）为准。唐代在长安的另外两处宫廷；大明宫（东内）和兴庆宫（南内）的建设，在性质和体制上，都不如西内正规和完备。我们即使以西内作为研究隋唐宫室制度的依据。

首先。我们要弄清隋唐之前的南北朝时期的宫室制度，可以说，二者之间，有着根本不同的特点，其间变化很大（参见图45～图63）。

一、骈列制

《水经注》的"谷水"一节中，有一段为大家一向熟悉，但未加深究的记载：

"（阳渠水）又南径通门、披门西，又南流东转，径阊阖门南……今阊阖门外夹建巨阙以应天宿……今阙前水南道右，置登闻鼓以纳谏……渠水又枝分，夹路南出，径太尉、司徒两坊间，谓之铜驼街……水西有永宁寺……渠水自铜驼街东径司马门南，魏明帝始筑阙，崩，压杀数百人，遂不复筑，故无阙门。"

由上引得知，北魏洛阳宫城南面，并列有地位相当的两座城门：阊阖门与司马门。两门之内各为何所？何以骈列？《魏书》卷六十四·郭祚传中有一段记载，十分重要：

"故事，令、仆、中丞驺唱而入宫门，至于马道。及祚为仆射，以为非尽敬之宜，言于世宗，帝纳之，下诏：御在太极，驺唱至止车门；御在朝堂，至司马门。驺唱不入宫，自此始也"。（参见《魏书》世宗纪正始四年闰九月诏）

据邺南城之制，止车门当是阊阖门外重门。皇帝在太极殿时，大臣的驺从至止车而止，皇帝在朝堂，驺从不得入司马门。然则对应于阊阖门及司马门者，为太极殿及朝堂。益言之，太极殿及其前宫门、阊阖门一列与朝堂及其前宫门司马门一列二者是平行并列的，姑名之"骈列制"。这种体制和后世习惯见到的宫城中央辟门而主要建筑皆沿中央轴线前后相贯左右对称布置的制度（自隋大兴宫以迄明清故宫基本如此）大相迳庭，我们对之很不熟悉。应对于其来龙去脉，产生与消亡的经过加以考察。

大家知道，北魏洛阳宫室的制度，仿自同时代南朝（时为齐）建康台城的形制。史书记载了这一经过，确凿可信。北魏孝文帝于太和十五年（南齐永明九年，491年）十一月，遣李彪、蒋少游聘齐，主要目的即企图摹写南朝宫殿制度，用以改造北魏宫殿（当时魏京尚在平城，称代京）。《南齐书》卷五十七·魏虏传记崔元祖请留蒋少游启（永明九年）：

"少游，臣之外甥，特有公输之思。宋世陷虏，处以大匠之官。今为副使，必欲模范宫阙。岂可令毡乡之鄙，取象天宫？臣谓且留少游，令使主返命。"

齐武帝没有采纳，仍遗蒋少游返魏。三个月后，魏太和十六年二月，孝文帝下令拆除代京宫城主要宫殿太华殿，模仿南朝传统制度，于其址起太极殿，当年十月完工。《水经注》中如"浑水"一节所描写的代京宫室，就是这次部分改造的结果。代京的改建因孝文帝决意迁都洛阳而中止。太和十七年十月，孝文帝诏征司空穆亮与尚书李冲、将作大匠董爵经始洛京。但具体规划宫室制度的，仍是蒋少游。北魏洛阳宫城是在西晋宫城废墟上，参照台城形制建立的；它之所以采取骈列制，其实是东晋南朝建康宫城（台城）骈列制的延续。建康台城虽早已不存，但大量文献记载仍可使我们对骈列制的台城布局有一个大概印象。

二、建康台城

自古以来言台城者众说纷纭。而至今一般仍引用朱偰先生五十年前所著《金陵古迹图考》中的复原图。很遗憾，这一复原图帮不了我们多少忙。

东晋建康台城，为苏峻乱后，于成帝咸和五年（330年）择址于吴苑城重建者。又经孝武帝太元三年（378年）在谢安主持下彻底改建。此宫城沿用至陈亡为隋文帝下令平毁为止，基本形制不变。台城布局的考证，详见另文《台城考》，此处撮要简述如下：

（一）东晋时的台城，有五门：南面，有大司马门与南掖门西东骈列，东、西、北各有掖门一。大司马门内为太极殿区，南掖门内尚书朝堂。其后刘宋时，南面加两门，于大司马门之西加西掖门，南掖门之东加东掖门；而改原西掖门为千秋门（梁名西华门），原东掖门为万春门（梁名东华门）。北面加一门：东为原北掖门（宋改承明门，齐以避讳复为北掖门），西为大通门（梁增，北对同泰寺；"大通"与"同泰"为反语）。一共八门，为最后形态。

（二）大司马门南对建康城南面宣阳门，南出直朱雀门，朱雀航。大司马门内为太极殿及东西堂区。太极殿与东西堂形制及性质，刘敦桢先生于《六朝时期之东西堂》一文中言之綦详，实为不刊之论。南掖门内为尚书朝堂。尚书台实即中央政府所在，称尚书上省。朝堂则为尚书八座（一令、二仆射、五曹尚书）议政之所。议政于朝堂，汉已有之。西晋则朝堂与尚书同处。东晋亦然。至隋唐之朝堂，则位于承天门（西内，东内为含元殿）前，并非议政处。唐代议政在政事堂，先在门下，后移至中书。此不可不察。

东晋以尚书台为总揽天下政务之机构，故亦称"天台"，而南掖门或称天门。尚书台所在宫城又名台城者此。尚书八座各自有省，合称尚书上省。八座每旦议政于朝堂，谓之旦朝，事殷则有旦晡二次。尚书上省有门名"崇礼门"，沿西晋旧名。上省之东跨路（当即东掖门与承明门间直街）有阁道通下省，或名"尚书下舍"，为省官住所，兼有档案库分曹贮存。下省门名"建礼"，则源自东汉。官员携家属常住宫内（不是入值），有门生，随后，又有令史等吏员，人数甚多，在宫内形成了大片官署居住区，这种制度非常特殊，至陈亡乃绝。

（三）太极殿与朝堂性质功用不同，等级亦有高下。太极殿为元日正会，拜皇后、三公、藩王及太子冠礼等大会之所，等级最尊；但一年之中不过数次，常日则空闲不用。其两侧东西堂；东晋时以后宫兴造不多，常用以延见臣下，赐宴及日常处理政务。东晋时东西堂之用尚多见于史书。宋孝武帝以后，日渐侈靡；尤其齐武、东昏时，内殿兴作臻于极盛。由此皇帝常处内殿，东西堂之用渐见疏少。

朝堂虽为议政处，亦兼礼仪之用，等级则视太极少降。依晋制，皇帝死，殡于太极殿西阶（遵周礼），举哀于太极殿，灵枢出端门（大司马门）。皇帝为同姓王公妃主死后举哀于太极东堂（如安平献王孚），为异姓公侯都督发哀于朝堂（如郑冲、何曾、石苞辈），灵枢则出司马门（东掖门）。又："至尊为内族于东堂举哀，则三省（应为中书、门下、尚书）从临；为外族及大臣于朝堂举哀，则八座丞郎从临。"（《通典》卷八十一·礼四十一）这里可以看出亲疏高下内外之分。

梁末侯景之乱，王僧辩军攻台城，太极殿焚毁，因此，为梁简文帝举哀于朝堂。这又可以看出朝堂在礼仪上仅次于太极殿的地位。如太极殿不存，可以朝堂权宜代替。"三军缟素，踊于哀次"（《南史》卷八十·侯景传），则其规模之大，庭院之广，比之太极，仅亦相亚而已。故建康遇有战乱，朝堂往往又为屯军之所，如宋末萧道成之所为是也。

（四）"省"一词，原是"禁"的代字。《汉书》卷七·昭帝纪如淳注引伏俨曰："蔡邕云，本为禁中。门阎有禁，非侍御之臣不得妄入……孝元皇后父名禁，避之故曰省中。"禁在宫中，皇帝生活处，能入宫者未必能入禁。禁外宫内，尚有若干侍卫庐舍、政务机构、仓库、马厩等处所。尚书工作处的尚书台，亦为其一。两晋直至南朝，尚书之机构称台；而所处院舍称省（上省、下省），嗣后，省名渐滥。凡内殿有直庐处，或宫内自有庭舍者，均可称省。于是除中书、门下、散骑、祕书、永福诸省外，又有华林省、寿光省、左卫省、西省（疑即祕书省或永福省，或另自为省）、文德省、永寿省等。然已开以"省"作为一级官僚机构名称之渐，这却是以"省"代"禁"时始料所未及。

据史料所记，中书、门下，似在太极殿前庭南，中书在西而门下理宜在东，并在"禁"中。中书门下亦有下省，为入值者所居，则在禁外。禁之界限，似以太阳门（太极殿门）、云龙门、神兽门（太极殿庭东西门）一线及迤北为分界。此外各省，似以在神兽门外为多；盖云龙门外东侧，即尚书朝堂，占地甚广无隙地。此外，卫尉、廷尉亦在宫中。又有太仓、武库、宿卫部队（左卫、细仗等）周庐之设。

太极殿亦称"前殿"，以与后宫内殿相对言也。太极与东西堂东西平列，俱南向。殿堂间有阁门，入阁乃得至后宫，为后妃所处。内殿主要为帝寝及后寝两组，均一组三殿，似为通例。以齐世言，帝寝为延昌（中斋）、璿玑（西斋）、正福（东斋）三殿，而后寝在帝寝北，由昭阳（晋避讳改名显阳，中）徽音（西）、含章（东）三殿组成。其余则太后殿、便殿。后者名目甚多，各代易异，不必具论。

（五）后宫之北为华林园区，人工所建山池园。筑山名景阳山，上置景阳楼，为宫内最高处，可以远眺台城外，兼用作军事瞭望处。华林园内便殿以清暑殿最著。此外堂馆甚多，如华林堂、仪贤堂（听讼处）等。天文观象处亦在园内。华林园自有垣墙，称省置令，虽与后宫密迩相接，不属后宫范围。

宫内复有藏书之秘阁，乐工乐器之总章观，天文观测等。梁武佞佛，更于内殿立佛像供养。台城之内建筑类型之繁多。布局之繁杂，可以想见。然其体制之大要，提纲挈领，厥在朝堂之与太极相骈列也。

三、骈列制之始末

我们知道，称为骈列制的特点是礼仪性的大朝殿廷一组与处理政务的议事处及枢要部门一组二者在宫内的平行并列。以此为准，则第一个骈列制应是曹魏邺都宫殿。这从《文选》左思《三都赋》的李善注中可以得到大概印象。曹魏邺城（北城）的宫室区约可划为三部分，自西至东是：西，内苑铜爵园；中，端门、止车门、文昌殿一列，大朝处；东，听政殿及其前司马门一列，门殿间尚有尚书台、谒者台、升贤署诸机构。

关于听政殿，左思《魏都赋》云："左（以文昌殿言）则中朝有赩，听政作寝，匪朴匪斫，去泰去甚……"李善注曰："中朝者，内朝也。汉制：大司马、侍中、散骑诸吏为中朝；丞相以下至六百石为外朝也。"（《文选》卷六）分为中外朝是西汉政权机构体制。李善此处是转引《汉书》刘辅传中的注引孟康曰云云而以听政殿区比附中朝。西汉初，丞相权重，总揽天下政务，上对皇帝负责。日常议政之所即在丞相府。"国有大政，天子就府决之"（刘敦桢《大壮室笔记》），府在宫外，是为外朝。汉武帝为实行加强君权，削弱相权，乃以大司马大将军为首，以下侍中，散骑等，迳在宫中承皇帝旨意处理军国要务，其议事工作之处在宫内，乃为中朝。同时，作为中介于皇帝与外朝之间上行下达的秘书机构的尚书，地位逐渐重要，在这里中外朝的含义与周礼所谓外朝、治朝、燕朝的三朝概念无涉，勿致混淆。

尚书在汉代不过是少府所属六尚之一，供事宫中，地位不高。但是由于职掌宫中文书工作，对上呈转臣民奏事，对下制作诏书，发施号令，随汉代君权的加强，尚书地位权势日增，逐渐剥夺三公九卿的职权。尚书既职权扩大，秦代"遣吏四人"已远远不够，及逐渐分曹。武帝时，有四员，成帝加一为五：其一，常侍曹，主丞相、御史事；其二，二千石曹，主刺史、二千石事；其三，民曹，主民庶奏事；其四，主客曹，主外国四夷事；其五，三公曹（成帝加），主断狱事。各曹又有郎、令史等属吏。东汉光武时为六曹，加令仆二人，共称"八座"；魏则仍为五曹（吏部、左民、客曹、五兵、度支）尚书，一令，二仆射，全为"八座"。加上丞、郎（侍郎及尚书郎）、令史等，尚书人员逐渐增加。尚书既是宫内官，尚书台自然在宫中。于是，在宫城内形成了实际是中央政府的庞大机构。这是造成骈列制的前提。

似东汉时，朝堂即已在宫内与尚书连属。《周官》《考工记》汉魏古注十三经云："外有九室"，《玉海》卷一六一周九室条引郑玄注曰："如今朝堂诸曹治事处"。"诸曹"，尚书也。而治事于朝堂。《玉海》卷一六一汉朝堂条又引蔡邕《独断》："敕令召三公诣朝堂受制书"。三公，包括司徒，即丞相之代称。东汉司徒府自有百官朝会殿，应劭谓为："外朝之存者"（《续汉书》百官志"司徒"注），犹沿袭西汉丞相府体制。然事权实在尚书，尚书朝堂已渐取朝会殿而代之，故尚书得代表皇帝召三公至朝堂受制书，朝堂与朝会殿自非一事。东汉时，已有尚书郎入值台中的制度（见蔡质《汉官典仪》），但尚无尚书八座及郎、令史分省住宫中的规定。

开一代风气之先的是曹魏邺宫，骈列制于这时形成。文昌殿东的听政殿，实即议政处；其殿前左前方即设尚书台，在宫内（司马门内）。而相国、御史大夫、少府、奉常、大农、太仆、中尉、大理等二府九卿的府寺，均列于宫门司马门外大道旁或近侧。以内驭外，轻重之势，较然可知。故文昌殿及其前端门一列，规模虽大，仅备礼仪，不如听政殿至司马门内外一列之使用频繁紧要。

曹魏迁都洛阳，奠立了太极殿东西堂制度。但是尚书台与朝堂情况，以史料匮乏，殊难判明。西晋与曹魏之间的政权更迭，以所谓禅让形式过渡，并无兵燹破坏，独一曹髦死于成济戈下耳。故西晋洛阳宫即曹魏洛阳宫，殆无疑问。史料言曹魏沿用汉南北宫，而于南宫崇德殿故址建太极殿，北宫则以建始殿为中心云云。如西晋完全继承汉魏南北宫，则史料抵牾矛盾令人不解之处颇多。例如：

1．西晋怀帝永嘉五年（311年），刘曜、王弥、呼延晏攻洛阳。晏先攻陷平昌门，焚烧俘掠而去，而不言入南宫。平昌门即汉平城门，"平城门，正阳之门，与（南）宫连，郊祀法驾所由从出，门之最尊者。"（《续汉书》志十三·五行一）又，"平城门为宫门，不置侯。置屯司马。"（《续汉书》志二十七·百官四）可知汉之南宫与平城门密迩相接，视城门即为宫门。何以呼延晏既入平昌门而竟不入南宫？未几，王弥与呼延晏再攻洛阳，克宣阳门，乃"入南宫，升太极前殿"（《资治通鉴》卷八十七·晋纪九），似南宫须经由宣阳门方可达。则晋南宫即汉南宫址之说可疑其一。

2．晋武帝太康八年（287年），改营太庙，至十年成。《宋书》卷十六志六条记其事，曰："至十年，乃更改筑于宣阳门内，穷壮极丽"。按太庙应居当阳之位，即应在宫门南方。且"左祖右社"，礼有明文。如史载晋太庙在宣阳门内，则何以吻合南宫前正门为平城门，且太庙应在左方即东方的礼制？可疑之二。

3．赵王伦废贾后的宫廷政变，在太极殿庭实行（迎惠帝幸东堂，诛贾谧于太极西钟下，入阁收贾后，囚于建始殿），且入阁至后宫，有华林令骆休为内应（若太极殿果在汉南宫址，华林园相去悬远，何能援力？华林园在宫北（《文选》卷二十应贞诗注引《洛阳图经》曰："华林园，在城内东北隅"），园应与北宫相接，骆休始可为内应。如此，则华林、南北宫三者宜南北亘连为一体。否则为不可解。此其三。

4.《晋书》卷五十三："五月，（赵王）伦与太孙（遹子臧）俱之东宫（《文选》卷二十注引《洛阳记》曰："太子宫在大宫东，中有承华门"），太孙自西掖门出，车服侍从皆悯怀（太子遹）之旧也。到铜驼街，宫人哭，侍从者皆哽咽，路人抆泪焉……"铜驼街，为宫门端门前御道，端门北即太极殿。由西徂东，故得过宫前。如晋太极南宫在汉南宫址，度东宫无缘经由铜驼街。此其四。

综合上述各点，得一假说。即晋南北宫不在汉南北宫址，而与北魏之宫城南北纵贯者近似，基址亦大致相合。这种假设，前人已曾有过，杨守敬《水经注图》的"北魏洛阳城图"，即置魏明帝太极殿于北魏太极殿址。且铜驼街始自曹魏。我意自魏起宫制即已如是，西晋无所更作。然则魏青龙中立太极殿，于汉南宫址欤？抑否欤？是仍待解决的疑问。

因而，曹魏邺宫至东晋建康之间，有一段资料匮乏宫室制度不明的时期，即魏晋洛阳宫时。但是，仍有一些史料，可以说明西晋与东晋之间的承替关系。

1.《晋书》卷五十九赵王伦传："……自义兵之起……（孙）秀知众怒难犯，不敢出省（中书省，孙秀时为中书监）……义阳王威劝秀至尚书省，与八座议征战之备，秀从之……内外诸军皆欲劫杀秀。威惧，自崇礼闼（尚书省门）走还下舍（中书下舍，威时为中书令，与孙秀俱为赵王伦党羽）。"

2.《晋书》卷二十七五行上："（惠帝）永兴二年七月甲午，尚书诸曹火起，延崇礼闼及阁道。"

3.《晋书》卷三十三："郑冲……明年薨。帝于朝堂发哀……何曾……咸宁四年薨，时年八十，帝于朝堂素服举哀……石苞……泰始八年薨。帝发哀于朝堂……车驾临送于东掖门外……"

4.《晋书》卷三十四："羊祜：……寻卒，时年五十八。帝素服哭之甚哀……

祜丧既引，帝于大司马门南临送……"

从以上可知，西晋尚书省在宫内，省门名"崇礼"，有阁道。和东晋台城内尚书上省一致。又：为异性公侯都督举哀于朝堂，丧出东掖门（宫侧门）或大司马门（朝堂前宫门），是大司马门内即尚书台。直至宋初傅亮以尚书令率行台至江陵迎文帝至建康继位，所立行台门仍署"大司马门"（见《南史》卷十五）。

5.《玉海》卷一百六十一魏东西堂引山谦之《丹阳记》："太极殿，周制路寝也。秦汉曰前殿。今称太极曰前殿。洛宫之号起自魏。东西堂亦魏制，于周小寝也。皇后正殿曰显阳（本为昭阳，晋避讳改），东曰含章，西曰徽音，又洛宫之旧也。"

这里说的太极殿、东西堂、后宫后寝的命名，东西晋一脉相承。还应提到西晋正寝为式乾殿，东晋亦然。至于云龙门、神虎（又作武或兽，唐人避讳改）门、华林园等名，更是因袭不变。因此，无论太极东西堂、尚书朝堂、后宫、苑囿，东晋基本上模仿西晋规制的命名和布局原则。我们有理由认为西晋洛阳宫和东晋建康宫的形制原则一致，即采取骈列制。作为假说，可以成立。

骈列制既是以尚书台作为中央政府的宫内机构而产生，其消亡的根本原因，也正在尚书台的"见外"和威权日替。这一情况，在南朝中期即已明显暴露。《南史》有恩幸传，谈到中书舍人因为职掌诏命，势倾天下。如齐武帝宠任茹法亮，王俭身为侍中、尚书令、镇军、领丹阳尹、领太子太傅、领吏部，如此权位，尚不得不自叹弗如："我虽有大位，权寄岂及茹公！"这是尚书地位下降的一例。再如，梁武帝时的中书通事舍人朱异，史称当国秉权者"外朝则何敬容，内省则异"（《南史》卷六十二朱异传）。何敬容是尚书令而被称为"外朝"，而朱异以中书郎（起草诏书）加侍中（为门下官，近臣）居中用事，称"内省"。中书、门下因为代表了皇帝旨意，为实权所在，是决策机构；而尚书已见"外"，降为执行命令的行政部门。最后，尚书由宫内机构变成与卿、监同列的宫外机构，骈列制也随之终止。这一过程由北齐邺南宫开始而为隋唐所采纳固定下来。

四、隋唐宫室制度

邺南城宫建于东魏天平二年至兴和二年间（535—540年），去隋之立国（581年）不过四十余年。记述邺南城宫殿的只有《历代帝王宅京记》所引《邺中记》。今录部分资料以说明其主要之点：

1. 邺南城的布局沿中轴线完全对称。邺南宫城南向仅中央一门端门（前有重门止车门），北为阊阖门，其北即太极殿。南面并无其他骈列的宫门。

2. 尚书省已出宫。《邺中记》曰："尚书省及卿寺百司，自令仆而下，至二十八曹（郎曹），并在宫阙之南。"

3. 已有三朝之意，借《唐六典》的说法比拟外朝为阊阖门："盖宫室之外正门也……《邺中记》又云："清都观，在阊阖门上。其观两向曲屈，为阁数十间，连阙而上。观下有三门，门扇以金铜为浮沤钉，悬铎振响。天子讲武、观兵及大赦，登观临轩。其上坐容千人，下亦数百。"这个门的性质和形式，非常近于唐西内承天门和东内含元殿，可说是明清故宫午门的蓝本。

中朝为太极殿：《邺中记》云："阊阖门之内有太极殿。《故事》云：其殿周回一百一十柱，基高九尺，以珉石砌之，门窗并以金银为饰。外画古忠谏直臣，内画古贤醑兴之士……有外客国使诸番入朝，则殿幕垂流苏以覆之……"可比之唐西内太极殿，东内宣政殿。

内朝为昭阳殿，在太极殿后朱华门内。《邺中记》云："殿东西各有长廊，廊上置楼，并安长窗，垂珠帘，通于内阁。每至朝集大会，皇帝临轩，则宫人尽登楼。奏乐，百官列位，诏命仰听弦管，颁赍，侍从群臣皆称万岁。"按魏晋制度，太极殿后，已至后宫，此昭阳殿（原名"显阳"，《北史》曰"天平二年改"）亦沿魏晋后正寝名。但这里却举行朝会，性质虽与周制内朝不全吻合，且与唐西内两仪殿，东内紫宸殿入阁制度亦不同，但确是以内殿作为内朝（燕朝），举行一定朝会礼仪之处，是一创举。

由以上比较，我们似可认为邺南城宫廷布局，已为隋唐宫室制度先声。但是，《邺中记》的可信程度不高，还有待进一步研究。据闻近年对邺城进行了全面考古发掘，有迹象表明邺城宫室仍保持双轴（一主一副）骈列的制度。衷心希望早日读到发掘报告，以求正确理解宫室制度的嬗递进程。至于隋唐宫室制度，由于文献、图等均较丰富，研究者亦多，我们可不需任何假说，而基本已经了解。兹简要说明如下：

1. 唐长安西内太极宫（隋大兴宫）明确地恢复了周制三朝的体制，记载在《唐六典》中：

"承天门，隋开皇二年作，初曰广阳门……（唐）神龙元年，改曰承天门。若元正、冬至大陈设，燕会，赦过宥罪，除旧布新，受万国之朝贡，四夷之宾客，则御承天门以听政，盖古之外朝也。

其北曰太极门，其内曰太极殿，朔望则坐而视朝焉。盖古之中朝也……

次北曰朱明门……又北曰两仪门，其内曰两仪殿，常日听朝而视事焉。盖古之内朝也。"（《唐六典》卷七）

是谓三朝，五门则未详。意者以承天、嘉德（宫门，在太极殿前，《六典》他处言及）、太极、朱明、两仪为五门，以比附周制所谓三朝五门（三朝：外朝、治朝、燕朝；五门：皋门、库门、雉门、应门、路门）。

以上三朝五门之主要建筑均沿中央轴线南北纵列，两侧对称配置其他门殿。骈列制现象已无。枢要部门的门下、中书两省，则对称布置于太极殿东西侧。

2. 尚书省已出宫外，在皇城内，与十二卫、东宫官属、监、寺等同处。自魏邺于司马门前列府寺以来，东晋南朝建康、北魏洛阳、北齐邺皆大致如是。隋大兴不过将此区与坊市民舍分隔，道路整饬，围以墙垣，号为"皇城"而已。皇城非宫城，性质不宜混淆。

尚书内仍有议事处，称都堂，当是沿用旧称。隋文帝于开皇十二年（592 年）令徐孝克于尚书都堂讲金刚般若经，即此。所谓承天门前朝堂，则仅为待漏列班处，徒存其名而已非其实。观《通典》所引开元礼及《唐会要》监察御史条可知。唐议政之处为政事堂，唐初先在门下省，以门下长官为真相，后移去中书省，遂为定制。《唐会要》卷五十一中书令："旧制，宰相常于门下省议事，谓之政事堂。故长孙无忌、魏征、房玄龄皆知门下事。至永淳三年七月。中书令裴炎以中书执政事笔。其政事堂合在中书，遂移在中书省。至开元十一年。张说奏改政事堂为中书门下。其政事印亦改为中书门下之印。"

以上，是唐代中央决策机构的设置情况。尚书官员须兼有"同中书门下三品"，"同中书门下平章事"之类加衔，始为真相，否则仅为行政执行官员而已。此种故实，众所周知，毋庸多赘。然则朝堂和尚书台之转为政事堂和中书门下，其始末如是，而骈列制之为中轴对称制所取代亦如是。

且唐代主要宫廷，已由西内转至东内。其中书门下，设置一如西内，而尚书仍在原址，未再重复设置。所谓皇城百司，仅太常寺、乘黄署等少数机构见于东内，监、寺及东宫坊府则无一迁移或重置。故谓西内较东内为完整正规。至南内则离宫耳，等郐而下可无议焉。

隋代之再循周制立三朝五门，或谓与北周不无关系，非尽祖北齐。北周立国周故地，以周为国号，祖述之意固在。且周宣帝时刻意复古，官制悉依周官，置上中下大夫、上中下士之类；宫门名亦仿周礼，有应门、路门、路寝等，循三朝之周制。隋继北周而立，周制未得尽革，秦制亦未尽取，余谓不过折中其间耳。然隋制诚划时代之举，尚书六部之设，中书门下（内史纳言）之分权，皆定于是；而京城制度之影响后世亦极深远，且逾出国办，达于四邻。

五、关于日本平城京

我对平城京没有研究，不过采取日本学者的成果。而且此处不是对平城作全面分析，只是就平城宫的某些方面与中国南北朝至隋唐的宫室制度加以比较；但总大体，忽其末节，抒以己见，就正于方家。

平城宫当平城京之北，宫与城在同一中轴线上。宫城正方形，边长8町，町长40丈（高丽尺）。东侧突出2町宽，6町长的地段，是东院（太子宫）所在。正南门朱雀门，其北，轴线上依次为南苑（大宴场所）、西宫（太上皇宫，一说原为内里）。西宫北为大膳职，相当于中国的太官。宫城南面三门，东门内一组为：朝堂院、太极殿、内里。置主要建筑于次轴上，应该说是奇怪的。因为平城宫经过了几次重建，最后才形成这样。第一次太极殿迹则在西宫位置，如果朝堂位置始终不变，则平城宫最早的布局简直就是典型的骈列制。除了宫城正门朱雀与唐长安皇城正门名称一样之外，找不出其他与唐代宫室制度有任何共同之处。当然它也并不就是魏晋南北朝时期中国宫室的翻版。

我认为要分析平城宫的制度，应该从日本当时自身的社会进程和制度特点为出发点。人们常常把大化革新当作日本模仿中国当时政治、文化体制的起点。由于遣隋使小野妹子和大化革新都是隋唐时期的事件，就认为日本主要借鉴的是中国隋唐制度，而较为忽略乃至完全忽视这之前日本和中国的长时期文化联系和影响，这样得到的认识将有所欠缺。

日本学者秋山日出雄认为日本的八省院相当于朝堂院，是中国的尚书省和朝堂一体化的变形，这基本是正确的。日本平安时期的八省，基本上是以中国的尚书省为基础，加上内侍省、门下省：

宫内省（寮司十八种）——内侍省；

中务省（寮司九种）——近似门下省；

治部省（寮司四种）——近似尚书礼部；

刑部省（寮司二种）——尚书刑部；

式部省（寮司二种）——近似吏部；

民部省（寮司二种）——近于户部；

兵部省（寮司五种）——近于尚书兵部；

大藏省（寮司五种）——近于太府寺。

而以太政官总领之。又设少纳言局、弹正台及五卫府。但是日本朝堂院八省院的主殿不是朝堂，而是太极殿。不但早于平城宫的藤原宫如此，更早的前期难波宫亦如此。这则与中国很不相同。

有一种意见据此认为："包括内里、太极殿和朝堂院在内的日本宫城（原注：亦称"皇城"），实际上是唐长安城中宫城和皇城的结合体。因此……日本的官衙集中于宫城（即皇城）之内，正是模仿中国隋唐之"新意"，而不是效法隋唐之前的'古制'。"这种说法缺妥。

1. 不能混同皇城与宫城。《唐六典》城门郎条云："城门郎掌京城、皇城、宫殿诸门开阖之节。奉其管钥而出纳之。（明德等门为京城门，朱雀等门为皇城门，承天等门为宫城门，嘉德等门为宫门，太极等门为殿门，通内等门并同上阁门［案，即禁门]）。开则先外而后内，阖则先内而后外，所以重中禁尊皇居也……"

这里分为京城门、皇城门、宫城门、宫门、殿门、阁门六个等级，由外而内，逐步严密。其中宫门、阁门两级尤为紧要。不是皇城中有职事者皆可入宫，也不是入宫的人皆可入禁。什么是宫门界限？承天（含元殿）、长乐（昭训）、广运（光范）一线是也。什么是"禁中"的界限？朱明（紫宸）、虔化（崇明）、肃章（光顺）一线是也。这是唐制。皇城和宫城性质不同，则皇城的机构不可以进入宫城。

隋唐的宫——禁，是由南向北平行推进；而南朝的宫城（台城），"禁"居宫中，宫内禁外，尚有许多不是"禁内"的范围包绕于四周。

很明显，日本的"内里"（相当"禁内"），情况也是接近南朝体制，而不同于唐制。在传世的唐宫城图中（包括吕大防长安图、李好问图、永乐大典阁本图、徐松的复原图等），我认为吕图最能说明京——皇——宫——禁的层次以及宫门与殿门有别的精神。可以比较。

2. 说"日本的宫城实际上是唐长安中宫城和皇城的结合体"，根据是"日本的朝堂实与其所附属的曹司一样，兼有唐长安皇城中的省、寺、台、监等政务机构的性质。"事实上，与其说是宫内机构兼有了宫外（皇城）机构，毋宁说是裁去了宫外机构。前文说过，自汉魏有尚书官员以后，就逐步侵夺宫外（外朝）三公九卿的职权，形成机构重叠现象。很早以前就有许多政治家主张省并。如西晋荀勖主张"以九寺并尚书"（《资治通鉴》卷八十·晋纪二），刘颂主张"出众事付外寺，使得专之，尚书统领大纲"（《资治通鉴》卷八十二·晋纪四）。东晋桓温以为："古以九卿综事，不专尚书，今事归内台，则九卿为虚设，皆宜省并"（《通典》卷十九·职官一）。这实际上是中国自汉以来中央集权，君权加强过程中出现宫内官（尚书）和宫外官（丞相下至六百石、三公九卿）双重机构的后果。发展的结果，尚书台（省）的形式一直是中国封建社会中央政府的主要组织形式。日本在效法中国时，必然根据自身的需要设官行职，他们何必自找麻烦，重复中国的历史上政府内职权重叠的遗留问题呢？日本学者木宫彦泰曾举《宋书》中倭王武（据考证即雄略天皇）上宋顺帝表为例，说明当时日本文化发展程度已高。倭国曾向南朝多次派遣使者，他们至少会受到主客曹尚书的接待，难道他们对中国政府组织就一无所知？

的确，何以日本太极殿朝堂院及曹司接近中国南北朝宫室制度，缺乏直接的史料说明。但是，我们不正是努力从隐晦的史料和考古资料中希望找出中日文化（包括城市与宫室）有更早、更多的密切关系吗？我想下一步研究，应从日本的早期记载和其他方面资料中寻找线索。希望有这种机会，进行一次多方面的综合研究。

最后，想谈一下《考古》1973年4期所发表的北魏洛阳宫城考古发掘平面图。很明显，据此作出的北魏洛阳城复原图（见《考古》1982年5期，王仲殊，《中国古代都城概况》），也同样是宫城偏于全城略西，而主要的门殿——阊阖门、太极殿则偏于宫城西，轴线不居中，宫城南墙只有一个阊阖门，没有司马门（杨守敬《水经注图》和水野清一的复原图都注意到了这个骈列的门）。轴线偏移的现象虽然也注意到了，但是没有作出任何解释。这个复原图已被广泛引用。

诚然，考古发掘结果最具权威性，因为它是客观存在，但是我们常用的洛阳铲钻探方法，由于遗址面积过大，偶尔也会出现误差。这类事已经有过。例如唐大明宫遗址发掘。关于光顺门，1959年出版的《唐长安大明宫》中写道："我们在这里曾进行了精密的钻探，并发掘了三处。但是没有发现门的遗址。"（该书11页）倘若此处无门，文献上许多记载便无法理解了。很久以后，在《唐代长安与洛阳》（《考古》1982年6期）图二中，光顺门却赫然标在"没有发现门的遗址"的位置上。因此，我们对北魏洛阳宫司马门之终将被发掘证明存在，从而证实骈列制存在的可能性，抱有热烈的期待心情。我们应该衷心感谢田野考古工作者，没有他们的辛勤劳动，我们无法达到今天如此丰富而正确的认识。

本文的观点，受到武汉大学杨鸿年先生所著《汉魏制度丛考》一书启发尤大。又，本文写作过程中，得到日本京都大学人文科学研究所田中淡先生的大力支持，寄来下列资料：

　　中尾芳治：《难波宫と难波京》；

　　岸俊男：《日本の宫都と中国の都城》；

　　沢村仁：《难波京について》；

　　秋山日出雄：《八省院＝朝堂院の祖型》；

　　关野贞：《平城京及大内里考》附图；

　　沢村仁：《都城の变迁——古代の都市计书とその内容》；

　　奈良县教育委员会：《藤原宫》。

　　谨此一并致谢。

1987 年 9 月 28 日完稿

四、台城考

台，指尚书台。起初在西汉时不过是少府六尚之一的尚书，作为皇帝秘书主掌文书工作，在君权日益加强的过程中，权力逐步扩大，地位渐渐重要，以致取代了分掌庶政的九卿的职权。东汉确立了尚书台，到魏晋，尚书台成为无所不统实际上的中央政府。中央政府称作"台"，政府所遣军称为"台军"，政府所在地称"天台"（《晋书》卷四十七傅咸传，卷一〇八载记慕容廆"陶侃报封抽韩矫"等书），政府随军行动或驻外称"行台"（《晋书》卷五十九东海王越传），留守部分称"留台"（《晋书》卷三十一惠羊皇后传），两地并置称"东台""西台"（晋惠帝时西台在长安，东台在洛阳）。尚书本是宫官，尚书台自然在宫城内，如是，尚书台所在宫城被称为"台城"。不过历史上"台城"一词除指东晋以迄南朝的建康宫城之外，隋初沿用的长安北周旧宫城也称"台城"。

东晋成帝咸和五年（330年），苏峻之乱平定以后，晋朝南渡初期的宫室在战争中焚毁。于是在吴苑城址新建宫城，但是比较粗略简陋。东晋孝武帝太元三年（378年），在谢安主持下彻底改建，即是迄陈亡为止的台城。其后南朝历代屡有兴作，多在后宫范围，宫城规模制度基本不变。东晋时的台城，有五门：南面并列了大司马门及南掖门，东、西、北各掖门一。大司马门内为太极殿区，南掖门内为尚书朝堂，这是主要的两组。后来，南面增加至四门，自西向东为：西掖门、大司马门、南掖门、东掖门。原东面的东掖门改为"万春门"（宋名，梁又改名"东华门"），原西掖门改为"千秋门"（宋名，梁改"西华门"）；北面除北掖门改名"承明门"（齐讳承又复名"北掖门"），又加西侧大通门（梁建，北对同泰寺，"同泰"反语"大通"）。

根据文献记载，台城内主要建筑可分数组：尚书朝堂、太极殿及东西堂、后宫内殿、华林园、其他。分别说明于下。

一、尚书朝堂

尚书台所在处称尚书上省，尚书官员、家属、随从宫内住所称尚书下舍或尚书下省。朝堂和尚书省常常连称，或称尚书都坐、都堂，二者密切相连。朝堂是每日议政之处；又，按晋制，为异姓公侯都督发丧举哀，应在朝堂，如遇变乱，又往往是屯兵之所。举例如下：

（1）《南史》卷六十六侯安都："……帝引安都宴于嘉德殿，又集其部下将帅会于尚书朝堂。于坐收安都，囚于西省。"

（2）《宋书》卷三十九百官："晋西朝（西晋）八坐丞郎，朝晡诣都坐朝。江左（东晋）唯旦朝而已。八坐丞郎初拜，并集都坐，交礼；迁，又解交，汉旧制也。"

（3）《梁书》卷三武帝本纪："（大同六年八月）辛未，诏曰：经国有体，必询诸朝，所以尚书置令、仆、丞、郎，旦旦上朝，以议时事，前共筹怀，然后奏闻。顷者不尔，每有疑事，倚立求决……自今尚书中有疑事，前于朝堂参议，然后启闻，不得习常。其军机要切，前须咨审，自依旧典。"

（4）《世说新语》下之上："海西（司马奕，继哀帝后，为桓浊所废）时诸公每朝，朝堂犹暗。惟会稽王（司马昱，即简文帝，海西公时为丞相，录尚书事）来，轩轩如朝霞举。"

（5）《玉海》卷一百六十一晋尚书都堂："咸康二年四月，甘露降尚书都堂桃木"（《宋书》卷二十八符瑞引此事作："（晋成帝）咸康二年四月，甘露降西堂，又降尚书都坐桃树。"故知"都堂"与"都坐"同）。

（6）《通典》卷七十九榷安梓宫议："尚书问，今大行崩含章殿，安梓宫宜在何殿。（博士）卞榷、杨雍议曰：臣子尊其君父，必居之以正，所以尽孝敬之心。今太极殿，

古之路寝，梓宫宜在太极殿，依周人殡于西阶"。（皇帝殡所）

（7）《通典》卷八十一礼四十一："（按）挚虞决疑要注云：国家为同姓王公妃主发哀于东堂，为异姓公侯都督发哀于朝堂。"又："至尊为内族于东堂举哀，则三省从临；为外族及大臣于朝堂举哀，则八坐丞郎从临"。（皇族与异姓贵族大臣有差别）。

（8）《晋书》卷三十七安平献王孚："泰始八年薨，时年九十三。帝于太极东堂举哀三日。"（司马孚是晋武帝叔祖，同姓王公，见（7）。）

（9）《南史》卷一宋本纪上："（永初二年）九月己丑，零陵王（晋帝逊位）殂……车驾率百僚临于朝堂三日。"（司马德文于刘宋为异姓王公，故举哀于朝堂，见（7）。）

（10）《南史》卷九："（陈武帝）永定三年……六月……辛丑，帝小瘳。故司空周文育之柩至自建昌。壬寅，帝素服哭于朝堂，哀甚。"

（11）《晋书》卷三十三："郑冲……明年（泰始十年）薨。帝于朝堂发哀……何曾……咸宁四年薨，时年八十。帝于朝堂素服举哀……石苞……泰始八年薨。帝发哀于朝堂。"

（以上各例，说明在礼仪等级上，朝堂略低于太极东堂，而东堂则低于太极殿）。

（12）《南史》卷八十侯景："……王克开台城门引裴之横入宫，纵兵蹂掠。是夜遗烬烧太极殿及东西堂、延阁、秘署皆尽……王僧辩命武州刺史杜崱救火，仅而得灭。故武德、五明、重云殿及门下、中书、尚书省得免。僧辩迎简文梓宫升于朝堂，三军缟素，踊于哀次。"（皇帝死，应举哀于太极殿。殿既焚，权以朝堂代替。）

（13）《南史》卷十八臧质："……薛安都、程天祚等亦自南掖门入，与质同会太极殿庭，生擒元凶，乃使质留守朝堂。"

（14）《南史》卷二十六袁粲："……升明元年，荆州刺史沈攸之举兵反……时齐高帝入屯朝堂，彦节从父弟领军将军韫入直门下省……曰谋矫太后令，使韫、伯兴率宿卫兵攻齐高帝于朝堂。"

（以上是非常期屯兵于朝堂之例。以下为尚书上下省之例。）

（15）《南史》卷六十二徐孝克："……祯明元年，入为都官尚书。自晋以来，尚书官僚，皆携家属居省。省在台城内下舍门中，有阁道东西跨路，通于朝堂。其第一即都官省，西抵阁道，年代久远，多有鬼怪。"（下舍即尚书下省。都官省即尚书都官曹所在省。《建康实录》卷七显宗成皇帝咸和五年九月："作新宫，始缮苑城，修六门。"（注）引《舆地志》："正东面建春门，后改为建阳门，门三道，尚书下舍在此门内……"。案，尚书下舍应在宫内，此云在建阳门内，乃泛指耳。）

（16）《南史》卷二十二王俭："（永明）四年，以本官（侍中、尚书令、领军、领丹阳尹、领太子太傅）领吏部……先是诏俭三日一还朝，尚书令史出外咨事，上以往来烦数，诏俭还尚书下省，月听十日外出。"（案，王俭为尚书令兼吏部尚书，应住宫内尚书下省。俭先三日一朝，一月入内不过三分之一；后改月听十日出外，则在省三分之二，出外得三分之一，王俭身膺重任，不得不尔。）

（17）《南史》卷三十五顾琛："尚书寺门有制，八座以下门生随入者各有差，不得杂以人士。"

（18）《南史》卷七十阮长之："……为中书郎直（中书下）省，夜往邻省，误著履出阁，依事自列。门下以暗夜人不知，不受列。长之固遣送曰：一生不侮暗室。"

（19）《南史》卷二十七殷淳："……淳少好学，有美名，历中书黄门侍郎。黄门清切，直下应留下省，以父老特听还家。"（此指门下省。）

（20）《南史》卷三十五庾仲文："……尚书制，令史咨事不得宿停外，虽八座命亦不许。"（令史是尚书各曹办事吏员，亦必须宿下省，不得在外停宿。）

［以上（15）（16）（17）（20）诸条，是说明尚书官员，上起令、仆，下逮令史，均须住在宫内下舍，并有规定制度。（18）（19）两条，则说明中书、门下两省官员，亦必须住在宫内。］

（21）《南史》卷二十五到洽："……寻迁御史中丞……旧制，中丞不得入尚书下舍，洽兄溉为左户尚书（左户，原为左民，避唐讳改），洽引服亲不应有碍，刺省详决。左丞萧子云议许入溉省，亦以其兄弟素笃不相别也。"

（22）《南史》卷十九谢几卿："……后以在省署夜著犊鼻裈，与门生（六朝人语：随从）登阁道饮酒酗呼，为有司纠奏，坐免……仆射省尝议集公卿，几卿外还，宿醉未醒，取枕高卧，旁若无人。又尝于阁省裸袒酗饮，及醉小遗，下霑令史，为南司（御史台，或称南台）所弹。"

（23）《晋书》卷二十四职官："……晋（尚书）左丞主台内禁令、宗庙祠祀、朝仪礼制、选用署吏、急假；右丞掌台内库藏庐舍，凡诸器用之物，及廪振人租布，刑狱兵器，督录远道文书章表奏事。"

（24）《南史》卷五十九王僧孺："……入直西省（秘书省），知撰谱事。先是，尚书令沈约以为：晋咸和初苏峻作乱，文籍无遗。后起咸和二年以至于宋，所书并皆详实，并在下省左户曹前厢，谓之晋籍，有东西二库。此籍既并精详，实可宝惜，位宦高卑，皆可依案……始晋太元中……所撰十八州一百一十六郡，合七百一十二卷。凡诸大品，略无遗缺，藏在秘阁，副在左户。"

（25）《文选》卷四十六王文宪集序："……出入礼闱。朝夕旧馆。"李善注引《十洲记》曰："崇礼闱，即尚书上省门。崇礼东建礼门，即尚书下舍门。然尚书省二门名礼，故曰礼闱也。"（案：《十洲记》，《隋书经籍志》题汉东方朔著，不可信。胡氏《考异》谓三国以后人，差是。疑东晋时书。）

（26）《太平御览》卷二百一十职官部八，引《世说》曰："崇礼闼在东掖门内路西，即尚书省崇礼门。东建礼门内，即是尚书令下舍之门。"（案：今本《世说》无此条，不悉引自何书）。

（27）《晋书》卷二十七志，五行上："（惠帝）永兴二年七月甲午，尚书诸曹火起，延崇礼闼及阁道。"

（28）《南史》卷四十八陆澄："……（王）俭尝问澄曰：崇礼门有鼓而未尝鸣，其义安在？答曰：'江左草创，崇礼闼皆是茅茨，故设鼓，有火则叩以集众，相传至今。'"

由上引史料，可以清楚看到：尚书省分上省和下省，各有自己的门名。"崇礼"始自西晋，而"建礼"则东汉已有之。在建康台城，上省在东掖门（刘宋始辟）之西，下省在门东，隔路以阁道相连。但是阁道之制，西晋已有（27）。管理尚书台内事务的，是尚书左右丞。因此，御史台官员依例不入下省；但特殊情况，可由左丞作主同意（21）（22）。上省下省，内部又各自按令、仆、诸曹分省，如令省（《南史》卷二十谢瀹）、仆射省（《南史》卷三十一张稷、卷二十七殷景仁、（22）等）、都官省（15）；如果八座（一令、二仆、五曹）各自为省，则应为八省。如（24）例，左户曹内尚有"晋籍"即东晋文书档案保存处。又，尚书省保存"故事"，亦为档案。按当时的尚书台，除八座外，尚有郎（侍郎、郎、主郎曹事。尚书郎，魏置二十五曹，晋武帝时至三十六曹，东晋省为十五曹，南朝数在二十上下）、令史（有都令史、令史、书令史）、主书（每曹二人）等。加上门生（随从，据（17），人数按级别有规定差别）、驺卒、甲仗之类，在宫城内形成人员众多的公务兼居住区。这是魏晋南北朝阶段的特殊制度。完全看不出周礼的影响。用周礼来解释中国古代历史一切阶段的宫室制度，往往不得要领，因为这是不符合历史实际的。但是上述制度似已完全被后人遗忘，据所知，迄今尚无专文论及此事。特表而出之，以引起学界注意。

二、太极殿及东西堂区

太极殿是举行隆重典礼之处，建筑形体巍峨宏大，但使用效率不高，经常空闲无用。反而两翼的东西堂，作为皇帝论政、宴宾、延见、起居之处，使用比较频繁。太极殿区，还应包括中书省和门下（侍中）省：整区属于"禁省"范围，但是和后宫内殿有区别，以阁门为界，入内始进入皇帝的后宫生活区。

（29）《景定建康志》卷二十一引旧志云："太极殿，建康宫内正殿也。晋初造。以十二间象十二月，至梁武帝改制十三间，象闰焉。高八丈，长二十七丈，广十丈，内外并以锦石为砌。次东有太极殿东堂，七间。次西有太极西堂七间，亦以锦石为砌。更有东西二上阁，在堂殿之间。方庭阔六十亩。"

（30）《晋书》卷二十一礼下，元会仪："咸宁（武帝年号）注：先正一日，有司各宿设。夜漏未尽十刻，群臣集到，庭燎起火。上贺，起，谒报，又贺皇后。还，从云龙、东中华门入，诣东阁下，便坐。漏未尽七刻……其陛卫者如临轩仪。漏未尽五刻，谒者、仆射、大鸿胪各奏群臣就位定。漏尽，侍中奏外办。皇帝出，钟鼓作，百官皆拜伏……"

（31）《宋书》卷十四礼："凡遣大使，拜皇后、三公，及冠皇太子，及拜藩王，帝皆临轩。其仪……虎贲中郎将、羽林监分陛端门内。侍御史，谒者各一人监端门。廷尉监平分陛东、西中华门。漏上三刻，殿中侍御史奏开殿之殿门、南止车门、宣阳城门……漏上四刻，侍中奏外办。皇帝服衮冕之服，升太极殿，临轩南面。"

（32）《酉阳杂俎》卷一："梁正旦，使北使乘车至阙下，入端门。其门上层题曰朱明观。次曰应门，门下有一大昼鼓。次曰太阳门，门左有高楼，悬一大钟，门右有朝堂。门辟，左右亦有二大昼鼓。北使入门，击钟磬，至马道北、悬钟内道西北立。引其宣城王等数人后入，击磬，道东北面立。其钟悬外东西厢，皆有陛臣。马道南、近道东有茹昆仑客，道西、近道，有高句丽、百济客，及其升殿之官三千许人。位定，梁主从东堂中出，云斋在外宿，故不由上阁来，击钟鼓，乘舆，警跸，侍从升东陛，南面幄内坐……坐定，梁诸臣从西门入。"

以上是关于太极殿庭的情况。（32）条所述，为北使入觐梁主参加正旦大会的目击状况。案梁宣城王，乃当时太子萧纲长子大器，封于中大通四年（532年），则上述正旦元会当在是年之后，则北使可能为东魏使。文中谓端门上层题曰"朱明观"，朱明乃邺南城南面中门名。台城史料绝不见此：疑东魏人以邺南城制度比附误言之。然亦不能谓其绝无可能。姑存疑。

（33）《南史》卷十四元凶劭："……明旦，劭以朱服加戎服上，乘画轮车，与萧斌同载，卫从如常入朝仪，从万春门入。旧制，东宫队不得入城，劭语门卫云：受诏有所收讨。令后速来，张超之等数十人驰入云龙东中华门。及斋阁，拔刃径上合殿……始文帝未崩前一日甲夜，太史奏：东方有急兵，其祸不测，宜列万人兵于太极前殿，可以消灾。"

（34）《南史》卷五齐本纪废帝郁林王："……鸾（即齐明帝，时为尚书令，住尚书省）虑变，先使萧谌、坦之等于省诛曹道刚、朱隆之等，率兵自尚书省入云龙门，戎服加朱衣于上……帝在寿昌殿……令阉人登兴光楼望，还报云：见一人戎服，从数百人，急装，在西钟楼下。"

以上是两次宫廷政变的记述。台城东门为万春门，即东晋东掖门。门外跨路即太子东宫，东宫西门奉化门，与之相对。劭入云龙门，即太极殿庭东门，入阁必由殿庭，故先进云龙门。太史所奏云云虽不可信，但列兵太极殿前则可阻止叛军，亦可见叛军所经由路线，较然分明。萧鸾弑帝，亦由云龙门入，因尚书省在太极殿区之东。兴光楼，齐武帝所立，在后宫而可俯视太极殿廷，则太极殿后即为后宫区亦可想见。殿廷西钟，西晋亦如此。西晋时，赵王伦入宫废贾后，弑贾谧于西钟下，即此。殿廷尚有中书、门下二省，疑（32）北使所见太阳门前左右朝堂，实即中书、门下省所在。

（35）《南史》卷七十七恩倖（篇首）："……至如中书所司，掌在机务。汉元以令、仆用事，魏明以监、令专权，在晋中朝，常为重寄……于时舍人之任，位居九品，江左置通事郎，管司诏诰，其后郎还为侍郎，而舍人亦称通事……建武世，诏命始不关中书，专出舍人。省内舍人四人，所直四省，其下有主书令史，旧用武官，宋改文吏，人数无员，莫非左右要密。天下文簿版籍，入副其省，万机严密，有如尚书外司。"

这是李延寿《南史》中关于中书权力扩张的过程的一段描述。自魏置中书监，中书成为皇帝喉舌或代言人，专掌诏命，身份比尚书更为近密，不但居宫中，且在禁中。南齐时，置中书舍人四人，号称四户，权倾天下，凌驾于尚书之上。尚书则日益成长为执行机构而非决策机构。因此，在中书省也集中了全国政务档案……如已成为"外司"的尚书台那样。这就是尚书最后被排斥出宫外，成为"外朝"的前提。中书和以侍中为首的门下省，都在太极殿区内。但两省官员所住的下省，都在禁外。

（36）《南史》卷二十七殷景仁："元嘉三年，车驾征谢晦，司徒王弘入居中书下省，景仁长直（时为侍中，左卫将军），共掌留任。"

（37）《南史》卷十五傅亮："永初元年……入直中书省，专典诏命。以亮任总国权，听于省见客。神兽门外，每旦车常数百两。"（神兽门原为神虎门，以避唐讳改，与云龙门对，为太极殿庭东西侧门。入中书先入神兽门。故候见傅亮者皆驻车神兽门外。中书省当在西侧。）

（38）《南史》卷四十四竟陵王子良，"……大行（齐武帝）出太极殿，子良居中书省，帝（郁林王）使虎贲中郎将潘敞二百人仗，屯太极西陛之下。成服后，诸王皆出，子良乞停至山陵，不许。"（郁林王对其叔子良猜疑，故屯兵太极殿西以防备之。时子良居中书省。此又可见中书省在殿庭西侧。）

（39）《南史》卷二十一王融："……（齐）武帝病笃暂绝，子良在殿内，太孙（即郁林王）未入，融（时为中书郎）戎服绛衫，于中书省阁口断东宫仗不得进，欲矫诏立子良……太学生会稽魏准……既欲奉子良，而准鼓成其事……及融诛，召准入舍人省诘问，遂惧而死，举体皆青，时人以准胆破。"（王融于中书省阁门口断东宫仗，时皇太孙欲入内里，经由太极殿庭，如皇太孙由东侧云龙门入，而中书在西，省阁何能挡路？故疑为中书下省阁口，则在云龙门外。）

（40）《南史》卷十三江夏王义恭："……孝武入讨，劭疑义恭有异志，使入住尚书下省。分诸子并住神兽门外侍中下省。"（侍中下省，即门下下省。位太极殿区之西。）

（41）《南史》卷七十七吕文显："……永明元年，为中书通事舍人……与茹法亮等迭出入为舍人，并见亲幸……时中书舍人四人各住一省，世谓之四户。既总重权，势倾天下。"（中书省内舍人四人各据一区，谓之舍人省，见（39），共有四舍人省。）

（42）《南史》卷二十六袁粲："……时齐高帝入屯朝堂，彦节从父弟领军将军（刘）韫入直门下省，卜伯兴为直阁。"

（43）《南史》卷三十四周弘正："……元帝手书与弘正，仍遣使迎之……授黄门侍郎，直侍中省。"（此为元帝江陵宫，元帝都江陵，改置禁省。）

以上为中书省及中书下省、门下省（侍中省）以及侍中下省等见于史籍之例。太极殿庭，中书在西，则门下宜在东；下省则侍中在神兽门外（40），则中书宜在东，与散骑为邻。见下。

（44）《南齐书》卷16百官："……晋世以来，谓领、护至骁、游为六军……

自二卫、四军、五校已下，谓之'西省'，而散骑为'东省'。"

（45）《世说新语》上之下，注引《续晋阳秋》曰："……（顾恺之）为散骑常侍，与谢瞻连省（瞻时为中书郎，宿中书下省），夜于月下长咏，自云得先贤风致。瞻每遥赞之。恺之得此，弥自力忘倦。瞻将眠，语搥脚人令代，恺之不觉有异，遂几申旦而后止。"

散骑亦为近侍，散骑省（梁代称为集书省）称东省，以其在太极殿之东，而与中书下省相邻。（18）所说"邻省"当即散骑省。与散骑为邻，尚有下例佐证。

（46）《南史》卷十四宋宗室诸王。武昌王浑："……元凶弑立，以为中书令。山陵夕，裸身露头往散骑省戏。"

（47）《世说新语》上之上："桓玄既篡位，将改置直馆，问左右：虎贲中郎省应在何处？有人答曰：无省。当时殊忤旨。问：何以知无？答曰：潘岳秋兴赋叙曰：余兼虎贲中郎将，寓直散骑之省。"（西晋事，东晋可能亦然。）

三、后宫内殿

依史料所见，后宫内殿，似有四类：皇帝寝殿、皇后寝殿、便殿、太后殿。台城宫殿，东晋时甚简朴，至晋孝武帝始营清暑殿于华林园。正寝之外，唯太极殿东西堂可作宴居之所。宋孝武而后，日趋华靡，崇尚奢侈，便殿之名渐多。齐武帝增饰宫室，雕缋绚丽，六朝金粉，臻于极盛。齐末东昏穷奢极欲，恣意兴作，亡不旋踵。梁武以儒礼兴继为己任，抑裁后宫，略无华饰。然晚年佞佛，金像梵刹，费以亿计。陈后主全无心肝，列坐狎客，沉湎后宫，殿阁兴作，逮及其之。然后城宫殿三殿相连为组，泉沼回环，廊阁交亘，芳草香树，映彻拂檐。与今日所见明清故宫之触目高墙峻宇，萧杀枯寂，固迥不相侔。兹举史料以明其制度。

（48）山谦之《丹阳记》（《玉海》卷一百六十一引）："太极殿，周制路寝也。秦汉曰前殿，今称太极曰前殿。洛宫之号起自魏，东西堂亦魏制，于周小寝也。皇后正殿曰显阳（本为昭阳，避晋讳改），东曰含章，西曰徽音，又洛宫之旧也。含章名起后汉，显阳、徽音亦起魏。"

（49）《南史》卷七十循吏传篇首："晋世诸帝多处内房，朝宴所临，东西二堂而已。孝武末年，清暑方构，及永初受命，无所改作，所居惟称西殿，不制嘉名，文帝因之，亦有合殿之称。及孝武承统，制度滋长，犬马余菽粟，土木衣绨绣。追陋前规，更造正光、玉烛、紫极诸殿。雕栾绮节，珠窗网户。"

（50）《南史》卷十一（齐）武穆裴皇后："……旧显阳、昭阳二殿，太后皇后所居也。永明中无太后皇后，羊贵嫔居昭阳殿西，范贵妃居昭阳殿东，宠姬荀昭华居凤华柏殿。宫内御所居寿昌画殿南阁，置白鹭鼓吹二部，乾光殿东西头，置钟磬两厢，皆宴乐处也。"

（51）《南史》卷十一（宋）文元袁皇后："……崩于显阳殿……后亡后，常有小小灵应。明帝所生沈美人，尝以非罪见责，应赐死，从后昔所住徽音殿前度。此殿有五间，自后崩后常闭。美人至殿前流涕大言曰：今日无罪就死，先后若有灵当知之。殿户应声豁然开。"

（52）《南史》卷七十七恩倖："徐龙驹……帝（郁林王）为龙驹置嫔御伎乐。常住含章殿，著黄纶帽，被貂裘，南面向案，代帝画敕。内左右侍直，与帝不异……先是延昌殿为武帝阴室，藏诸服御，二少帝（郁林王及海陵王，并齐文惠太子长懋子，为萧鸾加害死）并居西殿（璿仪）。及明帝居东斋，开阴室，出武帝白纱帽、防身刀，法亮歔欷流涕。"

（53）《南史》卷七十七茹法亮："……（法亮）广开宅宇，杉斋光丽，与延昌殿相埒。延昌殿，武帝中斋也。"

（54）《南齐书》卷十九五行："永元二年八月，宫内火，烧西斋璿仪殿，及昭阳、显阳等殿，北至华林墙，西及秘阁，凡屋三千余间……（永元）三年二月，乾和殿西厢火，烧屋三十间。是时西斋既火，帝（东昏侯）徙居东斋，高宗所住殿也。"

（55）《通鉴》卷一百四十一齐纪："……己酉，上（齐明帝）殂于正福殿……八月，葬明皇帝于兴安陵，庙号高宗。"

以上所引，据《丹阳记》，后寝一组三殿，中为显阳（后复名昭阳，而另置显阳），东为含章，西为徽音。似为对称布局。徽音（及含章）为五间殿，则中殿当为七间或九间。帝寝，以齐世为准，则中殿（斋、住所）为延昌，东为正福（齐明帝所居为东斋，即殂于斯）（54）（55），西为璿仪（54）。帝寝似在南，北为后寝。再北则华林园垣墙（54）。故知后寝之北，尚有地步以为苑囿。

至于帝寝，后寝之两侧，则便殿所在，名目甚多，为宴居、伎乐、谈论、妃嫔所处。寿昌画殿（50）南有兴光楼（34），可俯视太极殿，宜在南列。其余位置则未可知。且代有更易，虽颇沿袭旧称，亦多另锡嘉名。

宋：紫极、正光、玉烛（49）、乾明（《南史》卷二十九蔡兴宗）等。

齐：曜灵、璿仪、芳乐、芳德、仙华、大兴、含德、清曜、安寿、神仙、永寿、玉寿等（并《南史》卷五齐本纪下东昏侯）、曜灵、凤华、寿昌（《南史》卷四齐本纪上。）

梁：琁琁（《南史》卷七梁武本纪）、延务（《南史》卷三十何敬容）、宴居殿（《南史》卷六十孔休源）等。

陈：宣福（《南史》卷十宣帝）、大政（同上，后主）、德教（《南史》卷六十七萧摩诃、卷七十二阮卓）、宣明（《南史》卷六十九姚察）、嘉德（《南史》

卷七十一沈不害、《南史》卷九陈武帝）等。

梁代帝寝似名文德殿，梁武终亦在斯（《南史》卷五十七范云、卷八十侯景）。又有武德、寿光等便殿。

四、华林园

魏文帝迁洛，于宫东北筑芳林园，起景阳山于园西北，园外有天渊池与园内池沼相通。后避曹芳讳，改为"华林园"。历西晋、东晋及南朝均沿用此名。乃至北魏洛阳宫北、东魏邺南城外，亦有华林园，成为当时帝王苑囿通称。

台城内华林园，建于东晋，孝武帝时起清暑殿，为园内主殿。至宋文帝时更筑景阳山，起景阳楼。园内复有天渊池，亦沿用洛阳旧名，楼观堂阁点缀其间。引玄武湖水入台城，潴而成池，枝渠分流，周行殿阶，然后由东、西掖门出注城堑。其门有凤妆（齐明帝时以避讳改为望贤）、宣光、徽明、鸾饰等。设令丞以掌园事，隶光禄勋。园之情况见于史籍举例如下：

（56）《世说新语》上之上："（东晋）简文入华林园，顾谓左右曰：会心处，不必在远。翳然林水便有濠濮间想也。觉鸟兽禽鱼，自来亲人。"

（57）《晋书》卷九本纪孝武："（太元二十一年）春正月，造清暑殿……秋九月庚申，帝崩于清暑殿。"

（58）《南史》卷三十何尚之："……是岁造玄武湖……时又造华林园，并盛暑役人。"（宋文帝元嘉二十二年，景阳山始此）。

（59）《宋书》卷二十九符瑞下："……（元嘉二十四年七月）江夏王义恭上表曰：

"……谨上嘉禾甘露颂一篇……乃造凌霄，遂作景阳。有蔼景阳，天渊之涘。清暑爽立，云堂特起……"（表上于筑景阳山之次次年，所见园内主景如是。）

（60）《古今图书集成》考工典卷四十六宫殿部艺文一：宋孝武帝《华林清暑殿赋》："……密盼林梁，侧眺池篆，起北皁而置悬湖，沿西原而殿清暑，编茅树基，采椽成寓，转流环堂，浮清爽室……婉祥鳞于石沼，仪瑞羽于林术。"何尚之《华林清暑殿赋》："……却倚危石，前临潏谷，终始萧森，激清引浊。涌泉灌于阶吧，远风生于榥曲，暑虽殷而不炎，气方清而含育……"

宋江夏王刘义恭《华林清暑殿赋》："……构御暑之清宫，傍测景之西岑，列乔梧以蔽日，树长杨以结荫。醴泉涌于椒室，迅波经于兰庭，丛芳芝以争馥，合百草以竞馨。饰丹壤以和璧，加疏楯以连城……"

（61）《南史》卷二宋本纪："（大明元年）五月……丙寅，芳香琴堂东西有双橘连理，景阳楼上层西南梁栱间有紫气，清暑殿西甍鸱尾中央生嘉禾……改景阳楼为庆云楼，清暑殿为嘉禾殿，芳香琴堂为连理堂。"

（62）《宋书》卷二十九符瑞下：连理木"太元十九年正月丁亥，华林园延贤堂西北李树连理；

大明四年三月丁亥；木连理生华林园曜灵殿北；大明四年四月壬子，木连理生华林园日观台北。"

（63）《南史》卷五东昏侯："（永元）三年……又以阅武堂为芳乐苑……及萧衍师至……于华光殿立军垒……从凤妆门入徽明门。"

（64）《南史》卷六梁本纪："（天监）六年九月乙亥，改阅武堂为德阳堂，听讼堂为仪贤堂。"

（65）《南史》卷二十五到溉："溉第居近淮水，斋前山池有奇礓石，长一丈六尺，帝戏与赌之，并礼记一部，溉并输焉……石即迎置华林园宴殿前。移石之日，都下倾城纵观，所谓到公石也。"

（66）《南史》卷四十一始安贞王道生："……建武元年，明帝追尊道生为景皇……追封凤（道生子，鸾兄）始安靖王，改华林凤妆门为望贤门，太极东堂画凤鸟，题为神鸟，而改鸾鸟为神雀。"

（67）（同上）萧坦之："……少帝（郁林王）微闻外有异谋，惮明帝在台内，敕移西州。后在华林园华光殿露著黄毂裈，跂床垂脚。"

（68）《太平御览》卷一百七十五居处部三引《建康宫阙簿》："光严殿在县东北六里，景阳山东，岭南起重云、光严二殿，前为两楼。"

（69）《景定建康志》卷二十一：晋清暑殿，在台城内，晋孝武帝造，殿前重楼复道通华林园，爽垲奇丽，天下无比，虽暑月常有清风，故以为名[旧志]……梁重云殿，梁武帝造，在华林园[旧志]。

[考证]隋志云，殿前置铜浑仪，是伪刘曜光初六年（323年）南阳孔挺所造……光严殿，在县东北六里景阳山东岭南。

[考证]梁于台城中立层城观，历代修理，更起重阁，上名重云殿，下名光严殿……朝日夕月二楼，在华林园内。

[考证]梁武帝所起，阶道绕楼九转。《宫苑记》云："景阳山次东岭，起通天观，观前又起重阁，上重曰重云殿，下重曰光严殿。殿前当阶起二楼，左曰朝日，右曰夕月，楼巧丽无匹。（案：一组三建筑之例）……临春、结绮、望仙三阁，陈后主至德二年起。"

[考证]《宫苑记》："在华林园天泉池东，光昭殿前。高数十丈，并数十间，其窗牖户壁栏槛之类，皆以沉檀为之。又饰以金玉，间以珠翠，外施珠帘，内设宝帐……其下积石为山，引水为池，植以奇树，杂以花药。后主自居临春阁，张丽华居结绮阁，龚孔二贵妃居望仙阁，并复道交相往来。"（又一组三建筑之例）

（70）《景定建康志》卷二十二：

日观台，一名司天台，在台城内。[考证]《宫苑记》，台城直鸾饰门西有日观台。

通天观，旧在华林园内，宋元嘉中与景阳楼同造[旧志]。[考证]金陵故事，晋孝武帝讲孝经于通天观……则此观晋所有也，非创于宋。旧志殆未考耳。

层城观，亦名穿针楼。旧在华林园景云楼东。宋元嘉中造，后废。

古华林园，在台城内，本吴旧宫苑也……《建康宫阙簿》云：宋元嘉中筑蔬圃，二十二年，更修广之，筑天泉池，造景阳楼，大壮观、花光殿、设射棚。又立凤光殿，醴泉堂。

就上述史料所见，华林园中以天渊池，景阳山为主景。山之东阿南麓有重云、光严、五明诸殿。清暑殿在园西、泉沼环绕，桐阴柳垂，与后宫密迩相连。园中有阅武堂、听讼堂，又有宴殿、凤光殿、华光殿、曜灵殿、芳香琴堂。景阳山有景阳楼，苑中置奇石一所谓到公石，以供赏玩。"傍测景之西岑"，指测日影的日观台，通天观则为天文观测处。梁置浑天象于文德殿前，浑天仪于华林园重云殿前。华林园又是天文研究中心，何承天、祖冲之等大科学家均曾在园中工作。

五、其他

诸省中，前已述及尚书、中书（令、舍人）、门下（侍中、黄门郎）及散骑省（梁代正式名称为集书省）等机构。然宫中尚有其他省，重要者为秘书省及永福省。又见于史书称为"西省"者有三，颇致疑惑，试作辨析：

1.《南齐书》卷十六所谓"领、护至骁、游为六军……自二卫、四军、五校已下，谓之'西省'。"此"西省"之第一义。

2.《南史》卷四十二萧子恪："……始安王遥光劝上并诛高、武诸子孙，于是并敕竟陵王昭胄等六十余人入永福省。"

《南史》卷四十四竟陵王子良附昭胄传则作："……（王敬则事起）明帝虑有同异，召诸王侯入宫，晋安王宝义及江陵公宝览住中书省，高、武诸孙（包括昭胄）住西省。"

上文二则同述一事，故知"西省"即"永福省"。此"西省"之第二义。

3.《南史》卷十五傅亮："……义熙中，累迁中书黄门侍郎，直西省……"

《南史》卷六十殷钧："……（以尚永兴公主）拜驸马都尉。历秘书丞，在职启校定秘阁四部书，更为目录。又受诏料检西省法书古迹，列为品目。"（秘阁即藏书阁，西省则是藏书画之处。）

《南史》卷六十九虞荔："唯荔与顾协泊然静退，居于西省，但以文史见知……"

《南史》卷七十一儒林、卷七十二文学中，所见曾直西省者有：
"孔子祛，西省学士；

郑灼，西省义学士；

周兴嗣，天监十七年，以给事中直西省；

任孝恭，帝闻其有才学，诏入西省撰史。”

以上所见“西省”，颇同于秘书省之“掌国之典籍图书”及“掌国史集注起居”，则“西省”即秘书省。这是“西省”第三义。

然而，秘书省、永福省、二卫四军五校之称为“西省”，当以其均在太极殿区之西，殆无疑问。各自为省、并非同处。永福省起于西晋，为皇太子在宫内住所。举秘书、永福之例如下：

（71）《南史》卷五十六吕僧珍：“及（梁）武帝受禅……再迁左卫将军，加散骑常侍，入直秘书省，总知宿卫……自是僧珍昼直中书省，夜还秘书。”

（72）同上，张缵：“……起家秘书郎……秘书郎四员，宋、齐以来，为甲族起家之选，待次入补，其居职例不数十日便迁任。缵固求不徙，欲遍观阁内书籍。尝执四部书目曰：若读此毕，可言优仕矣。如此三载，方迁太子舍人。”

（73）《南史》卷七十七阮佃夫：“景和末，（宋）明帝被拘于殿内，住在秘书省，为帝所疑，大祸将至……”〔史载，宋明帝下属阮佃夫辈弑杀废帝，拥明帝即位，由秘书省步入太极西堂（见《南史》宋本纪中明帝纪），或即以秘书省在西，故趋西堂欤？则秘书省即西省，又得佐证。〕

以下为永福省之例：

（74）《晋书》卷二十礼志中杜预奏议皇太子除服：“……今皇太子至孝蒸蒸，发于自然，号咷之慕，匍匐殡宫，大行既奠，往而不返，必想象平故，彷徨寝殿。若不变从谅暗，则东宫臣仆，义不释服。此为永福宫属，（太子宫僚）当独衰麻从事，出入殿省，亦难以继。"（此条为西晋事，永福之为太子处所已始见此。）

（75）《南史》卷十四元凶劭："……年六岁，拜为皇太子，中庶子二率入直永福省，为更筑宫，制度严丽。""……（弑帝后）即位讫，便称疾还入永福省，然后迁大行皇帝升太极殿。"

（76）《南史》卷六十二贺革："……敕于永福省为邵陵、湘东、武陵三王讲礼。"（非但为太子宫内住所，兼为诸王幼时宫内所处。）

（77）《南史》卷五十三昭明太子统："……天监元年十一月，立为皇太子。时年幼，依旧居于内，拜东宫官属，文武皆入直永福省。五年六月庚戌，出居东宫……（普通）七年十一月，（丁）贵嫔有疾，太子还永福省，朝夕侍疾，衣不解带。"

（78）《南史》卷八十侯景："……（景陷台城）景入朝……出见简文于永福省（简文帝纲，时为太子。案，卷六十二徐摛传与此同，而卷七十四殷不害传则云简文见景于中书省。当以永福为是）……（简文帝）大宝二年四月……是月景乃废简文，幽于永福省，迎豫章王栋即皇帝位。"

（79）《南史》卷九陈本纪废帝伯宗纪："……自梁室乱离，东宫焚烬，太子居于永福省。"

廷尉亦在宫中，自有省：

（80）《南史》卷三十九刘孝绰："……及孝绰为廷尉，携妾入廷尉，其母犹停私宅。（王）泏寻为御史中丞，遣令史劾奏之，云：携少妹于华省，弃老母于下宅。……孝绰坐免官。"

（81）《南史》卷二十一王融："……融被收，朋友部曲，参问北寺（廷尉，在宫北），相继于道。"

其次为卫尉，亦在宫中：

（82）《南史》卷十三（宋）南郡王义宣附子恢："……晋氏过江，不置城门校卫及卫尉官。孝武欲重城禁，故复置卫尉卿，以恢为侍中，领卫尉。卫尉之置，自恢始也。"

（83）《南史》卷四十六王广子珍国："……梁武起兵，东昏召珍国以众还都，使出屯朱雀门，为王茂所败。乃入城（台城）……十二月丙寅旦，珍国引（张）稷于卫尉府勒兵入自云龙门，杀东昏于内殿……"

（84）《南史》卷五十六张弘策："……时东昏余党孙文明等初逢赦令，多未自安。文明又尝梦乘马至云龙门，心惑其梦，遂作乱。帅数百人，因运荻炬束仗，得入南、北掖门，至夜烧神兽门、总章观，入卫尉府，弘策（时为卫尉卿）踰垣匿于龙厩，遇贼见害。贼又进烧尚书省及阁道、云龙门……"

以(84)所述孙文明党徒作乱路线，似由北至台城西区，烧西侧神兽门及总章观(太乐署)，尔后入卫尉府，再东去云龙门及尚书省。龙厩，御用马所在，似在台城西南隅。卫尉府当亦此近傍。

梁朝台城内称省益为广泛，不但政务机构，凡有宫臣直庐之内殿，如文德殿，寿光殿，皆得称省。至于华林园，宋时已设省。（《南史》卷二十四·王晏传）

（85）《南史》卷三十四周弘正："……普通中，初置司文义郎，直寿光省，以弘正为司义侍郎。"

（86）《南史》卷三十一张率："……七年……俄直寿光省，修丙丁部书抄。"

（87）《南史》卷四十二豫章王嶷附斋帅赵叔祖："又，文献王（嶷）时内斋直帐阄人赵叔祖，天监初入台为斋帅，在寿光省。"

（88）《南史》卷七十二周兴嗣："……武帝嘉之，拜安成国侍郎，直华林省……进直文德、寿光省。"（似文德、寿光高于华林，以其为内殿也。）

（89）同上，任孝恭："……帝闻其有才学，召入西省撰史。初为奉朝请，进直寿光省，为司文侍郎，俄兼中书通事舍人。"

（90）《南史》卷五十七沈约："……俄而（范）云自外来，至殿门不得入，徘徊寿光阁外，但云'咄咄'。"

（91）同上，又："……（沈约）齐初为征虏记室……所奉主即齐文惠太子。太子入居东宫，为步兵校尉，管书记，直永寿省，校四部图书。"

（92）《南史》卷五十九王僧孺："……（自南海还）拜中书侍郎，领著作，复直文德省。"

（93）《南史》卷二十四王晏："……元会毕，（齐明帝）乃召晏于华林省诛之。"

（94）《南史》卷七十二祖冲之："……宋孝武使直华林学省，赐宅宇车服。"

（95）《隋书》卷三十二经籍志："梁初，秘书监任昉，躬加部集。又于文德殿内列藏众书，华林园中总集释典。"

以上寿光、文德、永寿、华林诸省，皆由文学士入直，整理典籍。故《隋书》卷三十四经籍志杂家中有《华林遍略》《寿光书苑》两部丛书。其中华林省梁代为宫内佛教活动中心。观梁武帝多于重云殿讲经，省内集中佛教经典，明显说明此种性质。此外，尚有其他庐舍仓厩处台城中：

（96）车府：《南史》卷四十三武陵王："……晔称牛羸不能取路。上敕车府给副御牛一头。"

（97）《南史》卷四十二豫章王嶷："……是时武帝奢侈，后宫万余人，宫内不容，太乐、景第、暴室皆满。"（《汉书》注，应劭曰：暴室，宫人狱也，一作薄室。）

（98）《景定建康志》卷二十三"古苑仓"："……咸和中修苑城，惟仓不毁，故名，太仓在西华门内道左，宫城之西北。"

（99）《南史》卷十四元凶劭："……劭穿西垣入武库井中，副队高禽执之。"

（此西垣当是台城内墙垣，若台城垣恐非仓促可穴而出之者。武库当在宫内。）

（100）《晋书》卷二十四职官："……光禄勋，统武贲中郎将、羽林郎将、冗从仆射、羽林左监、五官左右中郎将、东园匠、太官、御府、守宫、黄门、掖庭、清商、华林园、暴室等令。"

（101）《宋书》卷三十一五行二："孝武孝建初，颜峻为左卫，于省内闻犬子声在地中，掘焉得乌犬子。"

（102）《南史》卷五齐本纪下明帝："……巫觋云：后湖水头经过宫内，致帝有疾。帝乃自至太官行水沟，左右启，太官无此水则不立。（帝）决意塞之，欲南引淮流。"

以上车府、暴室、太仓、武库、太官、左卫，以及前（84）所论总章观等，均为宫内机构之见于史书者。其位置亦大致可由所引史料涉及邻近情况所推出。

六、台城的城垣壕堑及与建康城的关系

（103）《建康实录》卷七成帝五年九月引《舆地志》："都城周二十里一十九步，本吴旧址，晋江左所筑，但有宣阳门。至成帝作新宫，始修城开陵阳等五门，与宣阳为六，今谓六门也。南面三门，最西曰陵阳门，后改名为'广阳门'，门内有右尚方，世谓之尚方门。次正中宣阳门，本吴所开，对苑城内，世谓之'白门'，晋为宣阳门，门三道，上起重楼悬楣，上刻木为龙虎相对，皆绣栭藻井。南对朱雀门，相去五里余，名为'御道'，开御沟，植槐柳。次最东开阳门。东面最南清明门，门三道，对今湘宫巷，门东出青溪港桥。正东面建春门，后改为建阳门，门三道，尚书下舍在此门内，直东今兴业寺后，东度青溪菰首桥……正西面西明门，门三道，东对建春门，即宫城大司马门前横街也。正北面用宫城，无别门。"

（104）《建康实录》卷七成帝七年冬十一月，注引《修宫苑记》："建康宫五门，南在正中大司马门，世所谓章门，拜章者伏于此门待报。南对宣阳门，相去二里，夹道开御沟，植槐柳，世或名为阙门。南面近东闾阖门，后改为南掖门，门三道，世谓之天门，南直兰宫西大路，出都城开阳门。正东面东掖门，正北平昌门，门上有爵络，世谓之冠爵门，南对南掖门……其西掖门外南偏突出一丈许，长数十丈地。时百度多阙，但用茆苫，议以除官身各出钱二千，充修宫城用。"

（105）《建康实录》卷九孝武帝太元三年七月注引《苑城记》："城外堑内并种橘树，其宫墙内则种石榴，其殿庭及三台三省悉列种槐树，其宫南夹路出朱雀门，悉垂杨与槐也。"

按许嵩作《建康实录》所引各注，其中颇有与正史不合处（如谓尚书下舍在建春门内），当以正史为准。其余城门干道，大致差是。惟城北垣，谓"用宫城，无别门"，则宋之广莫门（新辟，非宫城北门承明门），陈之玄武门将位于何所？案，《建康实录》卷二记孙权赤乌四年冬十一月"诏凿东渠，名青溪，通城北堑潮沟"，注云："（潮沟）东发青溪，西行经都古承明、广莫、大夏等三门外……"云云。

潮沟西行注运渎，而运渎为仓城输租用，仓城故在台城内（103），承明，台城北门；广莫，建康北门；大夏门，东晋已有，疑即陈玄武门。则建康北垣依理宜与宫城北垣合。均以潮沟为北堑。承明门即平昌门，故下述资料所谓青溪，即指潮沟，乃可理解。

（106）《建康实录》卷十四刘延孙："……延孙病，不任拜起，上（宋孝武帝）使乘板船自溪至平昌门，入尚书（下舍）。"

综上所述，试作台城复原想象平面图（见图53、图54）。

根据近年研究，台城大司马门与宣阳门、朱雀门所形成的御道，与南唐金陵城的御街（即宫门天津桥至南门长干桥）二者大致重合。而南唐宫城南门址约即建康城宣阳门址。前人亦曾如此推测。如《景定建康志》卷二十"古宣阳门"条即云："今宫城门（南宋行宫门）疑是其处"。沿此轴线往北，应即达大司马门址。约当今南京市体育馆近处。南京近年基建工程在市区内者，当可接触六朝台城故址。希望配合考古调查，使重要史迹勿湮没地下。日本难波京故址，即在大阪市区，其宫城经发掘，虽已残毁，但倍受重视，妥为保护。

东晋南朝建康城及台城的研究，对认识中国古代都城体制、宫室制度、城市规划艺术传统，都有非常重要的意义。长期以来，一般认为《周礼》的规定，一脉相承纵贯古代社会，《考工记》所谓"匠人营国，方九里，旁三门。国中九经九纬，经涂九轨，左祖右社，面朝后市"，已经耳熟，而且认定坊里制也是纵贯历代，直到宋朝，才有改变。如果认真仔细读史，就会发现事实并非如此，《周礼》自战国以来，并不受重视，中国古代长期的都城宫室制度，亦未遵循周制。在宫室制度上，所谓三朝五门，至隋唐长安（或东魏邺南城）始有其意。在城市制度上，真正完整地按《周礼》理想实现的其实是更为晚后的元大都。中国古代有不用坊里制的城市，建康城即是一例。自汉以降，都城宫室的制度，基本依循秦代开创的加强中央集权，提高君权的原则来规划，这即是秦制。台城的制度就是最具代表性的一例。隋唐以后，其实也是秦制，只是以周制饰其表，增加了礼仪性的分量而已，它的体制和真正使用情况，往往脱节。

　　建康城区河道疏通，丘陵起伏，既有规整宏伟的御道门阙，也有顺任自然而分布的街巷市集。建康城的结构是开放型的，以秦淮河下游入江处的盆地为基地，北逾钟山，南过秦淮，市街繁荣，南朝最盛时，人口逾百万，超过汉长安、洛阳，乃至隋唐长安洛阳。只有封建商业经济高度发展的宋开封和临安可相与比肩。建康有发达的水运系统保障粮食物资供给，自然景物极为优美，加以人工规划，正如谢朓鼓吹曲所云：

> 江南佳丽地，金陵帝王州，
> 逶迤带绿水，迢递起朱楼，
> 飞甍夹驰道，垂杨荫御沟，
> 凝笳翼高盖，叠鼓送华辀。
> ……

　　南京这座文化历史名城奠基于六朝，是繁华光荣的时期，在这里生活和活动的著名的政治家，科学家、文学家、艺术家，人才辈出，项背相望。如王导、谢安、刘裕、祖冲之和祖暅父子、何承天、范缜、王羲之和王献之父子、谢灵运、颜延之、鲍照、顾恺之等人，表现了古代文化的巅峰状态。我们应该而且可以向历史学习一点东西，希望建设一个更为光辉灿烂的未来。

1987 年 10 月 9 日完稿

五、台城辩

我国古代都城，如秦咸阳、西汉长安、东汉魏晋北魏洛阳、隋唐长安、隋唐洛阳、北宋东京、南宋临安、元大都、明南京、明清北京，其位置皆可认定，甚至尚存城垣宫殿遗址，经考古研究而得确指其处。北宋东京虽城垣宫阙无存，但地面尚有繁塔、开宝寺塔（铁塔）等，地下尚有州桥遗址，其范围方位，尚可大致判定。古都之中，唯有六朝建康城及其核心宫城即所称"台城"者，地上地下了无痕迹，至今仍然一团迷雾，不能确指。或者有指认现存玄武湖南侧一段明代城垣为"台城"者，这个误解，开始于 20 世纪 30 年代朱偰先生的《金陵古迹图考》一书，以今之鸡鸣寺为梁之同泰寺，且在"台城"中，因此所绘六朝建康城其北垣置于玄武湖南岸九华山（古覆舟山）至鸡鸣山（古鸡笼山）一线。多年来，许多书籍辗转抄袭，未之可疑。更有人说，这段明代城垣中发现了明以前的城砖，就是"台城"的明证。其辞云："台城位于玄武湖南岸的鸡鸣寺后，处于明都城之内，东部与明都城相接，西端为一断壁。这段城墙全长 353.15 米……下以条石为基，基石之上用砖砌建……砌砖大致可分为两种：一种砖长 45 ～ 51.5 厘米，宽 21 ～ 22.5 厘米，厚 11.5 ～ 13 厘米，火候不高，质地松软，呈红色，这种砖的时间较早，其时代当在明前。其中也有六朝的花纹砖。另一种砖长 38 ～ 45 厘米，宽 21 ～ 22 厘米，厚 10 ～ 11.5 厘米，砖质坚实，火候较高，为明初筑城用砖……从这两种砖的质地尺寸以及砖建结构和用浆方面分析，显系不同时代所修建，推测自六朝直至明前，可能属于保卫建康城的要塞营垒"（引自《中国古代建筑技术史》443 页第十二章第七节《明南京城》，科学出版社，1985 年）。这一段话大约是"台城在鸡鸣寺后"的最有说服力的论据。但是，说得很含混：（一）没有说明"基石"的年代判断。如果是明代城基，其上根本不可能有"明前"的城，如果说是"早期"城基，根据何在？（二）"台城"和"防卫建康城的要塞营垒"是完全不同性质的城，二者决不可混淆。

号称六朝古都的南京，自然希望有六朝古都的遗存，特别是它的核心"台城"。关于六朝的史籍非常丰富，我们可以断言。鸡鸣寺后决不可能存在台城。探研历史事实，只能采取科学态度，而不可以用意愿代替科学论断。

那么，台城是什么？台城内部如何组成？台城位置何在？这就是本文的主要目的。

一、何谓"台城"

许嵩《建康实录》卷七："成帝七年冬十一月壬子朔……是月，新宫成，署曰建康宫，亦曰显阳宫，开五门，南面二门，东西北各一门。"（许嵩按，《图经》，即今之所谓"台城"也……）

为什么叫"台城"呢？台，指尚书台。起初在西汉时不过是少府六尚之一的尚书，作为皇帝秘书主掌文书工作，在君权日益加强的过程中，权力逐步扩大，地位渐渐重要，以致取代了分掌庶政的九卿的职权。东汉确立了尚书台，到魏晋，尚书台成为无所不统实际上的中央政府。中央政府称作"台"，政府所遣军称为"台军"，政府所在地称"天台"（《晋书》卷四十七傅咸传，卷一百零八载记慕容廆"陶侃报封抽韩矫"等书），政府随军行动或驻外称"行台"（《晋书》卷五十九东海王越），留守部分称"留台"（《晋书》卷三十一惠羊皇后），两地并置称"东台""西台"（晋惠帝时西台在长安，东台在洛阳）。又，政权交替过渡之际，常见是前后两朝政府（台）暂时并存的事实。如宋、齐之间，王敬则原为宋辅国将军，进号冠军将军，又迁右卫将军。"齐台建，为中领军"（《南齐书》卷二十六王敬则）。刘怀珍"及齐台建，朝士人人争为臣吏，以怀珍为宋台右卫（将军），怀珍谓帝（齐高帝萧道成，时尚未登位）曰：人皆迎新，臣独送故，岂以臣笃于本乎？"（《南史》卷四十九刘怀珍）。谢朏"（齐）高帝方图禅代，欲以朏佐命，迁（骠骑将军）左长史（朏劝帝谦让）……帝不悦，更引王俭为左长史，以朏为侍中，领秘书监。及齐受禅，朏当日在直，百僚陪位。侍中当解玺。朏伴不知，曰：有何公事？传诏云，解玺授齐王。朏曰：齐自应有侍中。乃引枕卧……是日，遂以王俭为侍中解玺"（《南史》卷二十谢庄子朏）。又如齐梁之际，《南史》卷五十庾黔娄："梁台建，黔娄自西台（齐和帝时在江陵，称西台）尚书仪曹郎为益州刺史邓元起表为府长史，巴西梓潼二郡太守。"由此可见，"台"即中央政府，是以尚书台为主体的包括军职、中书、门下官员一整套政府机构。尚书本是宫官，尚书台自然宫城内，如是，尚书台所在宫城被称为台城，这是"台城"的第一义。又，东晋迁都建康，仍以洛阳为正式宫，建康宫为临时性质，故自贬宫城为台城，以西晋时尚书台前宫门名"司马门"加为"大司马门"，为建康宫正门名。这是"台城"第二义。不过历史上"台城"一词除指东晋以迄南朝的建康宫城之外，隋初沿用的长安北周旧宫城也称"台城"（《隋书》卷三十七列传二李穆）。

东晋成帝咸和五年（330年），苏峻之乱平定以后，晋朝南渡初期的宫室在战争中焚毁。于是在吴苑城址新建宫城，但是比较粗略简陋。东晋孝武帝太元三年（378年），在谢安主持下彻底改建，即是迄陈亡为止的台城。其后南朝历代屡有兴作，多在后宫苑囿，宫城规模制度基本不变。东晋时的台城，有五门：南面并列了大司马门及南掖门，东、西、北各掖门一。大司马门内为太极殿区，南掖门内为尚书朝堂，这是主要的两组。后来，南面增加至四门，自西向东为：西掖门、大司马门、南掖门、东掖门。原东面的东掖门改为万春门（宋名，梁又改名"东华门"），原西掖门改为千秋门（宋名，梁改名"西华门"）；北面除北掖门改名"承明门"（齐讳承又复名"北掖门"，又名"平昌门"），又加西侧大通门（梁建，北对同泰寺，"同泰"反语"大通"）。

根据文献记载，台城内主要建筑可分数组：尚书朝堂、太极殿及东西堂、后宫内殿、华林园、其他。以下重点说明尚书朝堂、太极殿及东西堂，简要说明后宫内殿及华林园，台城与建康城的位置关系于下。

二、尚书朝堂

尚书台所在处称尚书上省，尚书官员、家属、随从宫内住所称尚书下舍或尚书下省。朝堂和尚书省常常连称，或称尚书都坐，都堂，二者密切相连。朝堂是每日议政之处；又，按晋制，为异姓公侯都督发表举哀，应在朝堂，如遇变乱，又往往是屯兵之所。兹引有关文献举例如下：

（1）《南史》卷六十六侯安都："……帝引安都宴于嘉德殿，又集其部下将帅会于尚书朝堂。于坐收安都，因于西省。"

（2）《宋书》卷三十九百官："晋西朝（西晋）八坐丞郎，朝晡诣都坐朝。江左（东晋）唯旦朝而已。八坐丞郎初拜，并集都坐，交礼。迁，又解交，汉旧制也。"

（3）《梁书》卷三武帝本纪："（大同六年八月）辛未，诏曰：经国有体，必询诸朝，所以尚书置令、仆、丞、郎，旦旦上朝，以议时事，前共筹怀，然后奏闻。顷者不尔，每有疑事，倚立求决……自今尚书中有疑事，前于朝堂参议，然后启闻，不得习常。其军机要切，前须咨审，自依旧典。"

（4）《世说新语》下之上："海西（司马奕，继哀帝后，为桓温所废。）时诸公每朝，朝堂犹暗。唯会稽王（司马昱，即简文帝，海西公时为丞相，录尚书事）来，轩轩如朝霞举。"

（5）《玉海》卷一百六十一："咸康二年四月，甘露降尚书都堂桃木。"（《宋书》卷二十八符瑞中引此事作：晋"咸康二年四月，甘露降西堂，又降尚书都坐桃树"。故知"都堂"与"都坐"同。）

（6）《通典》卷七十九礼三十九权安梓宫议："尚书问，今大行崩含章殿，安梓宫宜在何殿。博士卞権、杨雍议曰：臣子尊其君父，必居之以正，所以尽孝敬之心。今太极殿，古之路寝，梓宫宜在太极殿，依周人殡于西阶"。（皇帝殡所）

（7）《通典》卷八十一礼四十一："挚虞决疑注云：国家为同姓王公妃主发哀于东堂，为异姓公侯都督发哀于朝堂"。又："至尊为内族于东堂举哀，则三省从临；为外族及大臣于朝堂举哀，则八坐丞郎从临"。（皇族与异姓贵族大臣有差别）

（8）《晋书》卷三十七安平献王孚："泰始八年薨，时年九十三。帝于太极东堂举哀三日"。（司马孚是晋武帝叔祖，同姓王公。见引文7）

（9）《南史》卷一宋本纪上："（永初二年）九月己丑，零陵王（晋帝逊位）殂……车驾率百僚临于朝堂三日"。（司马德文于刘宋为异姓王公，故举哀于朝堂。见引文7）

（10）《南史》卷九陈武帝："永定三年……六月……辛丑，帝小瘳。故司空周文育之枢至自建昌。壬寅，帝素服哭于朝堂，哀甚。"

（11）《晋书》卷三十三郑冲："……明年（泰始十年）薨。帝于朝堂发哀"。何曾，"咸宁四年薨，时年八十。帝于朝堂素服举哀"。石苞，"泰始八年薨。帝发哀于朝堂。"

以上各例，说明在礼仪等级上，朝堂略低于太极东堂，而东堂则低于太极殿。

（12）《南史》卷八十侯景："……王克开台城门引裴之横入宫，纵兵蹂掠。是夜遗烬烧太极殿及东西堂、延阁、秘署皆尽，……王僧辩命武州刺史杜崱救火，仅而得灭。故武德、五明、重云殿及门下、中书、尚书省得免。僧辩迎简文梓宫升于朝堂，三军缟素，踊于哀次"。（皇帝死，应举哀于太极殿。殿既焚，权以朝堂代替。）

（13）《南史》卷十八臧质："……薛安都、程天祚等亦自南掖门入，与质同会太极殿庭，生擒元凶，乃使质留守朝堂。"

（14）《南史》卷二十六袁粲："升明元年，荆州刺史沈攸之举兵反，……时齐高帝入屯朝堂，彦节从父弟领军将军韫入直门下省，……曰谋矫太后令，使韫、伯兴率宿卫兵攻齐高帝于朝堂。"

以上是非常期屯兵于朝堂之例。以下为尚书上下省之例。

（15）《南史》卷六十二徐孝克："……祯明元年，入为都官尚书。自晋以来，尚书官僚，皆携家属居省。省在台城内下舍门中，有阁道东西跨路，通于朝堂。其第一即都官省，西抵阁道，年代久远，多有鬼怪。"（下舍即尚书下省。都官省即尚书都官曹所在省。《建康实录》卷七显宗成皇帝咸和五年九月："作新宫，始缮苑城，修六门。"（注）引《舆地志》："正东面建春门，后改为建阳门，门三道，尚书下舍在此门内，……"案，尚书下舍应在宫内，此云在建阳门内，乃泛指耳。）

（16）《南史》卷二十二王俭："（永明）四年，以本官（侍中、尚书令、领军、领丹阳尹、领太子太傅）领吏部。……先是诏俭三日一还朝，尚书令史出外咨事。上以往来烦数，诏俭还尚书下省，月听十日外出"。（案，王俭为尚书令兼吏部尚书，应住宫内尚书下省。俭先三日一朝，一月入内不过三分之一；后改月听十日出外，则在省三分之二，出外得三分之一，王俭身膺重任，不得不尔。）

（17）《南史》卷三十五顾琛："尚书寺门有制，八坐以下门生随入者各有差，不得杂以人士"。

（18）《南史》卷七十阮长之："……为中书郎直（中书下）省，夜往邻省，误着履出阁，依事自列。门下以暗夜人不知，不受列。长之固遣送曰：一生不侮暗室"。

（19）《南史》卷二十七殷淳："……淳少好学，有美名，历中书黄门侍郎。黄门清切，直下应留下省，以父老特听还家"。（此指门下省）

（20）《南史》卷三十五庾仲文："……尚书制，令史咨事不得宿停外，虽八座命亦不许。"（令史是尚书各曹办事吏员，亦必须宿下省，不得在外停宿。）

（以上引文（15）（16）（17）（20）诸条，是说明尚书官员，上起令、仆，下逮令史，均须住在宫内下舍，并有规定制度。（18）（19）两条，则说明中书、门下两省官员，亦必须住在宫内。）

（21）《南史》卷二十五到洽：“……寻迁御史中丞……旧制，中丞不得入尚书下舍，洽兄溉为左户尚书（左户，原为左民，避唐讳改），洽引服亲不应有碍，刺省详决。左丞萧子云议许入溉省，亦以其兄弟素笃不相别也。”

（22）《南史》卷十九谢几卿：“……后以在省署夜著犊鼻裈，与门生（六朝人语：随从）登阁道饮酒酤呼，为有司纠奏，坐免……仆射省尝议集公卿，几卿外还，宿醉未醒，取枕高卧，傍若无人。又尝于阁省裸袒酤饮，及醉小遗，下霑令史，为南司（御史台，或称南台）所弹。”

（23）《晋书》卷二十四职官：“……晋（尚书）左丞主台内禁令、宗庙祠祀、朝仪礼制、选用署吏、急假；右丞掌台内库藏庐舍，凡诸器用之物，及廪振人租布，刑狱兵器，督录远道文书章表奏事。”

（24）《南史》卷五十九王僧孺：“……入直西省（秘书省），知撰谱事。先是，尚书令沈约以为：晋咸和初，苏峻作乱，文籍无遗。后起咸和二年以至于宋，所书并皆详实，并在下省左户曹前厢，谓之晋籍，有东西二库。此籍既并精详，实可宝惜，位宦高卑，皆可依案。……始晋太元中……所撰十八州一百一十六郡，合七百一十二卷。凡诸大品，略无遗缺，藏在秘阁，副在左户。”

（25）《文选》卷四十六王文宪集序：“……出入礼闱。朝夕旧馆”。李善注引《十洲记》曰：“崇礼闱即尚书上省门。崇礼东建礼门，即尚书下舍门。然尚书省二门名礼，故曰礼闱也。”（案：《十洲记》，《隋书经籍志》题汉东方朔著，不可信。胡氏《考异》谓三国以后人，差是。疑东晋时书。）

（26）《太平御览》卷二百一十职官部八，引《世说》曰：“崇礼闼在东掖门内路西，即尚书省崇礼门。东建礼门内，即是尚书令下舍之门。”（案：今本《世说》无此条，不悉引自何书。）

（27）《晋书》卷二十七五行：“（惠帝）永兴二年七月甲午，尚书诸曹火起，延崇礼闼及阁道。"

（28）《南史》卷四十八陆澄："……（王）俭尝问澄曰：崇礼门有鼓而未尝鸣，其义安在？答曰：江左草创，崇礼闼皆是茅茨，故设鼓，有火则叩以集众，相传至今。"

由上引史料，可以清楚看到：尚书省分上省和下省，各有自己的门名。"崇礼"始自西晋，而"建礼"则东汉已有之。在建康台城，上省在东掖门（刘宋始辟）之西，下省在门东，隔路以阁道相连。但是阁道之制，西晋已有，见引文（27）。管理尚书台内事务的，是尚书左右丞。因此，御史台官员依例不入下省；但特殊情况，可由左丞作主同意，见引文（21）。上省下省，内部又各自按令、仆、诸曹分省，如令省（《南史》卷二十谢瀹）、仆射省（《南史》卷三十一张稷、卷二十七殷景仁等）、都官省（见引文15）：如果八座（一令、二仆、五曹）各自为省，则应为八省。如引文（24）例，左户曹内尚有"晋籍"即东晋文书档案保存处。又，尚书省保存"故事"，亦为档案。按当时的尚书台，除八座外，尚有郎（侍郎、郎、主郎曹事。尚书郎，魏置二十五曹，晋武帝时至三十六曹，东晋省为十五曹，南朝数在二十上下）、令史（有都令史、令史、书令史）、主书（每曹二人）等。加上门生（随从，人数按级别有规定差别）、驺卒、甲仗之类，在宫城内形成人员众多的公务兼居住区。这是魏晋南北朝阶段的特殊制度。完全看不出周礼的影响。用周礼来解释中国古代历史一切阶段的宫室制度，往往不得要领，因为这是不符合历史实际的。但是上述制度似已完全被后人遗忘，据所知，迄今尚无专文论及此事。特表而出之，以引起学界注意。

三、太极殿及东西堂区

太极殿是举行隆重典礼之处，建筑形体巍峨宏大，但使用效率不高，经常空闲无用。反而两翼的东西堂，作为皇帝论政、宴宾、延见、起居之处，使用比较频繁。太极殿区，还应包括中书省和门下（侍中）省：整区属于"禁省"范围，但是和后宫内殿有区别，以阁门为界，入内始进入皇帝的后宫生活区。

（29）《景定建康志》卷二十一引旧志云："太极殿，建康宫内正殿也。晋初造。以十二间象十二月，至梁武帝改制十三间，象闰焉。高八丈，长二十七丈，广十丈，内外并以锦石为砌。次东有太极殿东堂，七间。次西有太极西堂七间，亦以锦石为砌。更有东西二上阁，在堂殿之间。方庭阔六十亩。"

（30）《晋书》卷二十一礼下元会仪："咸宁（武帝年号）注：先正一日，有司各宿设。夜漏未尽十刻，君臣集到，庭燎起火。上贺，起，谒报，又贺皇后。还，从云龙、东中华门入，诣东阁下，便坐。漏未尽七刻……其陛卫者如临轩仪。漏未尽五刻，谒者、仆射、大鸿胪各奏群臣就位定。漏尽，侍中奏外办。皇帝出，钟鼓作，百官皆拜伏……"

（31）《宋书》卷十四礼："凡遣大使，拜皇后、三公，及冠皇太子，及拜蕃王，帝皆临轩。其仪……虎贲中郎将、羽林监分陛端门内。侍御史，谒者各一人监端门。廷尉监平分陛东、西中华门。漏上三刻，殿中侍御史奏开殿之殿门、南止车门、宣阳城门……漏上四刻，侍中奏：外办。皇帝服衮冕之服，升太极殿，临轩南面。"

（32）《酉阳杂俎》卷一："梁正旦，使北使乘车至阙下，入端门。其门上层题曰朱明观。次曰应门，门下有一大昼鼓。次曰太阳门，左有高楼，悬一大钟，门右有朝堂。门辟，左右亦有二大昼鼓。北使入门，击钟磬，至马道北、悬钟内道西北立。引其宣城王等数人后入，击磬，道东北面立。其钟悬外东西厢，皆有陛臣。马道南、近道东有茄昆仑客，道西近道有高句丽、百济客，及其升殿之官三千许人。位定，梁主从东堂中出，云斋在外宿，故不由上阁来，击钟鼓，乘舆警跸，侍从升东陛，南面幄内坐……坐定，梁诸臣从西门入。"

以上是关于太极殿庭的情况。（32）条所述，为北使入觐梁主参加正旦大会的目击状况。案梁宣城王，乃当时太子萧纲长子大器，封于中大通四年（532年），则上述正旦元会当在是年之后，则北使可能为东魏使。文中谓端门上层题曰"朱明观"，朱明乃邺南城南面中门名。台城史料绝不见此：疑东魏人以邺南城制度比附误言之。然亦不能谓其绝无可能。姑存疑。

（33）《南史》卷十四元凶劭："……明旦，劭以朱服加戎服上，乘画轮车，与萧斌同载，卫从如常入朝仪，从万春门入。旧制，东宫队不得入城，劭语门卫云：受诏有所收讨。令后速来，张超之等数十人驰入云龙东中华门。及斋阁，拔刃径上合殿……始文帝未崩前一日甲夜，太史奏：东方有急兵，其祸不测，宜列万人兵于太极前殿，可以销灾。"

（34）《南史》卷五齐本纪废帝郁林王："……鸾（即齐明帝，时为尚书令，住尚书省）虑变，先使萧谌、坦之等于省诛曹道刚、朱隆之等，率兵自尚书省入云龙门，戎服加朱衣于上……帝在寿昌殿……令阉人登兴光楼望，还报云：见一人戎服，从数百人，急装，在西钟楼下。"

以上是两次宫廷政变的记述。台城东门为万春门，即东晋东掖门。门外跨路即太子东宫，东宫西门奉化门，与之相对。劭入云龙门，即太极殿庭东门，入阁必由殿庭，故先进云龙门。太史所奏云云虽不可信，但列兵太极殿前则可阻止叛军，亦可见叛军所经由路线，较然分明。萧鸾弑帝，亦由云龙门入，因尚书省在太极殿区之东。兴光楼，齐武帝所立，在后宫而可俯视太极殿廷，则太极殿后即为后宫区亦可想见。殿廷西钟，西晋亦如此。西晋时，赵王伦入宫废贾后，弑贾谧于西钟下，即此。殿廷尚有中书、门下二省，疑（32）北使所见太阳门前左右朝堂，实即中书、门下省所在。

（35）《南史》卷七十七恩倖 [篇首]："……至如中书所司，掌在机务。汉元以令、仆用事，魏明以监、令专权，在晋中朝，常为重寄……于时舍人之任，位居九品，江左置通事郎，管司诏诰，其后郎还为侍郎，而舍人亦称通事……建武世，诏命始不关中书，专出舍人。省内舍人四人，所直四省，其下有主书令史，旧用武官，宋改文吏，人数无员，莫非左右要密。天下文簿版籍，入副其省，万机严密，有如尚书外司。"

这是李延寿《南史》中关于中书权力扩张的过程的一段描述。自魏置中书监，中书成为皇帝喉舌或代言人，专掌诏命，身份比尚书更为近密，不但居宫中，且在禁中，南齐时，置中书舍人四人，号称四户，权倾天下，凌驾于尚书之上。尚书则日益成长为执行机构而非决策机构。因此，在中书省也集中了全国政务档案……如已成为"外司"的尚书台那样。这就是尚书最后被排斥出宫外，成为"外朝"的前提。中书和以侍中为首的门下省，都在太极殿区内。但两省官员所住的下省，都在禁外。

（36）《南史》卷二十七殷景仁："元嘉三年，车驾征谢晦，司徒王弘入居中书下省，景仁长直（时为侍中，左卫将军），共掌留任。"

（37）《南史》卷十五傅亮："永初元年……入直中书省，专典诏命。以亮任总国权，听于省见客。神兽门外，每旦车常数百两。"（神兽门原为神虎门，以避唐讳改，与云龙门对，为太极殿庭东西侧门。入中书先入神兽门。故候见傅亮者皆驻车神兽门外。中书省当在西侧。）

（38）《南史》卷四十四竟陵王子良，"……大行（齐武帝）出太极殿，子良居中书省。帝（郁林王）使虎贲中郎将潘敞二百人仗，屯太极西陛之下。成服后，诸王皆出，子良乞停至山陵，不许"。（郁林王对其叔子良猜疑，故屯兵太极殿西以防备之。时子良居中书省。此又可见中书省在殿庭西侧。）

（39）《南史》卷二十一王融："……（齐）武帝病笃暂绝，子良在殿内，太孙（即郁林王）未入，融（时为中书郎）戎服绛衫，于中书省阁口断东宫仗不得进，欲矫诏立子良。……太学生会稽魏准……既欲奉子良，而准鼓成其事……及融诛，召准入舍人省诘问，遂惧而死，举体皆青，时人以准胆破。"（王融于中书省阁门口断东宫仗，时皇太孙欲入内里，经由太极殿庭，如皇太孙由东侧云龙门入，而中书在西，省阁何能挡路？故疑为中书下省阁口，则在云龙门外。）

（40）《南史》卷十三江夏王义恭："……孝武入讨，劭疑义恭有异志，使入住尚书下省。分诸子并住神兽门外侍中下省"。（侍中下省，即门下下省。位太极殿区之西。）

（41）《南史》卷七十七吕文显："……永明元年，为中书通事舍人……与茹法亮等迭出入为舍人，并见亲幸……时中书舍人四人各住一省，世谓之四户。既总重权，势倾天下。"（中书省内舍人四人各据一区，谓之舍人省（见（39））,共有四舍人省。）

（42）《南史》卷二十六袁粲："……时齐高帝入屯朝堂,彦节从父弟领军将军（刘）韫入直门下省,卜伯兴为直阁"。

（43）《南史》卷三十四周弘正："……元帝手书与弘正,仍遣使迎之……授黄门侍郎,直侍中省。"（此为元帝江陵宫,元帝都江陵,改置禁省。）

以上为中书省及中书下省、门下省（侍中省）、以及侍中下省等见于史籍之例。太极殿庭、中书在西,则门下宜在东；下省则侍中在神兽门外（40）,则中书宜在东,与散骑为邻。见下。

（44）《南齐书》卷十六百官："……晋世以来,谓领、护至骁、游为六军……自二卫、四军、五校已下,谓之西省,而散骑为东省"。

（45）《世说新语》上之下,注引《续晋阳秋》曰："……（顾恺之）为散骑常侍,与谢瞻连省（瞻时为中书郎,宿中书下省）,夜与月下长詠,自云得先贤风致。瞻每遥赞之。恺之得此,弥自力忘倦。瞻将眠,语捶脚人令代,恺之不觉有异,遂几申旦而后止。"

散骑亦为近侍,散骑省（梁代称为集书省）称东省,以其在太极殿之东,而与中书下省相邻。（18）所说"邻省"当即散骑省。与散骑为邻,尚有下例佐证。

（46）《南史》卷十四武昌王浑："……元凶弑立,以为中书令。山陵夕,裸身露头往散骑省戏。"

《世说新语》上之上："桓玄既篡位,将改置直馆,问左右：虎贲中郎省,应在何处？有人答曰：无省。当时殊忤旨。问：何以知无？答曰：潘岳秋兴赋叙曰：余兼虎贲中郎将,寓直散骑之省。"（西晋事,东晋可能亦然。）

四、后宫内殿及华林园等

依史料所见，后宫内殿，似有四类：皇帝寝殿、皇后寝殿、便殿、太后殿。帝后寝殿皆三殿一组。皇帝寝殿，以齐世言，中为延昌殿，东为正福殿，西为璿仪殿。帝寝之后为后寝，中为显阳殿，东为含章殿，西为徽音殿。中殿当为七间或九间，东西为五间殿。《南齐书》卷十九："永元二年八月，宫内火，烧西斋璿仪殿及昭阳、显阳等殿，北至华林墙，西及秘阁，凡屋三千余间……"故知帝寝、后寝之北即为华林园。

帝寝，后寝之两侧，则便殿所在，名目甚多，为宴居，伎乐、谈论、妃嫔所处。

魏文帝迁洛，于宫东北筑芳林园，起景阳山于园西北，园外有天渊池与园内池沼相通。后避曹芳讳，改为华林园。历西晋、东晋及南朝均沿用此名。乃至北魏洛阳宫北、东魏邺南城外，亦有华林园，成为当时帝王苑囿通称。

台城内华林园，建于东晋，孝武帝时起清暑殿，为园内主殿。至宋文帝时更筑景阳山，起景阳楼。园内复有天渊池，亦沿用洛阳旧名，楼观堂阁点缀其间。引玄武湖水入台城，潴而成池，枝渠分流，周行殿阶，然后由东、西掖门出注城堑。其门有凤妆（齐明帝时以避讳改为望贤）、宣光、徽明、鸾饰等。设令丞以掌园事，隶光禄勋。

以天渊池、景阳山为主景。山之东阿南麓有重云、光严、五明诸殿。清暑殿在园西。又有阅武堂、听讼堂，又有宴殿、凤光殿、华光殿、曜灵殿、芳香琴堂等。通天观则为天文观测处。梁置浑天象于文德殿前，浑天仪于华林园重云殿前。华林园又是天文研究中心，何承天、祖冲之等大科学家均曾在园中工作。

台城中除上述殿舍外，尚有秘书省、永福省（太子未冠所居）以及称为省的文德殿、寿光殿、永寿殿等有侍臣庐舍的内殿。此外，又有车府、暴室、太仓、武库、太官、总章观、仓厩、廷尉、左卫等机构之房舍。所以，台城是一处涉及范围甚广，内容复杂的综合体，而以帝后生活和政务机构为核心的宫廷。

五、台城的城垣壕堑及与建康城的关系

（48）《建康实录》卷七成帝五年九月引《舆地志》："都城周二十里一十九步，本吴旧址，晋江左所筑，但有宣阳门。至成帝作新宫，始修城开陵阳等五门，与宣阳为六，今谓六门也。南面三门，最西曰陵阳门，后改名为广阳门，门内有右尚方，世谓之尚方门。次正中宣阳门，本吴所开，对苑城内，世谓之白门，晋为宣阳门，门三道，上起重楼悬楣，上刻木为龙虎相对，皆绣栭藻井。南对朱雀门，相去五里余，名为御道，开御沟，植槐柳。次最东开阳门。东面最南清明门，门三道，对今湘宫巷，门东出青溪港桥。正东面建春门，后改为建阳门，门三道，尚书下舍在此门内，直东今兴业寺后，东度青溪菰首桥……正西面西明门，门三道，东对建春门，即宫城大司马门前横街也。正北面用宫城，无别门。"

（49）《建康实录》卷七成帝七年冬十一月，注引《修宫苑记》："建康宫五门，南在正中大司马门，世所谓章门，拜章者伏于此门待报。南对宣阳门，相去二里，夹道开御沟，植槐柳，世或名为阙门。南面近东阊阖门，后改为南掖门，门三道，世谓之天门，南直兰宫西大路，出都城开阳门。正东面东掖门，正北平昌门，门上有爵络，世谓之冠爵门，南对南掖门……其西掖门外南偏突出一丈许，长数十丈地。时百度多阙，但用茆苫。议以除官身各出钱二千，充修宫城用。"

（50）《建康实录》卷九孝武帝太元三年七月注引《苑城记》："城外堑内并种橘树，其宫墙内则种石榴，其殿庭及三台三省悉列种槐树，其宫南夹路出朱雀门，悉垂杨与槐也。"

（51）《建康实录》卷二：（吴）"赤乌四年冬十一月，诏凿东渠，名青溪，通城北堑潮沟。许嵩注："潮沟亦帝所开，以引江潮，其旧迹在天宝寺后、长寿寺前。东发青溪，西行经都古承明、广莫、大夏等三门外，西极都城墙，对今归善寺西南角，南出经阊阖、西明等二门，接运渎，在西州之东南流入秦淮。其北又开一渎，在归善寺东，经栖玄寺门，北至后湖，以引湖水，至今俗为运渎。其实古城西南行者是运渎，自归善寺门前东出至青溪者，名曰潮沟。"

（52）《宋书》卷七十八刘延孙："征延孙为侍中，尚书左仆射，领护军将军。延孙病不任拜起，上使于五城受封版，乘船自青溪至平昌门，仍入尚书下舍。"

（53）《太平御览》卷一百九十七"藩篱"引《南朝宫苑记》曰："建康篱门旧南北两岸篱门五十六所，盖京邑之郊门也。如长安东都门亦周之郊门。江左初立，并用篱为之，故曰篱门。南篱门在国门西；三桥篱门在今光宅寺侧；东篱门本名肇建篱门，在古肇建市之东，北篱门今覆舟东头玄武湖东南角今见有亭名篱门亭，西篱门在石头城东，护军府在西篱门外路北；白杨篱门外有石井篱门。"

综上所述，可知：（一）台城北垣与建康城北垣合，见引文（48），这种都城与宫城北垣相重合，是邺城开始的规划特点，我们称之为邺城体系。六朝之后，隋唐长安、洛阳，亦循此制。（二）城北垣临河道，即潮沟，通青溪，可乘船达北垣各门。见引文（52），这一点非常重要。明白了此点，则许多误解不辩自明，如所谓"台城在今鸡鸣寺北"之说，绝无可能。

文献只能指出大致位置，确切定位，应当依据考古发掘。六朝建康城（包括台城）均在今南京闹市区，近年工程频繁，应有机会接触六朝地层。但如稍不注意，顷刻间即可能穿透掘毁六朝地层，使之杳无踪影。西安、洛阳这些古都所在，基建中规定必须清理基础所在地层，经考古发掘之后始能进行；如有重要发现，则须考虑另外择址。广州发现的秦代造船址和南越宫署御苑遗址，正在市中心，已全面保护，建立博物馆。南京如果重视六朝古都遗址，应学习其他古都，立法先考古发掘，再进行建设。今拟用《建筑师》第54期上拙作《六朝建康》一文的附图三幅，及《中国建筑史》47页"东晋南朝建康平南想象图"一幅（沿用朱偰说之一例）供作参考比较（图6～图8、图52）。

六、石城辩

南京城西清凉山西北，有一处天然山崖与明代城垣相连，俗称"鬼脸城"。近处有江苏省人民政府立的文物保护单位标志牌，说这里是"石头城"，建于东汉建安十七年（212年）云。根据历史记载，建安十六年，孙权自京口（今镇江）徙治秣陵。建安十七年"城金陵邑地，号石头。改秣陵为建业。"这就是在此设置"石头城"标志的来历。1999年5月23日报载"鬼脸城处考古发现了六朝时期的城垣遗迹，于是认为"石头城有迹可寻了"。

"鬼脸城"处的六朝时期的城垣遗迹是不是"石头城"？这确实是个问题。因为石头城自古是军事必争之地，它附近沿江有山岗连绵，历史上曾修筑过营垒。例如，梁朝末年侯景占据建康，拒王僧辩、陈霸先的来攻。"侯景登石头、望官军之盛不悦……乃使卢晖略守石头，自于石头城北筑数垒，而据高岭以拒霸先。"石头城首先是军事要塞、屯兵囤粮之处，其次又是商旅泊舟处。当时政府在此设"石头津"以检察商旅、抽什一之税。《隋书》食货志综述隋以前各朝的经济贸易情况说："晋自过江，凡货卖奴婢马牛田宅，有文券。率钱一万，输估四百入官……无文券者，随物所堪，亦百分收回，名为散估。历朱齐梁陈，如此以为常。以此人竞商贩。不为田业……又都西有石头津。东有方山津，各置津主一人，贼曹一人，直水五人，以检察禁物及亡叛者。其获炭鱼薪之过津者，并十分税一，以入官。其东路无禁货，故方山津检察甚简。淮北有大市百余，小市十余所。大市备官司，税敛既重，时甚苦之。"

津是水路运输检察收税之所，商旅在此过津停泊候检，为数甚多。江涛风浪，也可在此暂避。有时大风浪成灾。江水浸入石头城，历史记载谓之"涛入石头"。《晋书》所记东晋一百余年中有七次。其中元兴三年（4年）的一次："其明年（安帝元兴三年）二月庚寅夜，雨水入石头，商旅方舟万计，漂败流断，骸胔相望。江左虽屡有涛变未有若斯之甚。"

一次风涛漂败很多舟船，浮尸无数，可以想见"方舟万计"的繁盛情景。而石头城濒临江岸滩地，风浪大时，涛水涌入城内也可想见。

石头城的地形地貌，由齐末陈初侯安部攻打石头城的历史故事，可进一步得知。《陈书》列传二侯安都传记云："高祖（陈霸先）谋袭王僧辩，诸将莫有知者，唯与安都定计。乃使安都率水军自京口（今镇江）趋石头，高祖自率马步从江乘罗落会之。安都至石头北，奔舟登岸。僧辩弗之觉也。石头城北接岗阜，雉堞不甚危峻，安部被甲带长刀，军人捧之投于女垣内。众随之而入。进逼僧辩卧室。高祖大军亦至，与僧辩战于听事前、安都自内阖出腹背击之，遂擒僧辩。"

王僧辩和陈霸先都是梁元帝派来消灭侯景、收复建康的大将。王僧辩是主帅，派陈霸先驻屯京口。不久梁元帝在江陵被西魏俘杀，王陈因迎立何人继承帝位产生矛盾，导致陈霸先决策消灭王僧辩而奇袭得手，决定了此后陈朝的奠立和梁朝的终结，是一次决定性的战事。

这里描写的石头城相当真实具体，值得分析。首先，侯安都是率水军由京口通达石头城，"至石头北，弃舟登岸。"说明石头城北有河道可以通江。而石头城的北侧城墙"不甚高峻"。雉堞又叫"女墙"，是城上用以避箭并有间隙以窥射外敌的构造。此处不高，所以侯安都虽"被甲带长刀"可以由军卒们"捧而投于女垣"内侧。王僧辩没有提防陈霸先的偷袭，更没有警戒来自背后北侧的攻击，所以当与南侧正面攻入的陈霸先所率士卒战斗时，对侯安部自背后出现猝不及防，腹背受敌。陈有备而来，王则仓促应战，导致失败，结果为陈"缢而斩之"。三十多年之后，王僧辩的儿子王颁，随隋军攻灭陈朝而至江南，掘开陈霸先的陵墓焚骨扬灰以报父仇。隋文帝义之竟"舍而不问"。

石头城轮广范围七里一百步，北侧有河道可以通江，且依岗阜，应是缓坡地貌，不是悬崖峭壁如今之"鬼脸城"者。按史书描写的石头城，应是今汉中门北南京中医学院校区所在土岗，北侧为乌龙潭狭长水池，以闸泄水。汉中门明代本名石城门，当依其近石头城或竟为石头城址的一部分（城之南门至秦淮河入江口）而得名。南唐筑金陵城，秦淮水入江处已有改变，明代筑城，石头城区更有较大变化。千年来江岸北移，石头城滨江要塞的形势已不复存。我们今天只能从历史记载中追摹当日情景。

又，刘宋末年皇帝（后追改为苍梧王）被大将萧道成派去的心腹刺死，萧道成扶立年幼的皇弟安成王为傀儡皇帝，自己掌握大权，引起朝中大臣不满和地方实力派的反叛。地方实力派以荆州刺史沈攸之的起兵来袭是最大威胁，此时朝中大臣以袁粲为首乘机据石头城，也谋划起兵响应。但是机密泄露丹阳丞王逊告变，萧道成先下手为强。萧道成入驻朝堂，除去袁党刘韫、卜伯兴。派人去石头城攻打袁粲、刘秉。其中戴僧静和苏烈是萧道成安插在袁粲身旁的心腹。

《南齐书》卷三十戴僧静传云："沈攸之事起，太祖入朝堂，僧静为军主（一军主统500人，相当营长），从袁粲据石头。太祖遣僧静将腹心先至石头，时苏烈据仓城，僧静射书与烈，夜缒入城。粲登城西南门，列烛处分，台军至，射之，火乃灭，回登东门……僧静率力攻仓门，身先士卒，僧静手斩粲，于是外。军烧门入。"

同书薛渊传述此役经过云："沈攸之难起，太祖入朝堂，豫章王嶷代守东府，使渊领军屯司徒左府，分备京邑。袁粲据石头，豫章王嶷夜登（东府）西门遥呼渊，渊惊起，率军赴难，先至石头焚门攻战。事平，明旦众军还集杜姥宅，街路皆满，宫门不开。太祖登南掖门楼处分众军各还本顿。至食后，宫城门开，渊方得入见太祖，且喜且泣。"这里也提到焚门攻战。

另一名萧道成的心腹亲信纪僧真也经历此事，《南史》卷七十七纪僧真传云："高帝（萧道成）坐东府高楼望石头城，僧真在侧。上曰：'诸将劝我诛表、刘，我意未愿便尔。'及沈攸之事起，高帝入朝堂。石头反夜，高帝遣众军掩讨。宫城中望石头火光及叫声甚盛，人怀不测。僧真谓众曰叫声不绝，是必官军所攻。火光起者，贼不容自烧其城，此必官军胜也。寻而启石头平。"

以上有关记载，都提到焚门攻战之事，提到宫中（即台城）可以望见火光，听见喊声。

固然，夜阑人静，声音可以传远，而如有高大山岭遮蔽火光则不可能看见。鬼脸城处清凉山的西北方，为清凉山屏蔽，如果火光自鬼脸城发出，宫城中不可能看见。因此，宫城即台城与石头城的位置关系也应弄清楚。

笔者在《台城辩》（《文物》1999 年第 5 期）一文中说明六朝台城不可能在鸡鸣寺之北山地上。究竟应在何处呢？台城前有御街，自大司马门南出达宣阳门（二里），再南达朱雀门和朱雀航（五里余）。《建康实录》记载了"今县"和御街的关系。而"今县"就是唐代的江宁县（唐上元二年改为上元县则《实录》所不及载）。

《建康实录》开始的一段里说："晋永嘉中，王敦始为建康，创立州城，今江宁县城，所置在其西偏，其西即吴时冶城，东则运渎，吴大帝所开，今西州桥水是也。"以此为基点，根据《实录》所载里距，即可以推算。《实录》卷十九："中堂在宣阳门内路西，今县城东一里二百步。"按六朝尺度，御街距县约 850 ～ 900 米。又，《实录》卷八："彭城敬王造彭城寺，在今县东南三里，西大门临古御街。"以此推算寺距县约 920 米，在御街东。如六朝时之御街与南唐的御街指向相仿（均指向牛首山，即北偏东 18°），则二者大致重合。宣阳门址约在今内桥处，而大司马门址约在今中山东路市体育馆附近。建康台城是有角楼的，故前文所说由宫中眺望石头，有可能在西南角楼处。则距我们上文分析的石头城更近一些了，历史记载的可能性更进一步得到验证。而"鬼脸城"处如为"石头城"，这些记载均无法说通。

当然，归根结蒂，要由考古发掘来证明。文献研究，应指出大致范围，而不应给以误导以致错失时机，或误入歧途。我认为，"鬼脸城"不可能是"石头城"，其理由已如上文所述。

石头城，据顾野王（陈）《舆地志》："石头山环七里一百步。"有东西南北四门，各有城楼。城内又有仓城，有烽火楼，在城西南最高处，又有入汉楼，在石头城南，并有廨舍营房等。规模甚为宏大开扩。隋灭陈之后，宫城（台城）下令荡平耕种，而石头城则予以保存，并设立蒋州于此。而扬州则由建康改至广陵，也就是今天的扬州了。

七、论邺城制度

邺城制度是中国都城史上一段非常重要的历史时期。约自三国曹魏都邺城始，迄于唐末后梁（朱全忠）（后梁，907—923年）以汴州为东京止，延续约七百年，其间经历曹魏、西晋、东晋、宋、齐、梁、陈、隋、唐十朝都城的建置制度；并且影响北魏（拓跋氏）、东魏、北齐和周边国家如渤海国等，特别是日本的藤原京、长冈京、平城京、平安京等一系列都城建设，也均在邺城制度范围之内。当然，邺城制度本身也随中央政权的变化而有所发展变化，但基本特点不变。这在东亚建筑文化历史上是卓然屹立的一座丰碑，应大书特书。

一、邺城制度的建立

邺城在汉代是冀州下属的邺郡郡治所在。东汉末年，群雄割据，此处原为袁绍的根据地。建安元年（196年），曹操用荀彧之谋，迎天子都许，确立"挟天子以令诸侯"的地位，这时，曹操的职位是：费亭侯、司隶校尉、录尚书事，掌握了实际政权。曹操原来自任大将军，位在三公之上，以袁绍为太尉。袁绍怒班在曹操之下，表辞不受，操惧，请以大将军位让绍，但掌握实权的"录尚书事"绝不让出。于是建安二年（197年）三月，诏将作大匠孔融持节拜袁绍为大将军兼督冀青幽并四州，以实袁绍之心。

建安三年（198年），郭嘉为曹操设谋，乘袁绍北攻公孙瓒之机先剪除袁氏的分枝地方势力吕布。吕布既除，曹操于是攻袁绍。建安四年（199年），官渡之战，操先后击破袁绍的运粮军将韩猛、淳于琼等，袁绍大败，但仍然固守四州：长子袁谭为青州刺史，中子袁熙为幽州刺史，外甥高干为并州刺史，绍幼子袁尚为冀州刺史、镇邺。尚、谭争位不和，众人劝曹操乘势攻之，郭嘉欲劝操南攻刘表，坐视谭尚自相残杀。

建安九年（204年）七月，曹操渡河围邺，时袁尚攻袁谭于平原，乃回师救邺。曹破之，入据邺城。九月，以操为冀州牧，驻邺。于是曹操开始经营邺城，以为魏之本国，领十郡之地。

建安十八年（213 年）五月，以冀州十郡封曹操为魏公，以丞相领冀州牧如故，又加九锡……

建安十九年（214 年）三月，诏魏公操位在诸王侯上，改授金玺赤绂、远游冠。只差皇帝一步了。

自曹操入邺后，开始改造经营邺城。如建安十三年（208 年）曹操还邺作玄武苑玄武池以肆舟师，建安十五年（210 年）作铜雀三台。而邺城虽轮廓不变，内部颇多改造，已显现邺城制度的基本特点。即以城东建春门至城西金明门之间的东西干道，划全城为南北两部。北部为宫城，含大朝（文昌殿区）和常朝（听政殿区）二者。

西汉的汉武帝时，为加强皇权，重用近侍，把本来由丞相、御史大夫承担的政权收归尚书或中书，而由以大将军为首的宫内官员（包含中书或尚书）处理政务。于是形成中朝和外朝两套班子。《文选》李善注："中朝，内朝也。汉氏大司马、侍中、散骑诸吏为中朝，丞相六百石以下为外朝也。"话虽简单，但却道出中外朝的区别，在于宫内和宫外两套政权班子。东汉时期，内朝尚书台称为国家政务的中枢，事实上的中央政府。《后汉书·仲长统传》云："光武皇帝愠数世之失权，忿强臣之窃命，矫枉过直，政不任下，虽置三公，事归台阁（台阁谓尚书也）。自此以来，三公之职，备员而已。"

东汉时，大将军的权势超过丞相，在于有"领（录）尚书事"的职衔，掌握了实权。如梁冀、窦宪等，权势远在外朝三公之上。建安元年（196 年），杨奉表曹操领司隶校尉、录尚书事，曹操由此开始掌握政权。同年，献帝迁都许昌，诏操为大将军，封武平侯，袁绍为太尉（三公之一），封邺侯。后操虽惧绍之怒，以大将军让绍，但仍保留"录尚书事"，盖实权所在，绝不可让。理解东汉时期的政治形势，就能理解曹操的邺城宫室，何以要突出实际的中央政府尚书台和议事场所听政殿（即常朝），盖此实为中央权力运作的真正所在。而以常朝与礼仪性的大朝文昌殿在宫内并列，是邺城宫殿区的一大创举。

所谓周礼三朝之制，秦汉以来迄东汉为止，从未实行过，但是儒者常以周礼附会强为之解说，以致混淆不清，是应首先加以分辨的。

总括来说，邺城制度的要点是：1. 宫前东西横街直通东西城门，划全城为二，宫城在北且与北城垣合，坊里、衙署、市在南；2. 礼仪性的大朝与日常政务的常朝在宫内并列；形成两组宫殿群，各有出入口；大朝区为文昌殿阊阖门；常朝区为听政殿司马门；3. 大朝门前形成御街，直抵南城门。在邺城，为南城垣中央的中阳门。

二、洛阳的改建

曹操南征关羽，自摩陂还洛阳。建安二十五年（220年）初病死。传位太子丕，继任丞相、魏王。同年，曹丕以禅让形式取代汉朝，建立魏朝。魏文帝曹丕迁都洛阳，其子魏明帝曹叡对战国以来的洛阳城进行了彻底改建。规模巨大，以致皇帝躬自挖土以为表率。

《魏书》卷二十五高堂隆传：

"（明）帝愈增崇宫殿，雕饰观阁，凿太行之石英，采谷城之文石，起景阳山于芳林之园，建昭阳殿于太极之北。铸作黄龙凤皇奇伟之兽，饰金墉陵云台陵霄阙。百役繁兴，作者万数，公卿以下至于学生，莫不展力，帝乃躬自掘土以率之。"

魏青龙三年（235年），建立太极殿和东西堂，宫门阊阖门与司马门（即大司马门）骈列。阊阖门前列二铜驼，向南形成御街名曰铜驼街，通向宣阳门。大司马门内为尚书台和朝堂，常朝议事之所；阊阖门内为太极殿和东西堂，则是大朝。

魏明帝修治洛阳宫，受到晋代和后世的讥评贬低。如《晋书》卷一宣帝（司马懿）纪云：

"初，魏明帝好修宫室，制度靡丽，百姓苦之。帝自辽东还，役者犹万余人，雕玩之物动以千计。至是皆奏罢之……"

文帝（司马昭）纪云：

"值魏明奢侈之后，帝蠲除苛碎，不夺农时，百姓大悦。"

但这些其实都是司马氏篡夺曹氏在政治上的有意歪曲贬低之词。

甚至到了北魏再建洛阳时，孝文帝还说："魏明以奢失于前，朕何为袭之于后？"不过，话虽含讥，晋代却一直沿用着魏明帝所建的宫室。晋惠帝时，武帝后父杨骏执政，惠帝贾后欲夺权。

"时骏居曹爽故府，在武库南，闻内有变，召众官议之。太傅主簿朱振说骏曰：今内有变，其趣可知，必是阉竖为贾后设谋，不利于公。宜烧云龙门以示威，索造事者首，开万春门，引东宫及外营兵……骏素怯懦，不决，乃曰：'魏明帝造此大功，奈何烧之！'"

这就证明，魏明帝所造的洛阳宫一直用到晋惠帝八王之乱开始之时，毁于八王之乱及其后匈奴族刘曜、石勒的占领。

敦煌人索靖，有先识远量，知天下将乱，尝指洛阳宫门铜驼，叹曰："会见汝在荆棘中耳！"

魏明帝之后，汉的南北宫不见于史，而成为魏晋洛阳宫了。依晋代礼官之皇帝丧礼仪，如卞榷安梓宫议：

"晋尚书问：今大行崩含章殿，安梓宫宜在何殿？博士卞榷、杨雍议曰：臣子尊其君父，必居之以正，所以尽孝敬之心，今太极殿，古之路寝，梓宫宜在太极殿，依周人殡于西阶。"

对宗室、大臣的丧礼，挚虞决疑注（《通典》卷八十一·礼四十一）云：

"国家为同姓王、公、妃、主发哀于东堂，为异姓公、侯、都督发哀于朝堂。"

又：

"至尊为内族于东堂举哀，则三省从临，为外族及大臣于朝堂举哀，则八座丞郎从临。"

这里可见：皇帝、皇族、异姓公侯大臣的棺柩殡置致哀和送柩出葬的地点和路线是大有尊卑、内外之别的。又如：

《晋书》卷三十七安平献王孚（司马懿之弟）：

"泰始八年薨，时年九十三。帝于太极东堂举哀三日。"

《晋书》卷三十四，羊祜：

"寻卒，时年五十八……祜丧既引，帝（司马昭，时尚为魏朝）于大司马门南临送。"

《晋书》卷三十五，列传五，陈骞：

"元康二年薨，年八十一……及葬，帝于大司马门临丧，望柩流涕。"

《晋书》卷三十三，何曾："……咸宁四年薨，时年八十，帝于朝堂素服举哀……"

同上，郑冲："明年（泰始九年次年）薨，帝于朝堂发哀……"

同上，石苞："泰始八年薨。帝发哀于朝堂……车驾临送于东掖门外。"以上，除司马孚为同姓王公，于太极东堂发哀外，其余均异姓大臣，在朝堂发哀，柩出朝堂南之大司马门或出宫东侧之东掖门。晋礼不仅西晋东晋执行，而且自刘宋开始的南朝也仍然执行。

洛阳宫城内部情况，《晋书》卷五十九赵王伦传云：

"……自义兵之起……（孙）秀知众怒难犯，不敢出省（中书省，时孙秀为中书监）……义阳王威劝秀至尚书省，与八座议征战之备，秀从之……内外诸军悉欲劫杀秀。威惧，自崇礼闼（尚书省门）走还下舍（中书下舍，威时为中书令，与孙秀俱为赵王伦党羽）。"

又，《晋书》卷二十七五行上：

"（惠帝）永兴二年（305年）七月甲午，尚书诸曹火起，延崇礼闼及阁道。"以上可知，西晋尚书省在宫内，省门名"崇礼"，有阁道，和东晋台城内尚书上省一致。东晋台城的尚书上省，因朝廷礼仪制度及台内管理制度与西晋基本一致，因而位置区划名称也沿袭西晋制度，只是在建立初期材质较差。

魏晋时壮丽的洛阳宫，因愚钝的惠帝在位当政，引起宫掖之变，以贾后及其弟贾谧杀害晋武帝杨后及后弟杨骏为始，接着便是更大的八王之乱的自相残杀，引致当时移居境内的少数民族乘虚而入。首先是匈奴族的刘元海，以晋惠帝元兴元年据离石建汉国，遣其子刘聪、族子刘曜与王弥寇洛阳。《晋书》卷一百二载纪第二刘聪：

"……王弥、刘曜至，复与晏会围洛阳。时城内饥甚，人皆相食，百官分散，莫有固志。宣阳门陷，弥、晏入于南宫，升太极前殿、纵兵大掠，悉收宫人、珍宝……迁帝（时为怀帝）及惠帝羊后、传国六玺于平阳 [永嘉二年（307年），刘元海迁都此]……"

西晋末年，洛阳残破，惠帝曾被劫持往长安，后返洛阳，未几死（307年）；怀帝为刘曜、王弥劫持去平阳，313年死于平阳；愍帝自洛阳倾覆，避难至长安，318年死于平阳，西晋亡。

三、东晋建康台城

316年，司马睿称晋王于建康（避愍帝讳邺，改建邺为建康），东晋开始。营建孙吴时太初宫旧址为宫。依仿西晋洛阳旧制，立太极殿及东西堂，骈列尚书台朝堂。不过初期营建的材质草率。至萧齐时期，王俭尝问陆澄曰："崇礼门有鼓而未尝鸣，其义安在？

答曰：江左草创，崇礼闼因皆是茅茨，故设鼓，有火则叩以集众，相传至今。"崇礼门是尚书朝堂的门名，初期门闼犹是茅茨而设鼓防火，可以想见。但朝堂、崇礼门的制度，西晋洛阳即已如此。

山谦之《丹阳记》云：

"太极殿，周制路寝也。秦汉曰前殿。今称太极曰前殿。洛宫之号起自（曹）魏。东西堂亦魏制，于周小寝也。皇后正殿曰显阳（本为昭阳，晋避讳改），东曰含章，西曰徽音，又洛宫之旧也。"

这里的太极殿、东西堂、后寝的命名，东西晋一脉相承。帝寝正殿为式乾殿，东晋亦然。至于云龙门、神虎（又作武或兽，唐人避讳改）门、华林园等名，更是因袭不变。因此，无论太极东西堂、尚书朝堂、后宫、苑囿，东晋基本上模仿西晋的规制和布局原则，即与邺城、洛阳的布局原则一致：采取骈列制。

最早，东晋宫城未修之前，琅琊王司马睿讨陈敏余党，因吴旧都城修而居太初宫为府舍。即帝位后（元帝，庙号中宗），仍居旧府舍，至明帝亦不改作，而成帝始缮苑城也。

中宗开创东晋，建都建康，立宗庙社稷于宣阳门外。不久王敦谋叛乱，而中宗死，明帝继位，平王敦。三年而帝死，幼小的成帝继位，大臣王导、庾亮辅政。庾亮处事不当，引致苏峻之乱。平定后，成帝咸和五年九月诏修新宫，至七年（332年）十一月新宫修成，是就吴的苑城改作的。

"新宫成，署曰建康宫，亦名显阳宫，开五门，南面二门，东西北各一门。（按，《图经》：即今之所谓台城也）……（案，修宫苑记：建康宫五门：南面正中大司马门）……南对宣阳门，相去二里，夹道开御沟，植槐柳……南面近东阊阖门，后改为南掖门……南直兰宫西大路，出都城开阳门。正东面东掖门，正北平昌门……南对南掖门……其西掖门外南偏突出一丈许，长数十丈地。时百度多阙，但用茆苫，议以除官身各出钱二千，充修宫城用。自晋至陈遂废。"又"九月，作新宫、始缮苑城，修六门案，《地舆志》：……

至成帝作新宫，始修城开陵阳等五门，与宣阳为六，今谓六门也。南面三门，最西曰陵阳门，后改为广阳门……次正中宣阳门……南对朱雀门，相去五里余，名为御道，开御沟，植槐柳。次最东开阳门。东面最南清明门……正东面建春门……正西面西明门……东对建春门，即宫城大司马门前横街也。正北面用宫城，无别门……"

这一都城和其间宫城的规制，完全沿袭西晋洛阳宫城制度，仍为骈列制。当时避难至南方的人，有不少熟谙朝廷制度特别礼制的人物，如荀菘、刁协等。至于掌握朝政的大臣如王导等，更是熟知朝仪的人。

《晋书》卷七十五列传四十五荀菘传：

"……赵王伦引为相国参军……王弥入洛，菘与百官奔于密……元帝践阼，征拜尚书仆射，使菘与协共定中兴礼仪。"

《晋书》卷六十九列传三十九刁协传：

"……父攸，武帝时御史中丞。协少好经籍，博闻强记……永嘉初，为河南尹，未拜，避难渡江……于时朝廷草创，宪章未立，朝臣无习旧仪者。协久在中朝，谙练旧事，凡所制度，皆禀于协焉，深为当时所称许……"

这次修城，不免草率，随后逐步改善，如"以除官身各出钱二千，充修宫城用"，及咸康五年（340年）八月"是时，始用砖垒宫城，而创构楼观。"但宫城形制一直维持不变，直到孝武帝太元三年（378年）才在谢安主持下再加修理，愈加壮丽。北魏迁都洛阳之前派人前来调查参观的，就是东晋之后南朝的建康宫，而洛阳宫则已荒废很久，满目蓬蒿。

四、北魏再建洛阳宫

鲜卑族拓跋氏建立的北魏王朝，至四五世纪，已占有中国北方大部，以平城（即代京，今大同）为都，作为政治中心。但平城偏在北方，交通不便。北魏王朝久有迁移之意。

北魏孝文帝原意只改造代京宫室，太和十五年（491年，南朝齐永明九年）"诏假通直散骑常侍李彪、假散骑侍郎蒋少游使萧赜。"其目的即实地了解汉族朝廷的规模制度，南齐朝廷也理解使者来意，崔元祖请留蒋少游启：

"少游，臣之外甥，特有公输之思，宋世陷虏，处以大匠之官。今为副使，必欲模范宫阙。岂可令毡乡之鄙，取象天宫？臣谓且留少游，令使主反命。"

齐武帝没有采纳，仍遣蒋少游返魏。三个月后，魏太和十六年二月，孝文帝下令拆除代京宫城主要宫殿太华殿，模仿汉族传统制度，于其址起太极殿，当年十月完工。

南方的东晋迄南朝的朝廷，一直以正统自居，鄙视北方的北魏，朝廷礼制即其主要内容之一。《魏书》卷七："[太和十六年（492年）]二月戊子，帝移御永乐宫。庚寅，坏太华殿，经始太极。""庚戌太极殿成，大飨群臣。"皆在代京宫殿。次年七月，孝文帝至洛阳，周巡故宫遗址又观洛桥和太学石经遗存。这次以南伐为名出师，至此，孝文帝"戎服执鞭，御马而出，群臣稽颡于马前，请停南伐，帝乃止。仍定迁都之计。"改定主意不再在平城耗用物力，而改为恢复洛阳城。大概是察看以后，认为迁洛更为有利。

"后高祖（孝文帝）外示南讨，意在谋迁……诏太常卿王谌，亲令龟卜，易筮南伐之事，其兆遇《革》。"而群臣意在阻止，孝文单独见任城王（澄）说："今日之行，诚知不易。但国家兴自北土，徙居平城，虽富有四海，文轨未一，此间用武之地，非可文治，移风易俗，信为甚难。崤函帝宅，河洛王里，因兹大举，光宅中原，任城意以为何如？"

移风易俗的文治，是迁洛的重要原因。另有经济方面原因，《魏书》卷七十九成淹传：

"高祖敕淹曰：'朕以恒代无运漕之路，故京邑民贫。今移都伊洛，欲通运四方，而黄河急浚，人皆难涉。我因有此行，必须乘流，所以开百姓之心。'"指出水运漕运的重要。

恢复洛阳，完全按照西晋原貌的可行性是因为：有遗迹可寻可量，有旧图可案，有南朝传统宫室制度可以参考。如：

1. 《魏书》卷八世宗纪："[永平元年（508年）]……六月壬申，诏曰：……可依洛阳旧图，修听讼观，农隙起功，及冬令就。"

2. 《魏书》卷九十一列传七十九蒋少游传："后于平城将营太庙、太极殿，遣少游乘传诣洛，量准魏晋基址。"……以及蒋少游副李彪使南齐之举（见上《南齐书·魏虏传》）。

3. 国学、太学之址，《魏书》卷五十五刘芳传："《洛阳记》，国子学官与天子宫对，太学在开阳门外……由斯而言，国学在内，太学在外，明矣……臣愚谓：今既徙县嵩瀍，皇居伊洛，宫阙府寺，金复故址，至于国学，岂可舛替？校量旧事，应在宫门之左。至如太学，基所炳在，仍旧营构。"

上述太学原有石经，其经历亦有详细记录："洛阳虽经破乱，而旧三字石经宛然犹在，至（冯）熙与常伯夫相继为州，废毁分用，大至颓落。"

4. 洛阳地下水渠，《水经注》"谷水"条："魏太和中，皇都迁洛阳，经构宫极，修理街渠，务穷隐。发石视之，曾无毁坏。又石工细密，非今之所拟，亦奇为精至也，遂因用之。"又，《洛阳伽蓝记》翟泉条亦云："（华林园中）凡此诸海，皆有石窦流于地下，西通谷水，东连阳渠，亦与翟泉相连。若旱魃为害，谷水注之不竭；离毕滂润，阳谷泄之不盈。"这些水渠，想必至今还安然于地下。

北魏不仅恢复洛阳，而且有所发展变化，有所扩大。魏的邺城和洛阳，以尚书台为权力核心而布置，骈列制于是形成。魏晋则变为中书执掌诏命，如荀勖说"夺我凤凰池，诸君贺我邪！"（《晋书》卷三十五·荀勖传）及八王之乱中专权的中书监孙秀和中书令义阳王威。至北魏，政权则又转至门下。《魏书》卷二十一·列传九，高阳王雍传云"诏旨之行，一由门下。"如幽禁胡太后的元叉，即兼侍中（门下首长）与中领军（禁军首长）

二者。骈列制的尚书台，已淡化退出，到东魏迁邺时，终于终止骈列制而成沿中轴发展的三朝制了。

北魏洛阳从迁都前的荒凉状况："洛阳虽历代所都，久为边裔，城阙萧条，野无烟火。栗碑刊辟榛荒，劳来安集，德刑既设，甚得百姓之心。"经太和迁都恢复之后，大刀阔斧进行改造，到世宗宣武帝和肃宗孝明帝时（492—527 年），洛阳已是繁荣美丽的城市。太和年间宣布不得用本族语，改用汉语，死后不得归葬平城（即今大同），全部皇族（鲜卑人）改姓"元"及墓葬、籍贯入洛阳之制，洛阳扩大至三百二十（三）坊，跨洛水以南建有招赍归化人的"四夷馆"：

"永桥以南，圜丘以北，伊洛之间，夹御道：有四夷馆，道东有四馆，一曰金陵，二曰燕然，三曰扶桑，四曰崦嵫。道西有四夷里：一曰归正，二曰归德，三曰慕化，四曰慕义。吴人投国者，处金陵馆，三年已后，赐宅归正里，（如南朝之萧宝寅、萧正德）……北夷来附者处燕然馆，三年已后，赐宅归德里。东夷来附者处扶桑馆，赐宅慕化里。西夷来附者处崦嵫馆，赐宅慕义里。自葱岭以西，至于大秦，百国千城，莫不欢附……附化之民，万有余家，门巷修整，阊阖填列，青槐荫陌，绿柳垂庭。天下难得之货，咸悉在焉。别立市于洛水南，号曰四通市……"

南朝梁大将陈庆之送北海王元昊入洛阳，归来说："自晋宋以来，号洛阳为荒土，此中谓长江以北，尽是夷狄，昨至洛阳，始知衣冠士族，并在中原，礼仪富胜，人物殷阜……"（引《洛阳伽蓝记》）

又，北魏佞佛，洛阳"表里凡有一千余寺"。四月八日佛诞日，城中永宁寺有九层塔，高四十余丈。菩提达摩……来游中土，赞叹，"实是神功，自云年一百五十岁，历涉诸国，靡不周遍，而此寺精丽，阎浮所无也……"（引《洛阳伽蓝记》）

城南景明寺，在宣阳门外御道东，每年佛诞日（四月八日），四月七日京师诸象皆来此寺，尚书祠部曹录象凡有一千余躯，至八日，以次入宣阳门向阊阖宫前受皇帝散花（引

《洛阳伽蓝记》），场面极为富盛。

他如高阳王宅，以豪奢胜，司农张伦宅，以园林石山洞窟有名，均见当日皇族高官生活之奢侈浪费。

北魏末年，明帝（肃宗）诏侍中、太师、高阳王雍入居门下，参决尚书奏事。门下有发布诏敕之权，乃实权所在。其地，"肃宗初，诏雍入居太极西柏堂，咨决大政，给亲信二十人。""……雍表曰：臣初入柏堂，见诏旨之行，一由门下，而臣出君行，不以悛意……"可见当时政局，已操纵于门下权臣之手。实际早至北魏中期已然如此。如文安公元屈，"太宗时居门下出纳诏命"。（太宗，明元帝，409—423年）至元叉，刘腾以侍中、中侍中（宦者）当权，竟矫诏杀清河王怿，幽禁太后。终引致尔朱荣之乱，而北魏因之覆亡（534年），并导致分裂为东西魏，迁都于邺。而繁盛的洛阳，又复归于荒凉寂静。

五、东魏邺南城与骈列制的终止

东魏天平元年（534年），乃议迁邺。"……诏下三日，车驾便发，户四十万，狼狈就道。"高欢留洛阳部分，事毕还晋阳建丞相府，自是军国政务，皆归相府。都邺之事，委之高隆之。"……天平初……又领营构大将。京邑制造，莫不由之。增筑南城，周回二十五里。"

《邺中记》云：

"城东西六里，南北八里六十步……十一门，南面三门；东曰启夏门，中曰朱明门，西曰厚载门。东面四门：南曰仁寿门，次曰中阳门，次北曰上春门，北曰昭德门。西面四门：南曰止秋门，次曰西华门，次北曰乾门，北曰纳义门。南城之北，即连北城，其城门以北城之南门为之。"邺南城的布局已有三朝之意。

"（外朝为）阊阖门，盖宫室之外正门也……清都观在阊阖门上，其观两相曲屈，为阁数十间，连阙而上。观下有三门，门扇以金铜为浮沤钉，悬铎振响。天子讲武，观兵及大赦登观临轩。其上坐容千人，下亦数百，……（中朝为）太极殿……闾阖门之内有太极殿。故事云：其殿周回一百一十柱，基高九尺，以珉石砌之，门窗以金银为饰。外画古忠谏直臣，内画古贤醑兴之士……有外客国使诸番入朝，则殿幕垂流苏以覆之。……（内朝为）昭阳殿，在太极殿后朱华门内……殿东西各有长廊，廊上置楼，并安长窗垂朱簾，通于内阁。每至朝集大会，皇帝临轩，则宫人尽登楼奏乐，百官列位，诏命仰听弦管，颁赉，侍从群臣皆称万岁。"（均见《历代帝王宅京记》所引《邺中记》）

北魏以门下为枢要部门，尚书为执行部门，已如上述。但东魏（北齐）又有特殊处，除邺城而外，还有晋阳亦为政治中心。"晋阳，国之下都，每年临幸……"这是最初高欢建丞相府于此的后果。东魏（北齐）虽以门下为枢要，但也有例外，"……文襄（高欢子高澄）为中书监，移门下机事总归中书，又季舒善音乐，故内伎亦通隶焉。内伎属中书，自季舒始也……"中书、门下互为机要部门而尚书则疏远见外于此时。故《邺中记》曰："尚书省及卿寺百司，自令仆而下之二十八曹并在宫阙之南。"骈列制是因宫内有尚书省为主的政府机构而开始的，又因尚书省失去核心权力（所谓核心权力，就是起草发布诏敕的职能和权利）而被淘汰出宫。骈列制至此终止。

六、隋文帝造大兴城宫室的影响

在东魏邺城建宫殿（534年）之后48年，隋开皇二年（582年）建新都城大兴城，即唐长安前身。隋的前身北周朝，是推行周礼制度的，体制、官职称号，全依周礼。但隋初就有崔仲芳建议：

"劝隋主除周六官，依汉魏之旧，从之。置三师、三公及尚书、门下、内史、秘书、内侍五省，御史、都水二台；太常等十一寺；左右卫等十二府。"

这样，立国之始，隋就以继承汉魏旧法为主，也就是以汉族常用习见者为主。这在修订刑法时"乃采魏晋旧律，下至齐梁，沿革重轻，取其折中"。是一次兼收并容的整理。

当时中国尚未统一，而隋的举措，有利于文化的南北统一。所以，隋大兴城也是包容了历史上好的经验，加以整理而定。

1. 大兴继承了汉魏以来的邺城制度，置宫城于全城之北，其北垣与京城北垣合。又以延喜门（唐名）、安福门（唐名）前横街，把宫城与以南的"百司"、坊里划隔开来。"百司"包括尚书省、中书门下外省、十二卫、十一寺、都水、御史二台及太庙太社，东宫所属部门，并在一城，称为皇城，与居民分开，是隋的创举。

2. 废除尚书台在宫内，改为中书门下两省（隋代内史门下两省，文帝父讳忠，改中书为内史）对称地置于太极殿（隋名大兴殿）两侧。骈列制于是终止。这是继承东魏（北齐）的制度，仍属"邺城制度"之内。

3. 以皇城门、朱雀门、至明德门御街，即唐代的朱雀大街，向南划全城为二，东为"左街"，属万年县辖，西为"右街"，属长安县辖。

4. 学习北魏洛阳，宫城之外划三百二十坊；此则为划一百一十坊、两市。而两者尺度相仿，隋大兴东西十八里一百一十五步，南北十五里一百七十五步，北魏洛阳，东西二十里，南北十五里。但北魏以方三百步为一坊里，长安之坊，据《长安志图》记载："皇城之南三十六坊，各东西二门，纵各三百五十步，中十八坊，各广三百五十步，外十八坊，各广四百五十步，皇城左右共七十四坊，各四门，广各六百五十步，南六坊，纵各五百五十步，北六坊，纵各四百步……"是以长安城各坊尺寸均较北魏洛阳为大（当依实测为准）。

邺城制度的影响，除了"渤海国"（东北靺鞨族所建国，仿唐朝文化，辽朝时移其族于辽阳，改名"东丹国"）的上京龙泉府（今址在吉林集安）之外，最受影响要属日本古代诸京：如难波京（645 年）、大津京（667 年）、飞鸟京（672 年）、第二次难波京（694 年）、平城京（710 年）、长冈京（784 年）、平安京（794 年）。凡此诸京，均在中国邺城制度（魏至南朝陈）的范围内，尤其受到隋大兴（582 年）（唐长安）的影响至为明显，其中太极殿、朝堂院、内里等名称，更与中国古代宫廷制度有关。日本最初遣使，当三国之魏朝，持续至北魏。日本与中国的关系，从《三国志·魏书》以后，历代记载无间断，而原与南朝友好的使节，因梁之亡而改向北朝之东魏、北齐，如百济王余昌原向梁，梁亡，向北齐，北齐封为"使持节、侍中、骠骑大将军、带方郡公、王如故"。

　　凡是有影响的文化体系，总是有长期稳定的富裕的社会生活，唐代就是这样的社会时期，所以发挥了巨大的文化影响。包括唐代的宗教、宗教艺术如佛像、雕塑、绘画等。所以不难从敦煌石窟中找到影响日本的佛教艺术的因素。而城市更是一个大综合体，《洛阳伽蓝记》中所描写的繁华景象，原可以期待它更早发挥出影响世界的文化光芒，却因其不幸的历史，过早地夭折了。而昙花一现的隋代，因其短暂，不得不让位于其后更灿烂更成熟的唐文化，而为后世长期咏说。

二〇〇〇年七月十日写讫

图

版

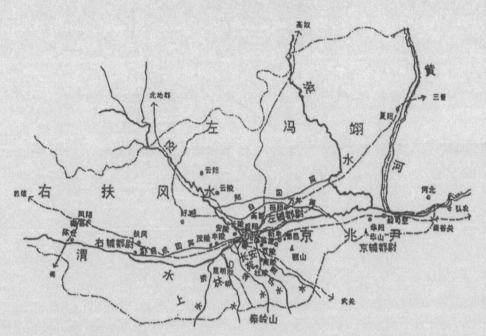

图1 咸阳、长安位置图

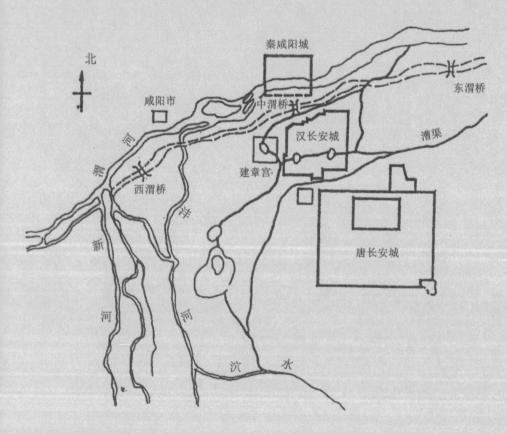

图2 长安水道图

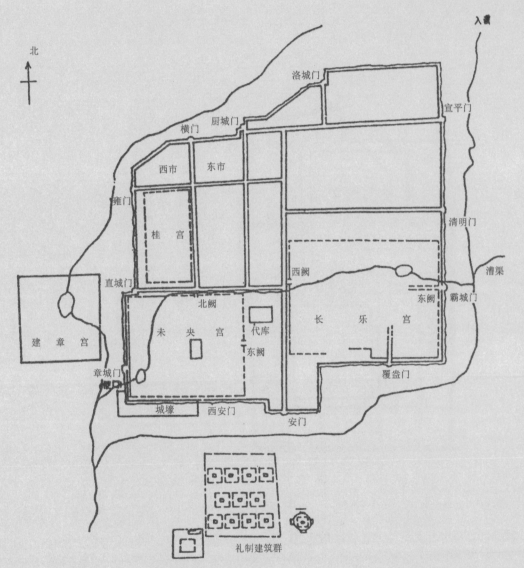

北

入藏

洛城门

宣平门

横门 厨城门

西市 东市

雍门

桂宫

清明门

直城门

漕渠

西阙

北阙

建章宫

未央宫 代库 长乐宫

东阙

东阙 霸城门

章城门

覆盘门

城壕 西安门 安门

礼制建筑群

图3 汉长安简图

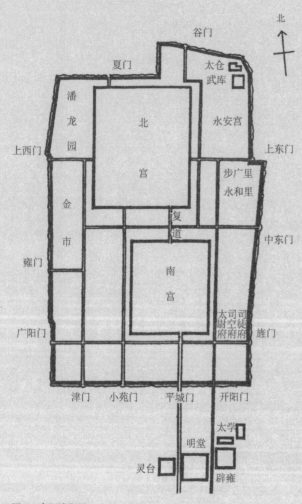

图4　东汉洛阳图

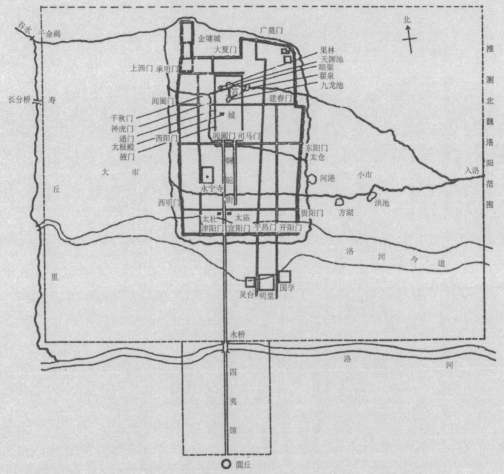

图 5 北魏洛阳图

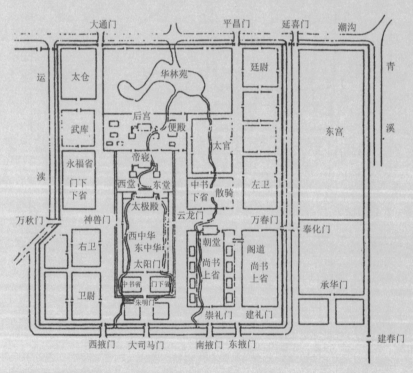

图 6　台城示意图

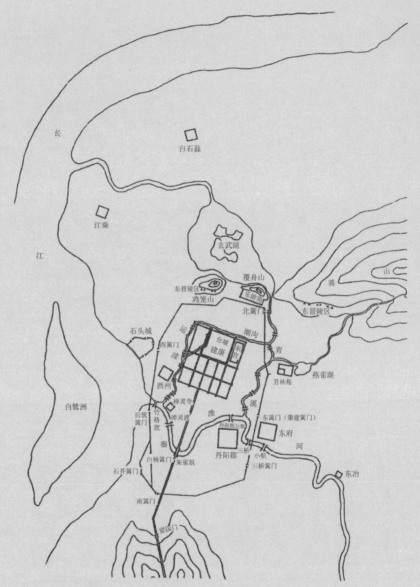

长

江

白石磊

江乘

玄武湖

覆舟山

东晋陵区
鸡笼山
东郊苑
东晋陵区

蒋

山

北篱门

石头城
运
学
西篱门

潮沟

台城
建康

东宫

青

燕雀湖

西州

芳林苑

白鹭洲

禅灵寺
竹格渡
禅灵渡

淮

溪

东篱门（肇建篱门）

后筑
篱门
泰

丹阳郡后航

东府

河

石井篱门

白杨篱门

朱雀航

丹阳郡

三桥

小航

三桥篱门

东冶

南篱门

里篱门

图 7　六朝建康形势图

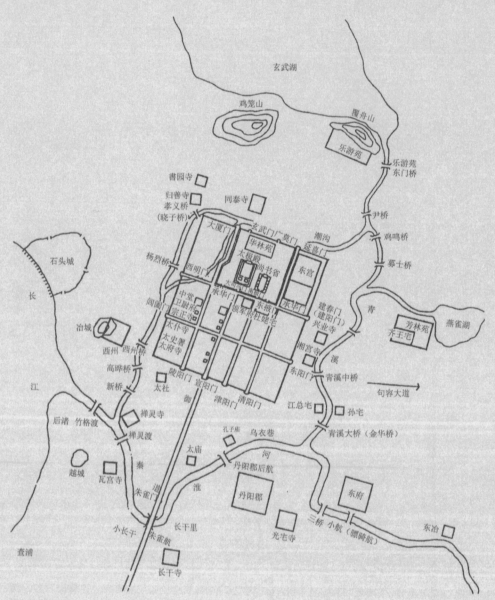

图 8　六朝建康城示意图

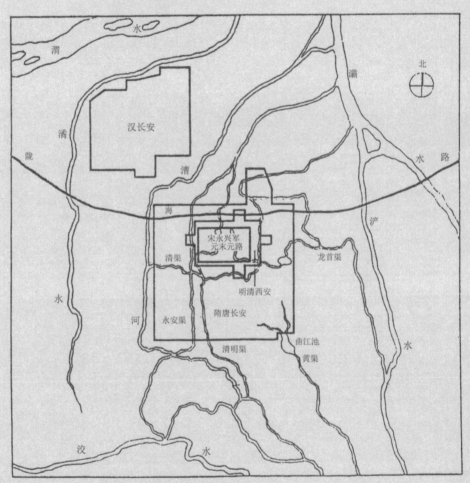

图9 汉、唐、宋、明长安城变迁图（明称西安）

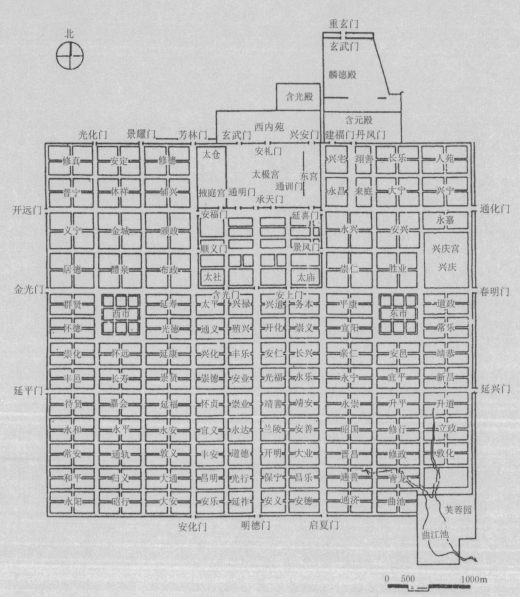

图 10　隋唐长安城

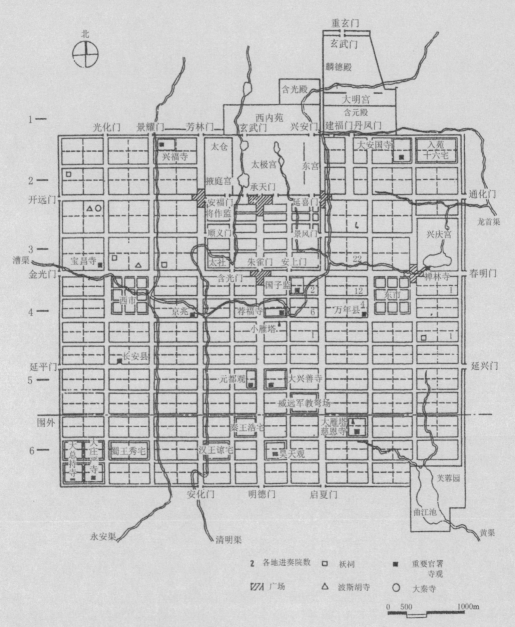

图11 隋大兴(唐长安)城水系及城市分析图

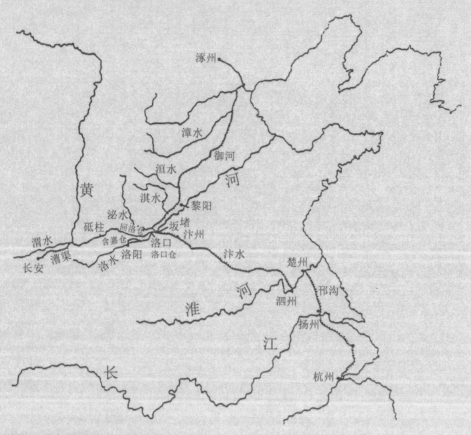

涿州

漳水

御河

洹水

黄

淇水

黎阳

河

泌水

回洛仓

坂堵

汴州

砥柱

含嘉仓

洛口

汴水

渭水

漕渠

洛水 洛阳

洛口仓

楚州

长安

淮

河

邗沟

泗州

扬州

江

长

杭州

图12　隋唐运河及东都洛阳位置图

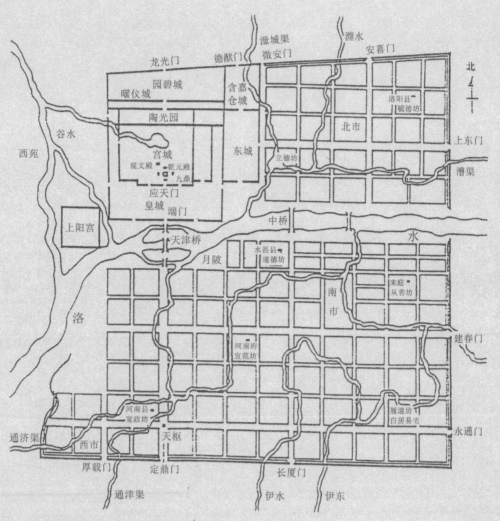

图 13　隋唐洛阳城图

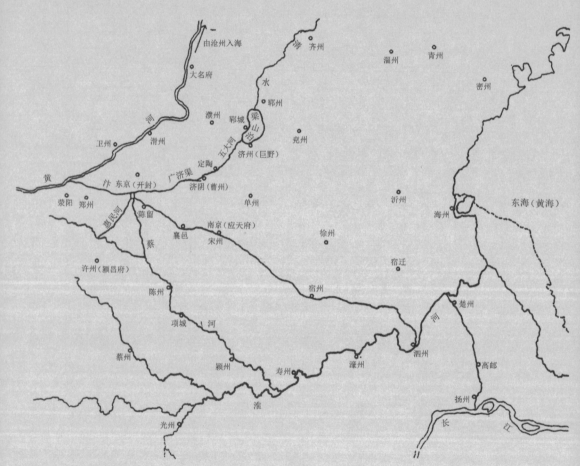

图14　北宋东京位置及河道图

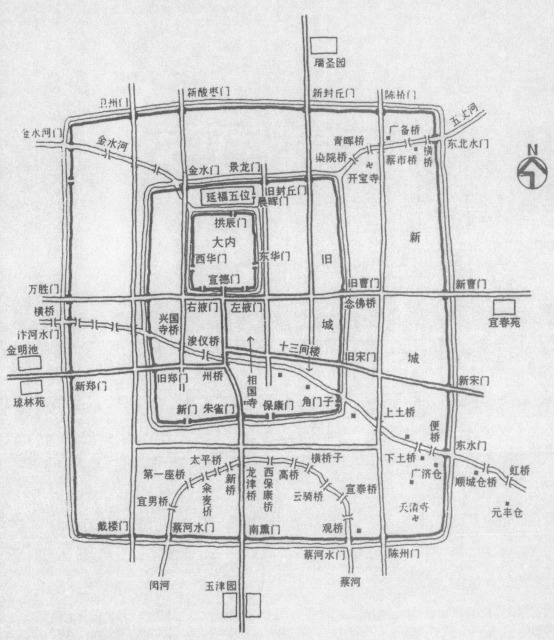

图15　北宋东京外城图

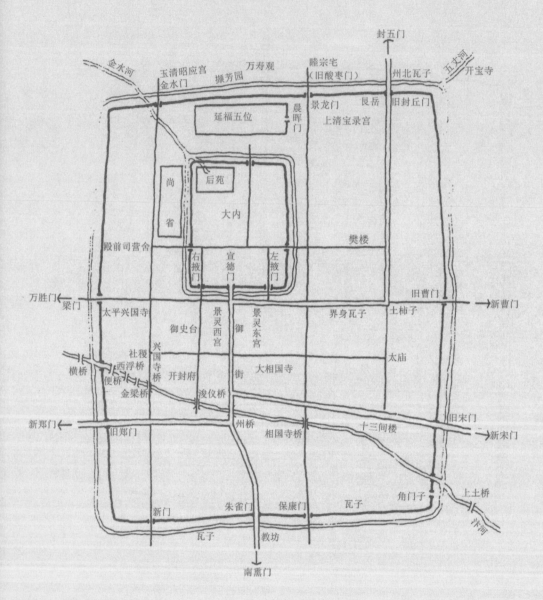

图 16　北宋东京旧城（阙城）图

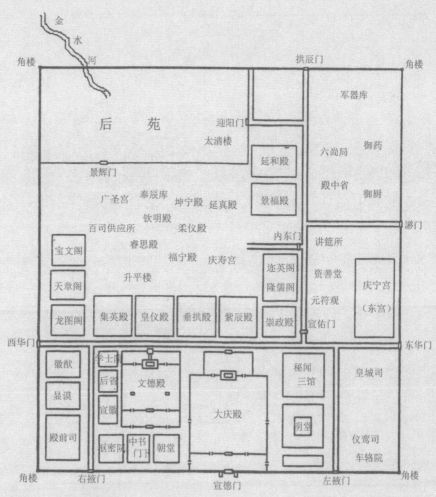

图 17　北宋东京皇城图

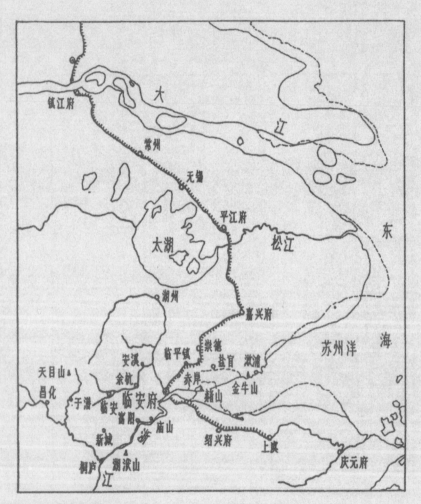

图18　南宋临安位置图

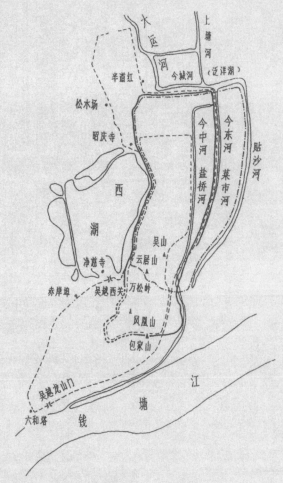

图 19 南宋临安城郭变迁图

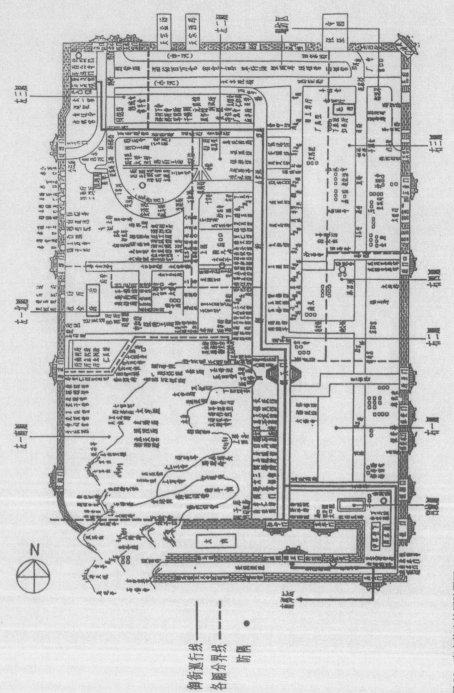

图 20 南宋临安坊巷防隅图

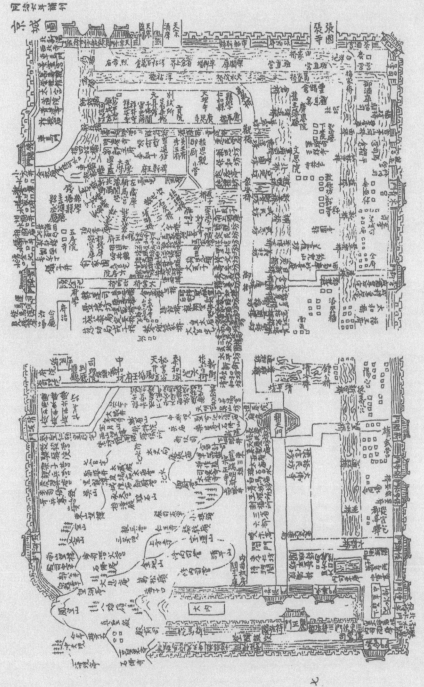

图 21 《咸淳临安志》京城图

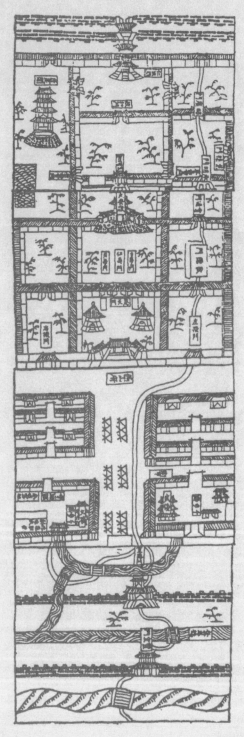

图 22 《事林广记》金中都图

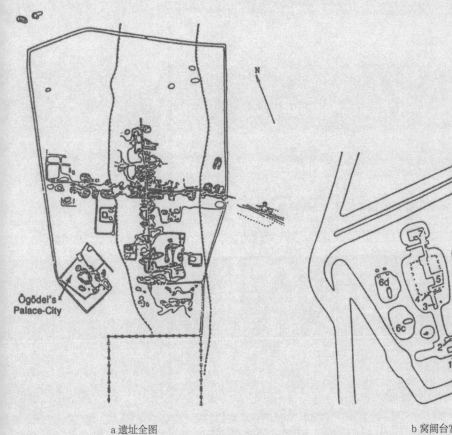

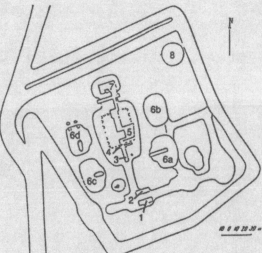

a 遗址全图

b 窝阔台宫城

图 23　元和林（Khara-Khorum）图

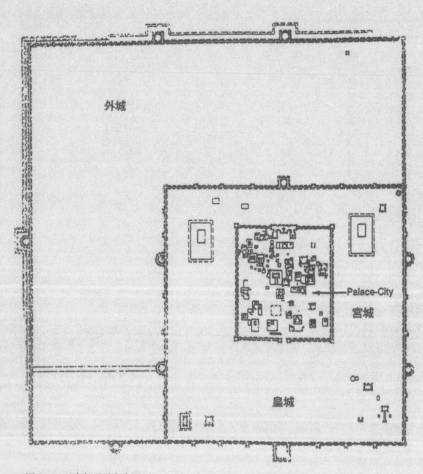

外城

Palace-City
宫城

皇城

图 24a　元上都开平府全图

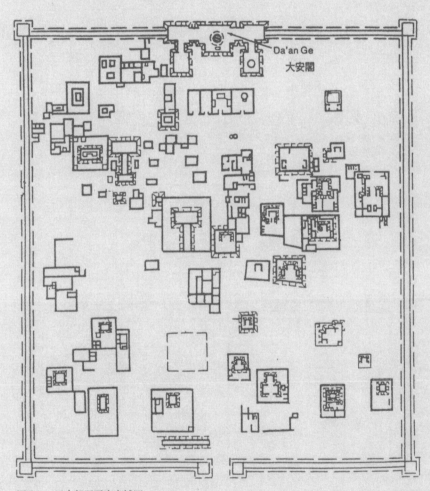

大安閣
Da'an Ge

图 24b　元上都开平府宫城图

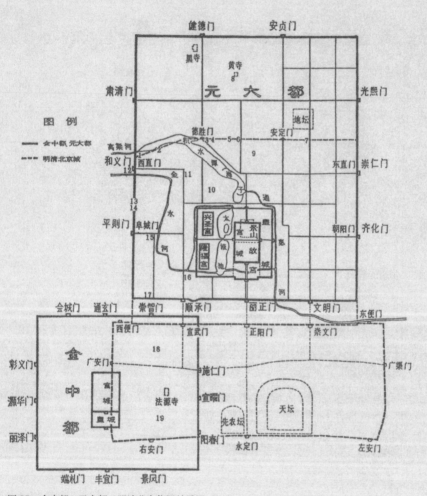

图 25 金中都、元大都、明清北京位置关系图

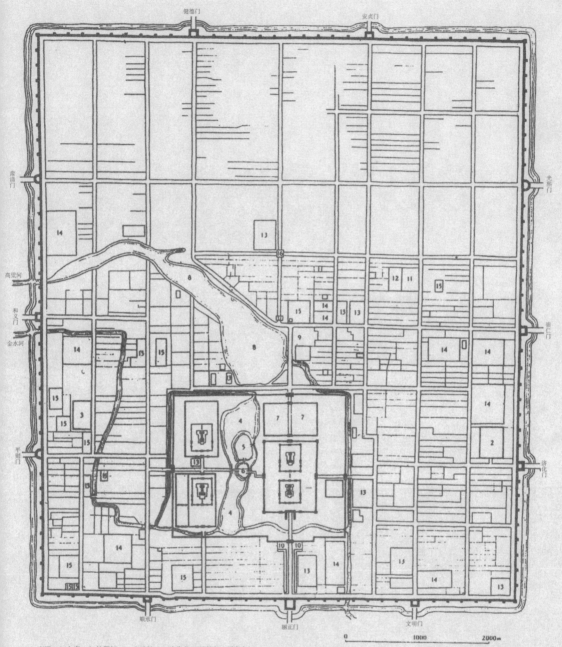

1.宫殿；2.太庙；3.社稷坛；4.太液池；5.琼华岛（万寿山、万岁山）；6.园坻（瀛洲）；7.御园；8.积水潭；9.中心阁；10.千步廊；11.文庙；12.国子监；13.衙门；14.仓库；15.寺观、庙宇；16.钟楼；17.鼓楼

图26 元大都图

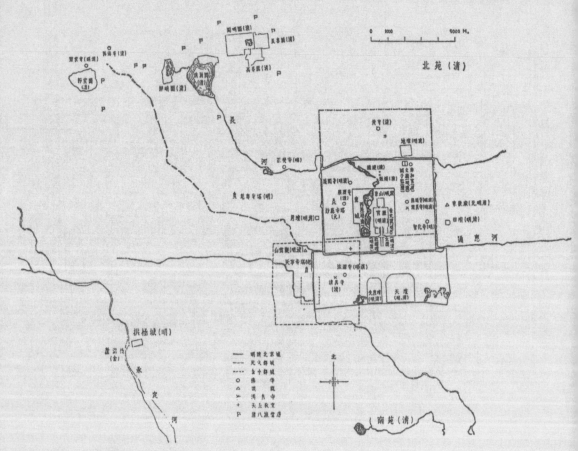

图 27 大都—北京附近水系河道暨清西郊苑囿分布图

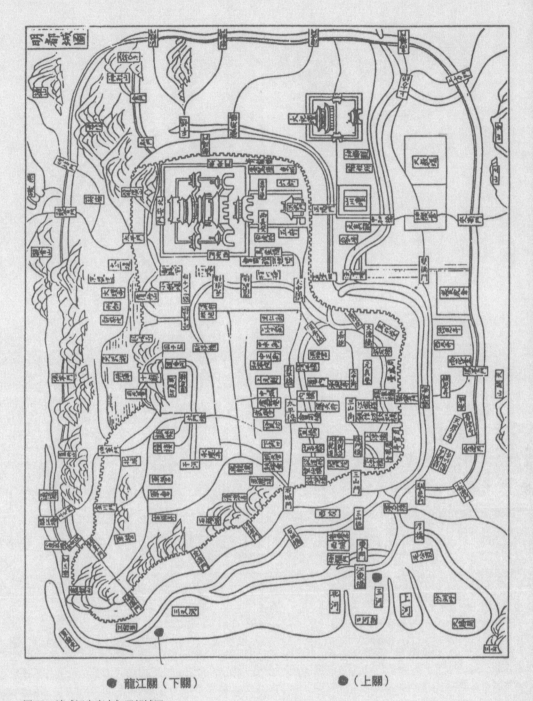

● 龍江關（下關）　　　　　● （上關）

图28　清《江宁府志》明都城图

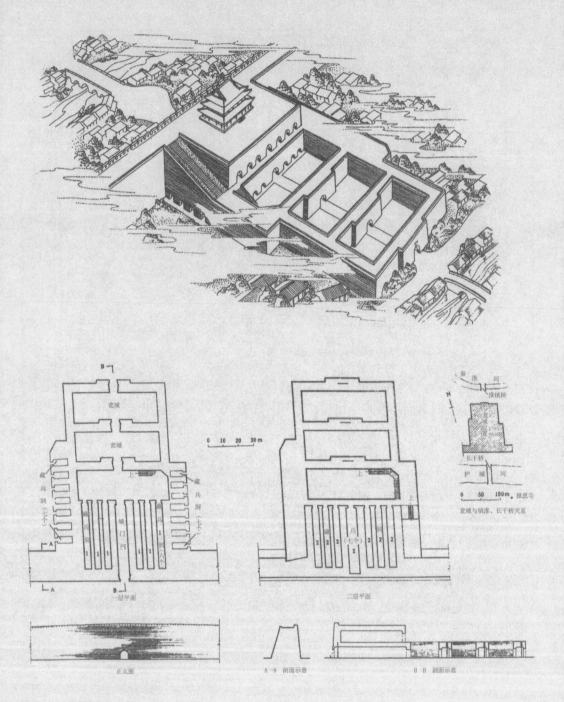

图 29　南京城门图：a.聚宝门

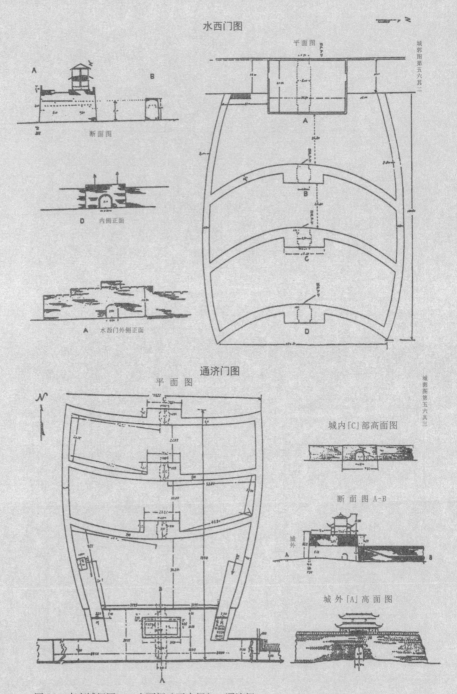

图 29　南京城门图：b.水西门（三山门）、通济门

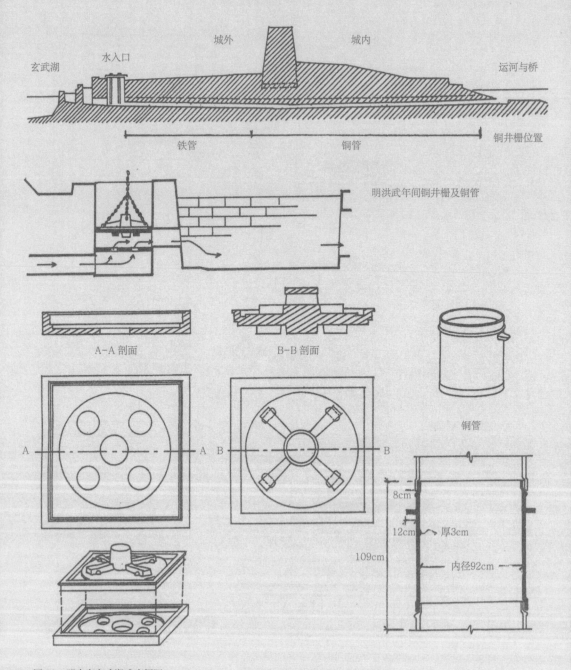

玄武湖　　水入口　　　　城外　　　　　　　　城内　　　　　　　　　　运河与桥

铁管　　　　　　　　　　铜管　　　　　　　铜井栅位置

明洪武年间铜井栅及铜管

A-A 剖面　　　　　　　　B-B 剖面　　　　　　　　铜管

A————A　　B————B

8cm
12cm　厚3cm
109cm　内径92cm

图 30　明南京玄武湖武庙闸图

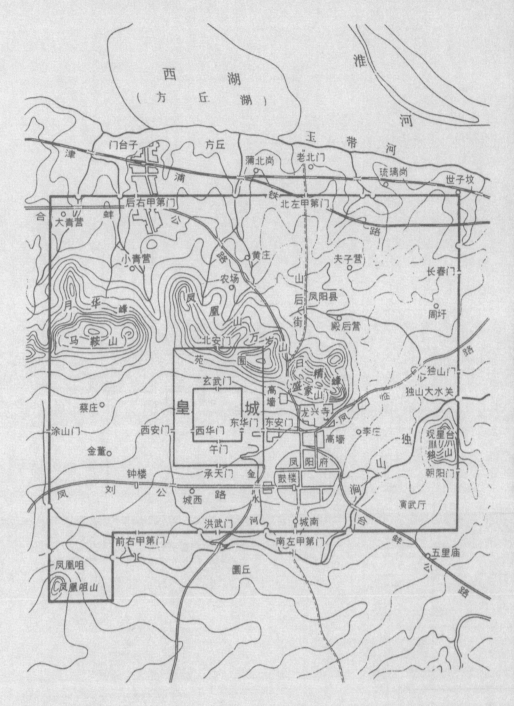

图31a 明中都全图

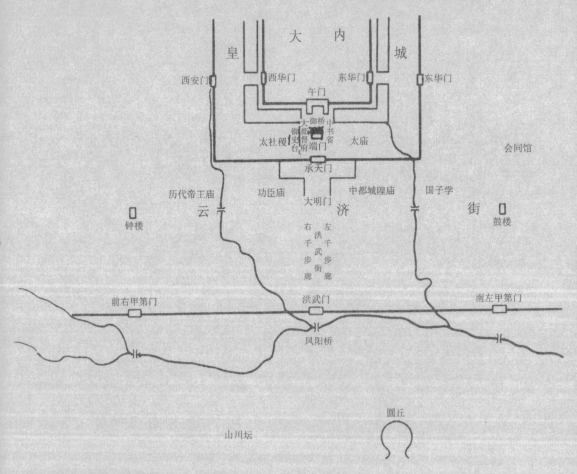

图31b　明中都宫城前布局

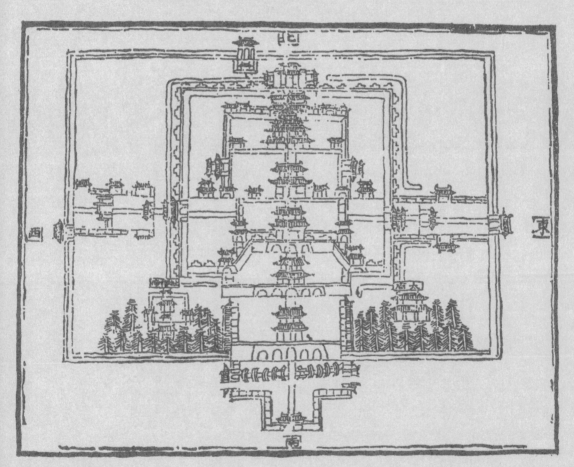

图 32a　明南京皇城图

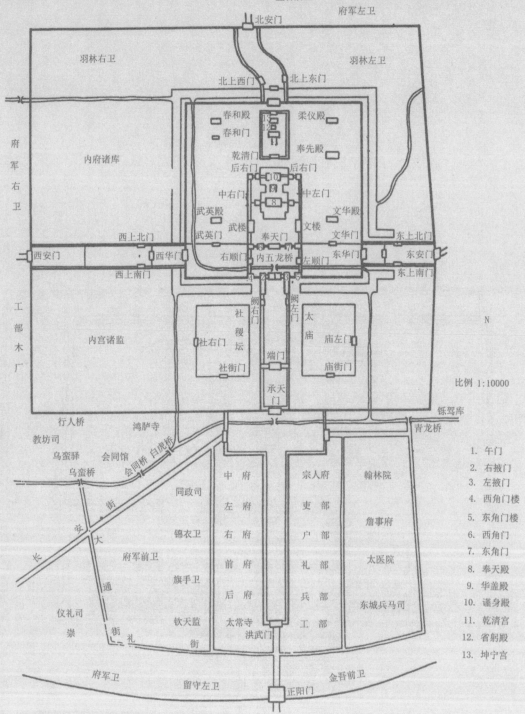

金吾后卫　　　　　　府军左卫

羽林右卫　　　　　　　　　羽林左卫

北上西门　　北上东门

春和殿　　　　柔仪殿
春和门　　　　奉先殿
乾清门
府军右卫　　内府诸库　　后右门　　后右门
中右门　　中左门
武英殿
武楼　　　　文楼　　文华殿
武英门　　　　　　文华门
西上北门　　　　奉天门　　　　　东上北门
西安门　　西华门　　右顺门　内五龙桥　左顺门　东华门　东上北门　东安门
西上南门　　　　　　　　　　东上南门

阙右门　阙左门
社稷坛　　太庙
工部木厂　内宫诸监　社右门　　庙左门
社街门　　庙街门
端门
承天门

铄驾库
行人桥　　鸿胪寺　　　　　　　　　青龙桥
教坊司　　　　　　　　　　　　比例 1:10000
乌蛮驿　会同馆
乌蛮桥　会同桥 白虎桥　　　　　　　N
同政司　　中 府　　宗人府　　翰林院
长　　　　　　左 府　　吏 部　　詹事府
锦衣卫　　右 府　　户 部
安　　　　府军前卫　前 府　　礼 部　　太医院
大　　旗手卫　　后 府　　兵 部　　东城兵马司
通　　　　钦天监　　太常寺　　工 部
仪礼司　　　　　　洪武门
崇　　礼
街　　　　　　正阳门
府军卫　　留守左卫　　金吾前卫

1. 午门
2. 右掖门
3. 左掖门
4. 西角门楼
5. 东角门楼
6. 西角门
7. 东角门
8. 奉天殿
9. 华盖殿
10. 谨身殿
11. 乾清宫
12. 省躬殿
13. 坤宁宫

图 32b　明初南京皇宫复原图
（据张泉. 明初南京城规划与建设 [C] . 中国古都学会年会 1984. ）

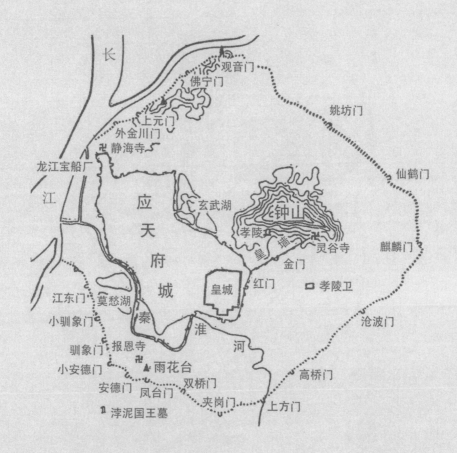

图33 明南京外郭示意图

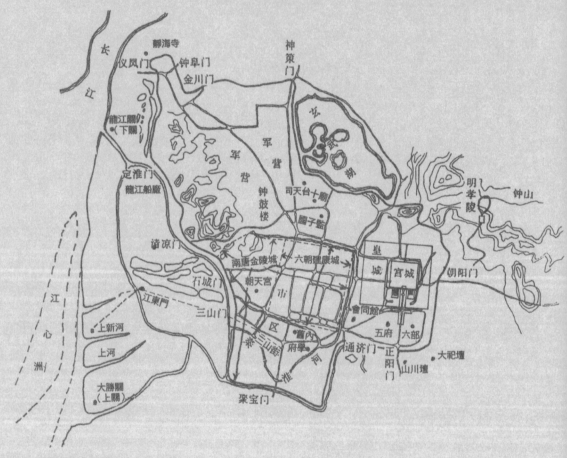

图 34　明南京城平面图

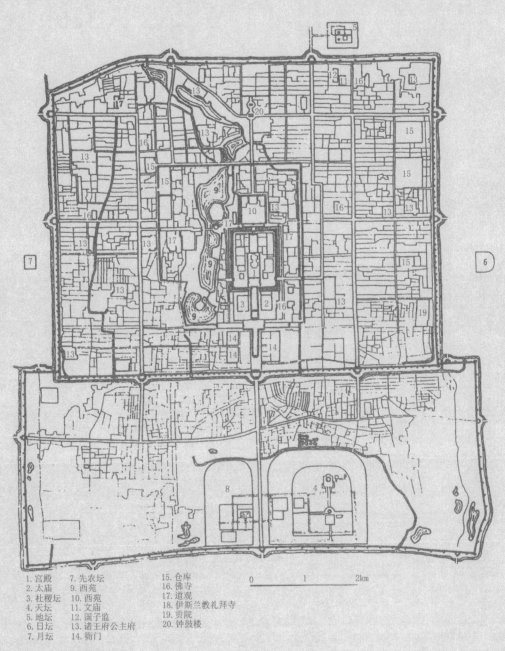

图 35　明清北京平面图

1. 宫殿　　7. 先农坛　　15. 仓库
2. 太庙　　8. 天坛　　　16. 佛寺
3. 社稷坛　9. 西苑　　　17. 道观
4. 天坛　　10. 西苑　　　18. 伊斯兰教礼拜寺
5. 地坛　　11. 文庙　　　19. 贡院
6. 日坛　　12. 国子监　　20. 钟鼓楼
7. 月坛　　13. 诸王府公主府
　　　　　14. 衙门

0　　　　1　　　　2km

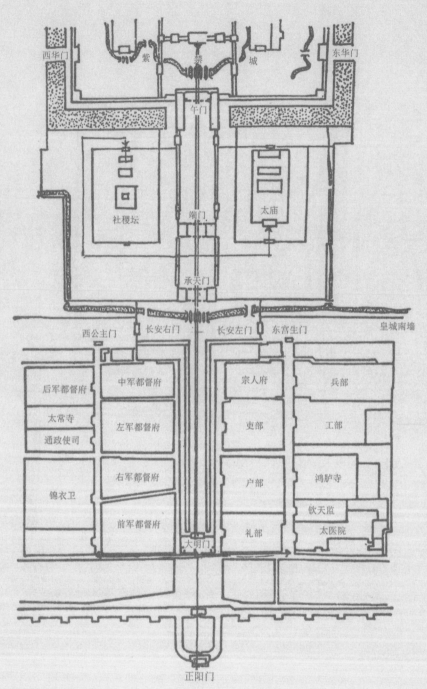

西华门　　紫　禁　城　　东华门

午门

社稷坛　　端门　　太庙

承天门

皇城南墙

西公主门　　长安右门　　长安左门　东宫生门

后军都督府　中军都督府　宗人府　　兵部

太常寺　　　左军都督府　吏部　　　工部

通政使司

锦衣卫　　　右军都督府　户部　　　鸿胪寺

　　　　　　　　　　　　　　　　　钦天监

　　　　　　前军都督府　礼部　　　太医院

　　　　　　大明门

正阳门

图36　午门—承天门—大明门仪礼路线图

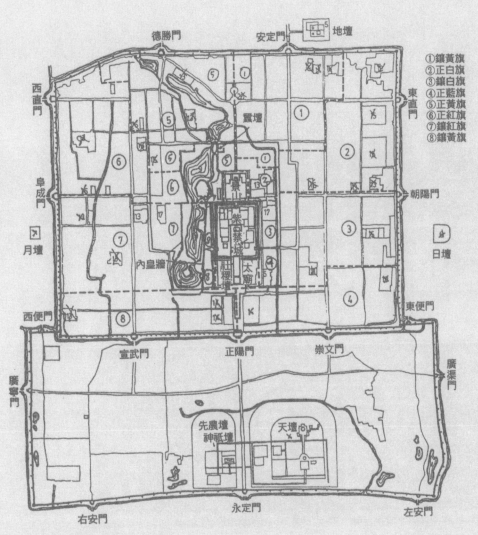

图 37　清北京内城皇城八旗驻军图

图38　静江府（今广西桂林）城图（采自《文物》1979年2期）

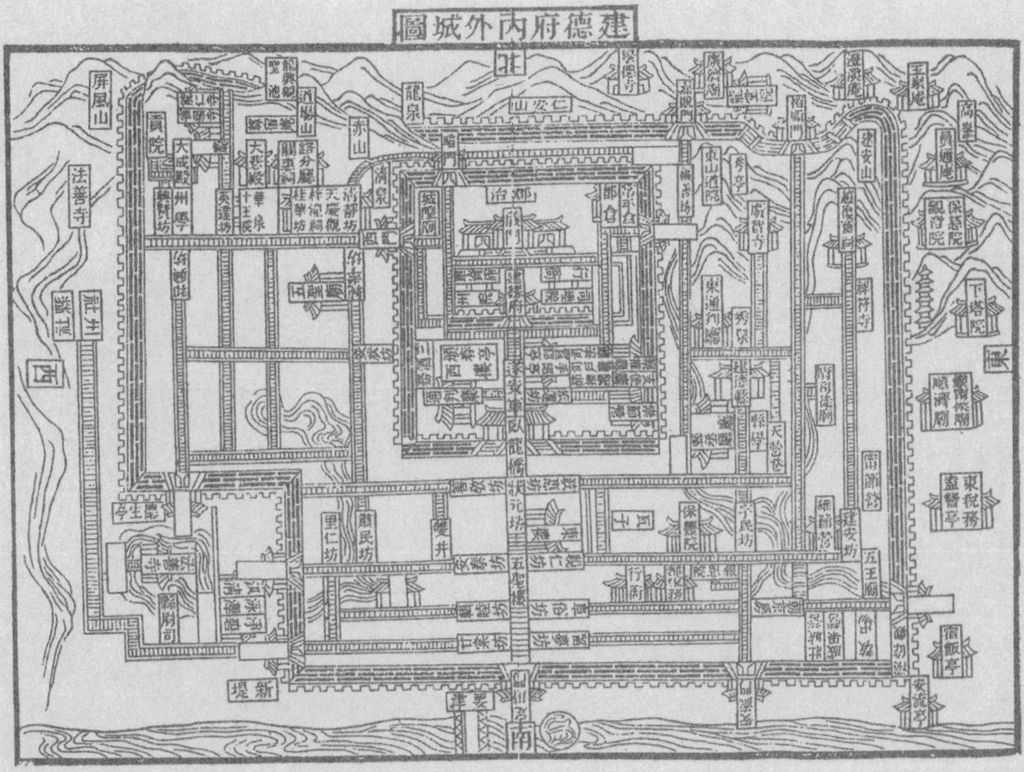

图 39 《严州图经》建德府（今浙江建德）内外城图

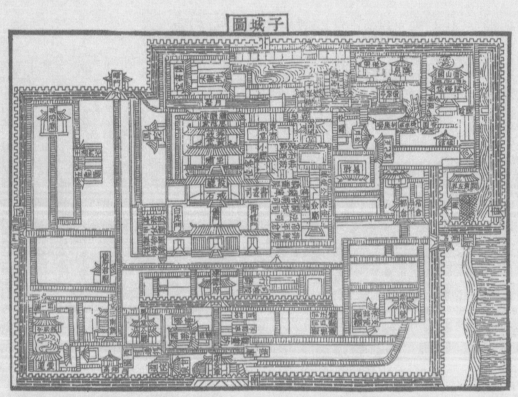

图 40 《严州图经》建德府（今浙江建德）子城图

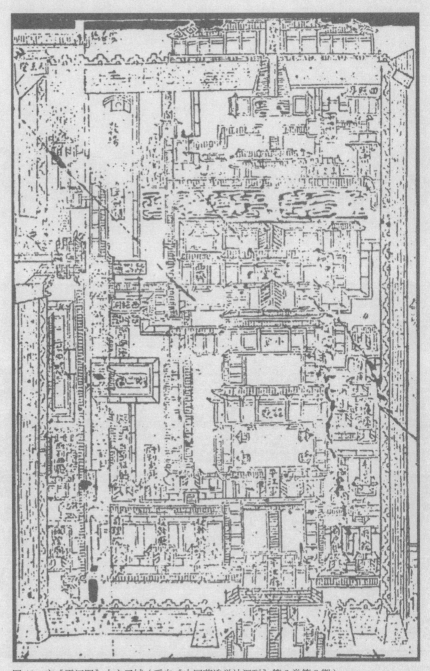

图 41　宋《平江图》中之子城（采自《中国营造学社汇刊》第 6 卷第 3 期）

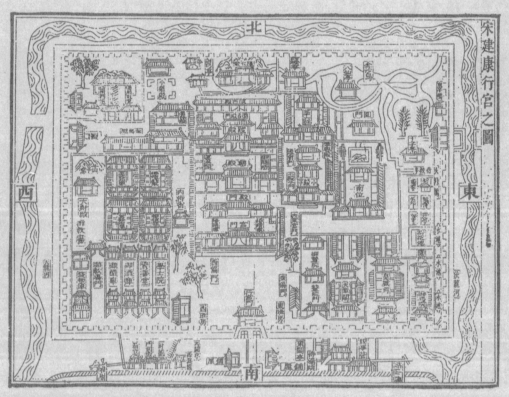

图 42 《景定建康志》宋建康（今南京）行宫之图

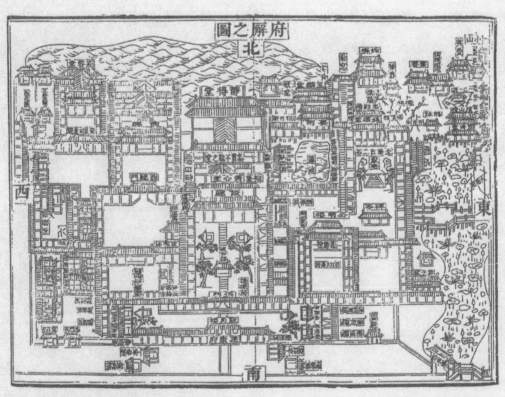

图 43 《景定建康志》宋建康（今南京）府廨之图

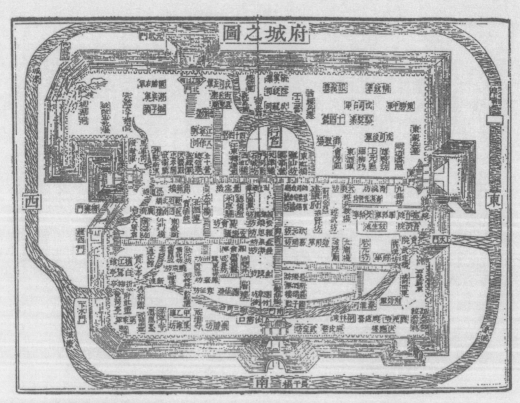

图 44 《景定建康志》宋建康（今南京）府城之图

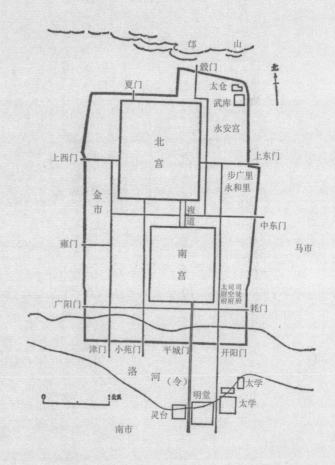

图 45　东汉洛阳城平面图（《考古》1982 年 5 期）

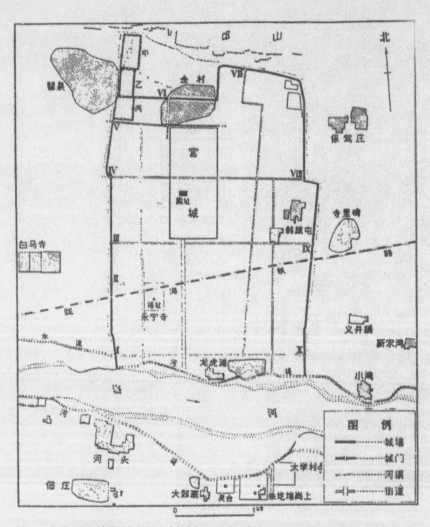

图46　北魏・洛阳城平面实测图（《考古》1973年4期）

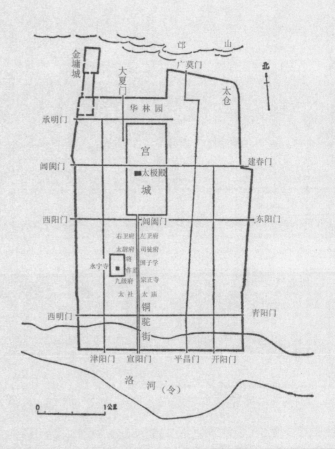

图 47　北魏洛阳城平面图（《考古》1982 年 5 期）

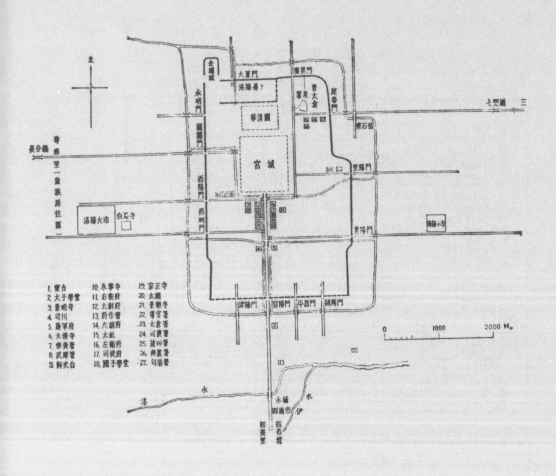

图 48 北魏洛阳平面图（刘敦桢《中国古代建筑史》P79）

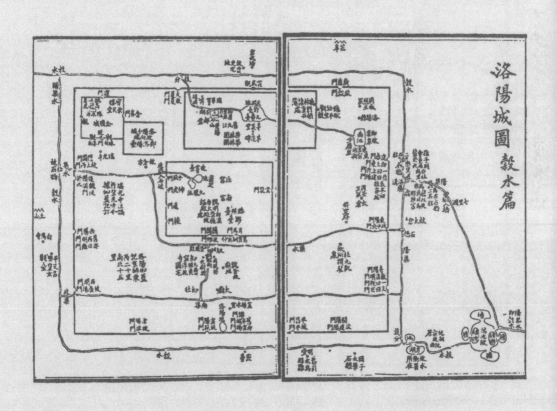

图 49　北魏·洛阳城图（杨守敬《水经注图》）

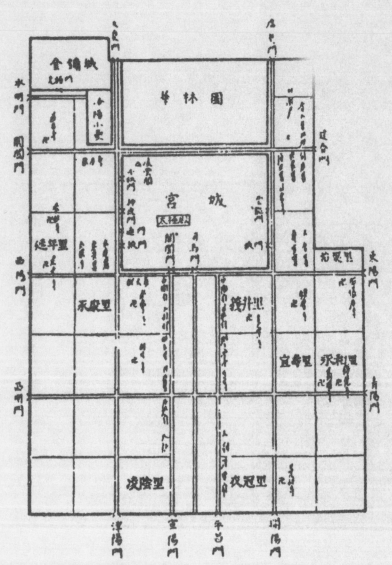

图 50　水野清一，北魏洛阳城复原图（《考古学论丛》P10）

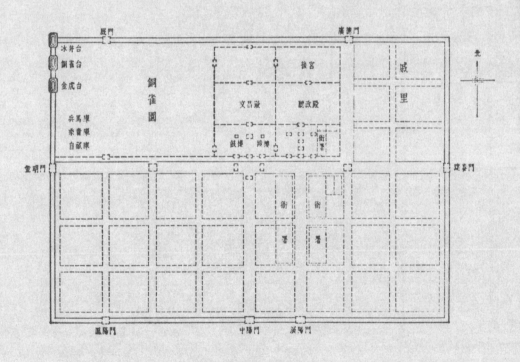

图 51　曹魏邺城平面想象图（引自刘敦桢，《中国建筑史》P48）

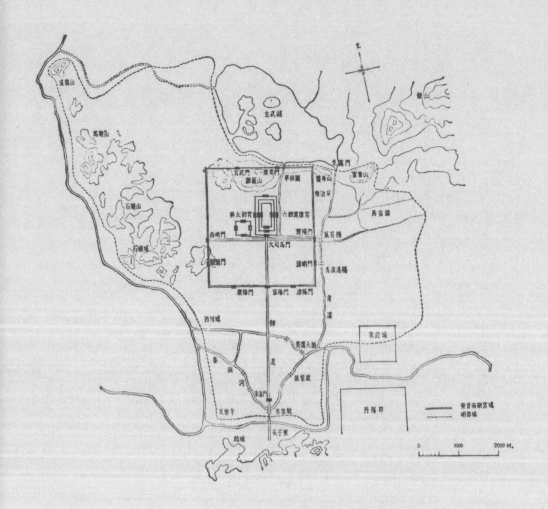

图 52　刘敦桢，《中国建筑史》P80，根据朱偰《金陵古迹图考》所作东晋南朝复原图

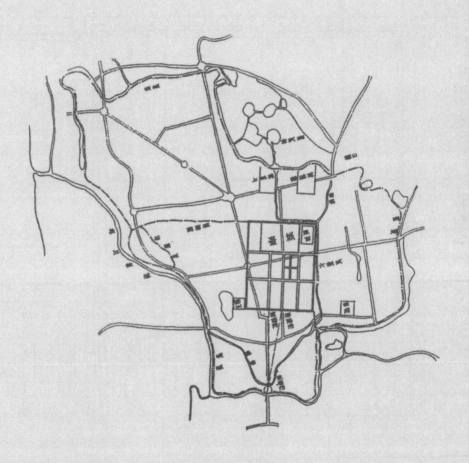

图 53　东晋南朝建康城及台城位置想象图（据本文所作）

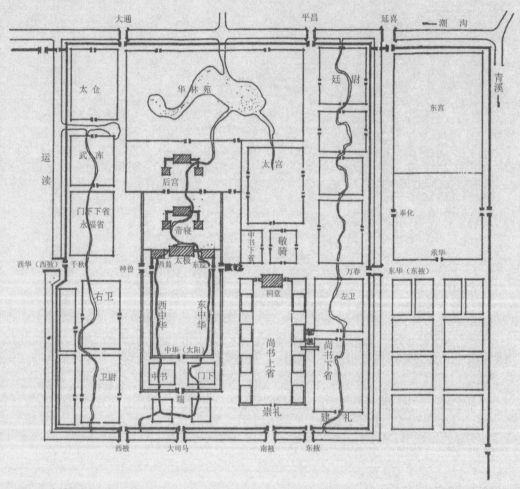

图 54　台城示意图（据本文所作）

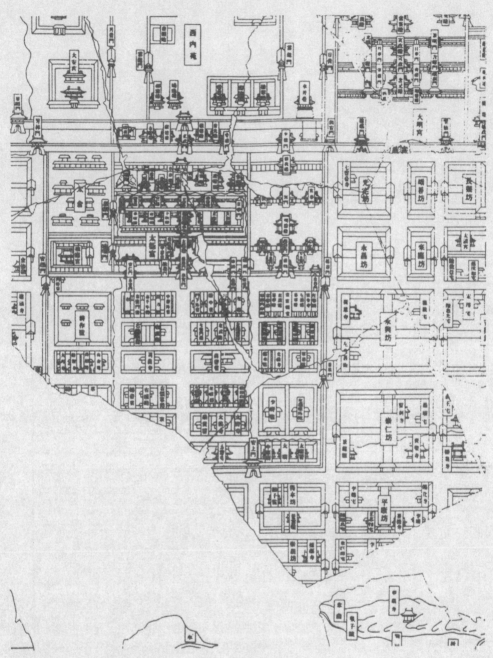

图 55　吕大防《长安城图》（石刻）（引自足立喜六《长安与洛阳》）

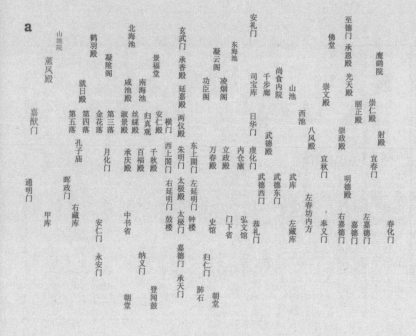

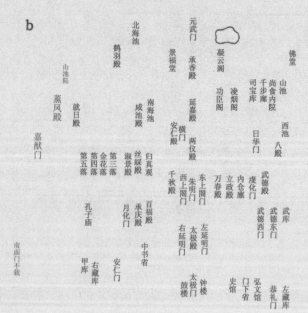

图 56 长安宫城
图 a 程大昌《雍录》
图 b《永乐大典》

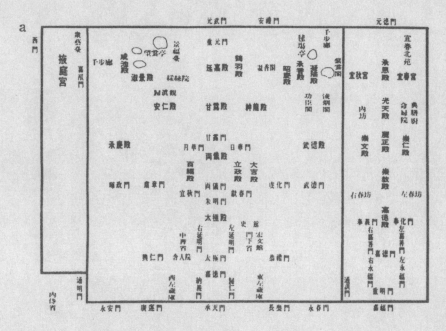

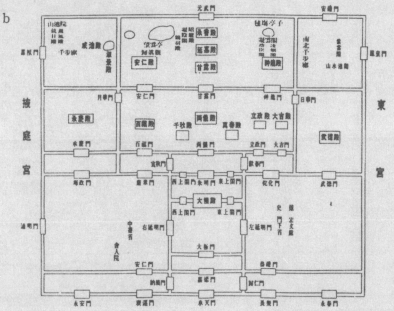

图 57　长安宫城
图 a 徐松《唐两京城坊考》b 关野贞《平城京及大内里考》

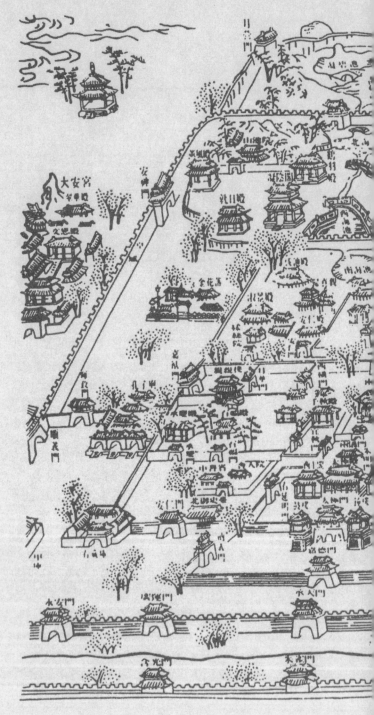

图 58　长安宫城图（沈青崖《陕西通志》卷七十二）

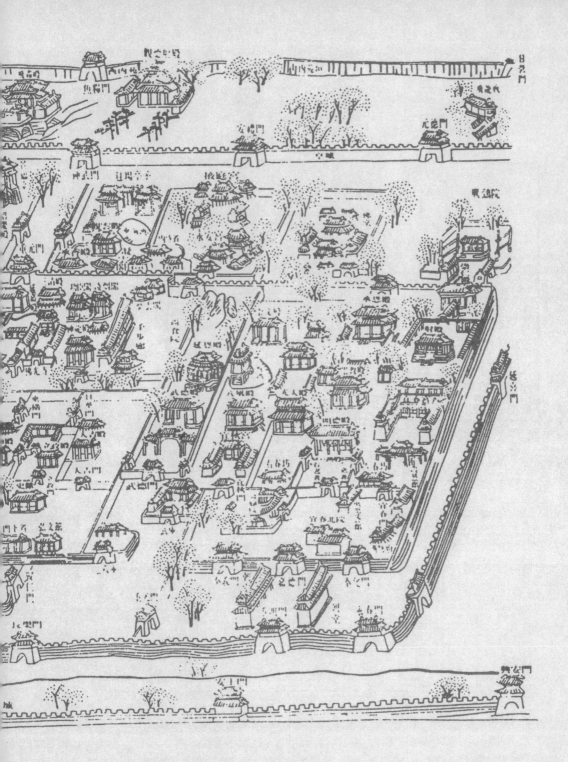

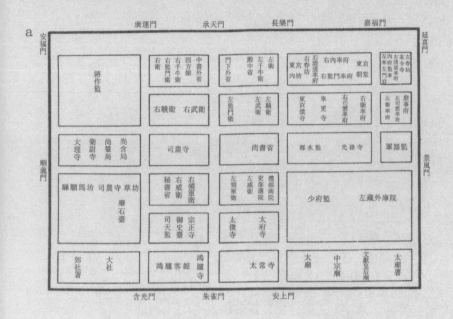

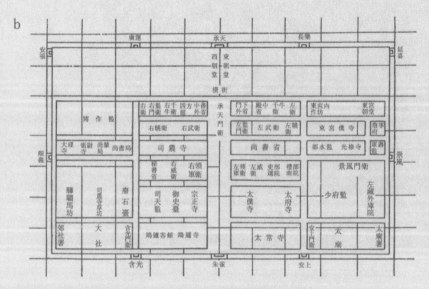

图 59　长安皇城图 a、图 b（引自足立喜六《长安与洛阳》）

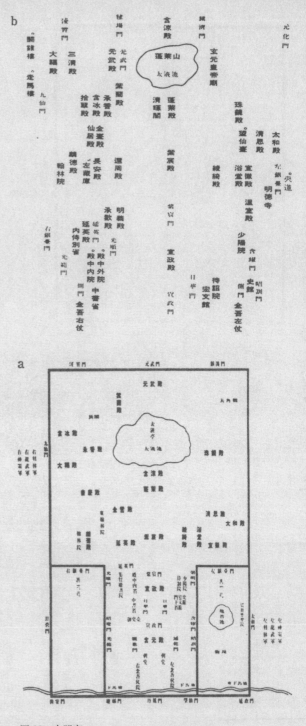

图 60　大明宫
图 a 徐松《唐两京城坊考》　图 b《永乐大典》"元河南府志"附图

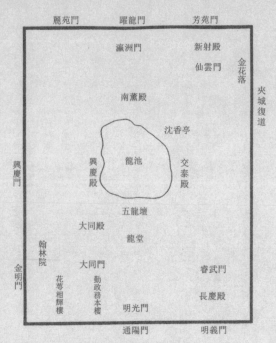

图61a　兴庆宫图（徐松《唐两京城坊考》）

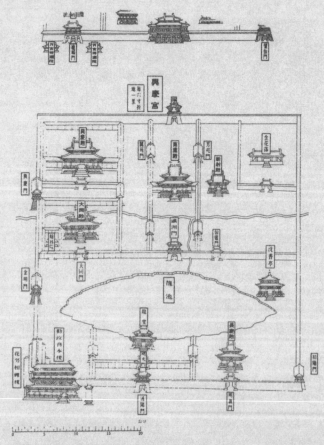

图61b　兴庆宫图（吕大防《长安城图》[石刻]）

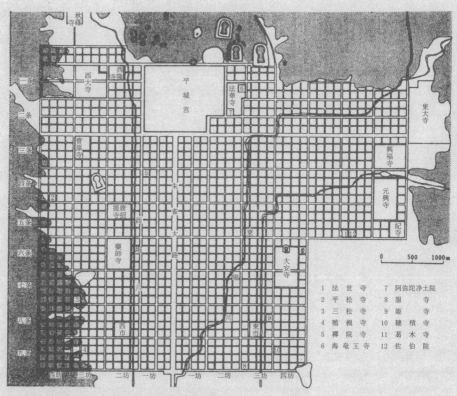

图 62a　平城京（引自《日本建筑史图集》新订版）

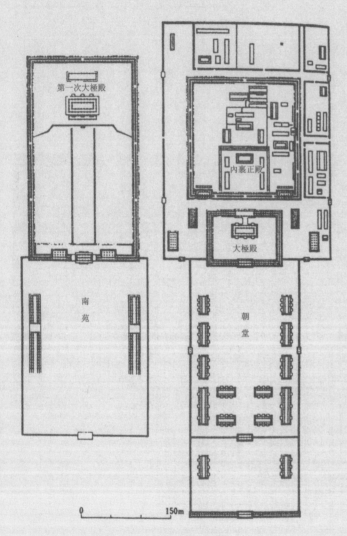

第一次大極殿

内裏正殿

大極殿

南苑

朝堂

0　　　　　　150m

图62b　藤原京（引自《日本建筑史图集》新订版）

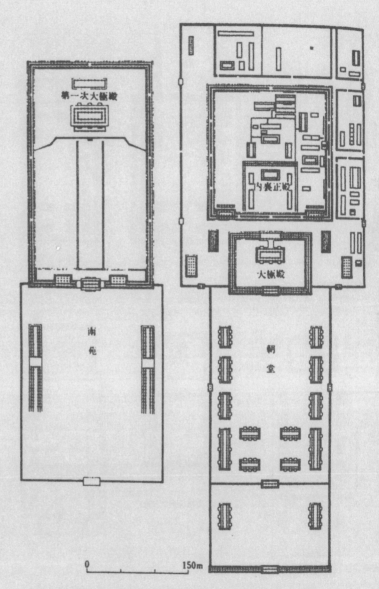

图 62c　平城宫之南苑及朝堂院（引自《日本建筑史图集》新订版）

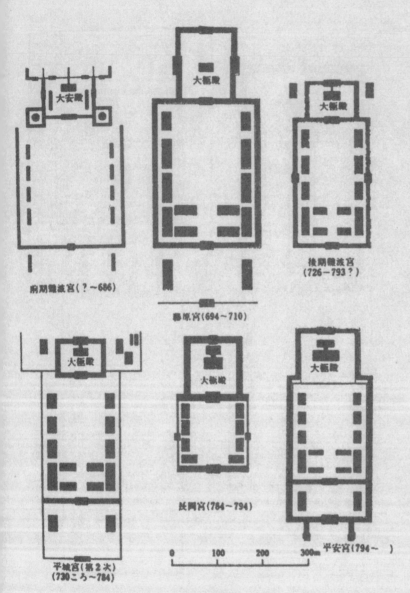

图 62d　朝堂院之演变（引自《日本建筑史图集》新订版）

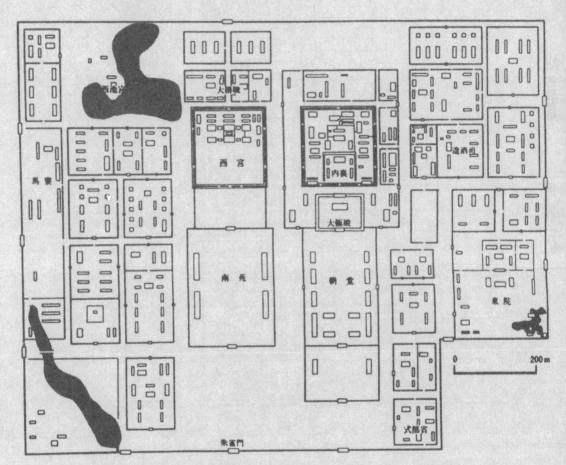

图 62e　平城京（引自《日本建筑史图集》新订版）

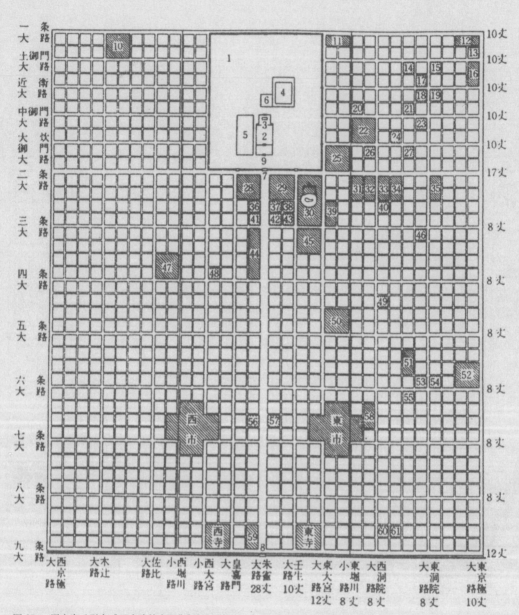

图63a　平安宫（引自《日本建筑史图集》新订版）

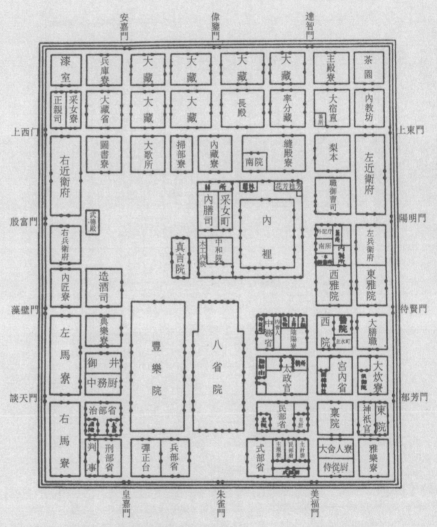

图 63b　平安宫（引自《日本建筑史图集》新订版）

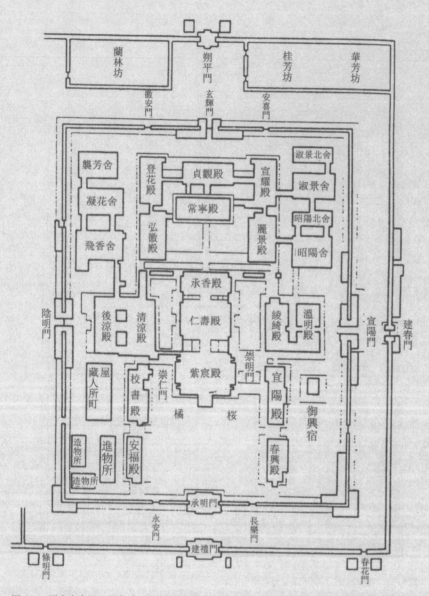

图 63c 平安宫内里（引自《日本建筑史图集》新订版）

图版目录

主要参考书目

《史记》，（汉）司马迁

《汉书》，（汉）班固

《上林赋》，（汉）司马相如

《三辅黄图》，（汉）佚名

《后汉书》，（刘宋）范晔

《三国志》，（晋）陈寿

《汉官仪》，（汉）蔡质

《晋书》（唐）房玄龄

《西京杂记》（晋）葛洪

《北齐记》（唐）李百药

《魏书》，（北齐）魏收

《洛阳伽蓝记》，（北魏）杨衒之

《水经注》，（北魏）郦道元

《南史》，（唐）李延寿

《南齐书》，（梁）萧子显

《陈书》，（唐）姚思廉

《隋书》，（唐）魏征

《三都赋》，（三国）左思

《建康实录》，（唐）许嵩

《两京新记》，（唐）韦述

《历代名画记》，（唐）张彦远

《酉阳杂俎》，（唐）段成式

《文选》，（唐）李善注

《大唐六典》，（唐）李林甫等

《大业杂记》，（唐）杜宝

《邺中记》，（晋）陆翙

《唐律疏议》，（唐）长孙无忌等

《通典》，（唐）杜佑

《元和郡县图志》，（唐）李吉甫

《大唐新语》，（唐）刘肃

《旧唐书》，（后晋）刘昫

《新唐书》，（宋）欧阳修

《唐会要》，（宋）王溥

《五代会要》，（宋）王溥

《世说新语》，（刘宋）刘义庆

《册府元龟》，（宋）王钦若等

《宋书》，（梁）沈约

《梁书》，（唐）姚思廉

《北史》，（唐）李延寿

《旧五代史》，（宋）薛居正

《新五代史》，（宋）欧阳修

《宋史》，（元）脱脱等

《宋会要辑稿》，（清）徐松

《辽史》，（元）脱脱等

《金史》，（元）脱脱等

《契丹国志》，（宋）叶隆礼

《大金国志校证》，（宋）宇文懋昭

《太平御览》，（宋）李昉等

《资治通鉴》，（宋）司马光，（元）胡三省注

《雍录》，（宋）程大昌

《长安志图》，（元）李好文

《云麓漫钞》，（宋）赵彦卫

《东京梦华录》，（宋）孟元老

《南部新书》，（宋）钱易

《长安志》，（宋）宋敏求

《春明退朝录》，（宋）宋敏求

《梦粱录》，（宋）吴自牧

《咸淳临安志》，（宋）潜说友

《景定建康志》，（宋）周应合

《金房图经》，（宋）张隶

《北行日录》，（宋）楼钥

《揽辔录》，（宋）范成大

《建炎以来朝野杂记》，（宋）李心传

《都城纪胜》，（宋）耐得翁

270

《事物纪原》，（宋）高承

《元丰类稿》，（宋）曾巩

《太平寰宇记》，（宋）乐史

《洛阳名园记》，（宋）李格非

《营造法式》，（宋）李诫

《玉壶清话》，（宋）文莹

《老学庵笔记》，（宋）陆游

《容斋随笔》，（宋）洪迈

《挥麈录》，（宋）王明清

《宋朝事实类苑》，（宋）江少虞

《玉海》，（宋）王应麟

《类编长安志》，（元）骆天骧

《南村辍耕录》，（元）陶宗仪

《析津志》，（元）熊梦祥

《宋元方志丛刊》

《西湖游览志》，（明）田汝成

《西湖游览志馀》，（明）田汝成

《马可·波罗行纪》，（意）马可·波罗

《史集》，（波斯）拉施特

《辍耕录》，（元）陶宗仪

《故宫遗录》，（明）萧洵

《事林广记》，（宋）陈元靓

《元史》，（明）宋濂

《明史》，（清）张廷玉等

《明会要》，（清）龙文彬

《明太祖实录》

《明太宗实录》

《明宫史》（《酌中志》），（明）刘若愚

《帝京景物略》，（明）刘侗、于奕正

《洪武京城图志》，（明）王俊华

《康熙江宁府志》，（清）于成龙

《嘉庆江宁府志》，（清）吕燕昭

《同治上江两县志》，（清）莫祥芝、甘绍盘

《金陵梵刹志》，（明）葛寅亮

《南雍志》，（明）黄佐

《清史稿》，（民国）赵尔巽等

《宛署杂记》，（明）沈榜

《日下旧闻考》，（清）于敏中、朱彝尊等

《历代帝王宅京记》，（清）顾炎武

《长安客话》，（明）蒋一葵

《河南志》，（清）徐松

《唐两京城坊考》，（清）徐松

《三辅旧事》，（清）张澍

《金鳌退食笔记》，（清）高士奇

《归田录》，（宋）欧阳修

《渑水燕谈录》，（宋）王辟之

《鸡肋篇》，（宋）庄绰

《春明梦馀录》，（明）孙承泽

《武林旧事》，（宋）周密

《乾道临安志》，（宋）周淙

《汴京遗迹志》，（清）李濂

《东华录》，（清）王先谦

《八旗通志》，（清）鄂尔泰等

《京师坊巷志稿》，（清）朱一新

《清宫述闻》，（民国）章乃炜

《元大都宫殿图考》，朱偰

《金陵古迹图考》，朱偰

《明清两代宫苑建置沿革图考》，朱偰

《中国古代建筑史》，刘敦桢

《考工记营国制度研究》，贺业钜

《中国城市建设史》，董鉴泓

《唐长安与西域文明》，向达

《元大都》，陈高华

一、关于中国古代城市史的谈话

本文系由王绰于1995年12月25日提问，1996年2月12日由郭湖生回答并整理完毕成稿。

王绰博士：Dr. J. C. Wang，美国弗吉尼亚工学院及州立大学建筑及城市规划学院（以下简称王）。

郭湖生教授：中国南京东南大学建筑研究所（以下简称郭）。

王：关于中国古代城市史的英文论文已是千篇一律，没有必要再来一篇了，也许您我以对话的方式谈谈研究（中国）城市史的困难、问题何在、前景如何，比较中肯。您意如何？以下问题，请尽情发挥。

郭：同意。以谈话的方式很好。就请提问题。

王：几乎每篇有关于中国城市的论著都引用《周礼·考工记》：匠人营国，方九里，旁三门……这一段文字。请谈谈它对研究古代都城规划与形象上的影响及意义（其规范性、指导性和限制性、迷惘性等）。

郭：您提出了一个切中要害的问题。迷信《考工记》为中国古代都城奠立了模式，就使中国古代都城的研究陷入了误区，停滞不前。《考工记》对中国都城的影响，确是有一些，但绝非历代遵从，千古一贯。其作用是有限的。其实中国古代都城的规划经验是逐代积累，许多措施形制因时因地变易，绝不是由一个先验的模式所规定。古人是很讲求实际的，都城规制的根本要求，主要就是以君权至高无上的政权统治的需要为原则。许多功能和形制的发展变化，用《考工记》是解释不了的，强为之解，终究是削足适履，不得要领。首先，谈一下《周礼》和《考工记》这两部书，《周礼》或称《周官》，应有六官（天、地、春、夏、秋、冬），传说是周公所作，据后人研究证明，已掺入西周以后的事，且与《尚书》等古籍相矛盾，说明《周礼》经后世篡改，犹如唐代《开元六典》，宋代的《政和五礼新义》，都属于虽已编纂成书但并未实施的政典。秦始皇焚书坑儒，儒家典籍散藏民间，到了汉武帝罢黜百家，犹尊儒术，朝廷贵族在天下四处搜求儒家典籍。汉武帝的异母弟刘德，后来史称河间献王（献是谥号），当时用大量金帛招揽民间献书。周官是其中之一，不过少了冬官部分，于是用搜集来的《考工记》作为冬官补入《周官》而献进朝廷。所以，古时有的学者不认为《考工记》是周礼的一部分，是分开作注疏的。

《考工记》的营国制度的影响究竟如何呢？不妨回顾历史，它成为儒家经典《周礼》的一部分而受到尊崇，自然是汉武帝以后的事，所以现存春秋战国遗留的城址虽多，但与《考工记》相合的没有一处。例如齐临淄、燕下都、赵邯郸、楚纪南等。汉长安是在秦代离宫长乐宫和汉初造的未央宫的基础上就事论事在惠帝时建成的，没有完整的计划，谈不上《考工记》的影响。到了西汉末王莽当政的时期，在长安南郊加建了被认作是宗庙和社稷的礼制建筑。王莽是有名的复古狂，样样模仿《周礼》。不过只有十几年就灭亡了。东汉建都的洛阳，是秦以前就有的，南北二宫，南垣四门，北垣二门，祖、社都在宫左，也不是《考工记》制度。自（曹）魏邺城而后，魏西晋洛阳、东晋建康都是邺城体系；宫前东西大道划全城为二，宫城在北而坊市在南。自魏邺城听政殿司马门前大道排列官署，开始出现御街、御道，魏洛阳也有铜驼街，并不是《考工记》制度。邺城体系一直影响到隋代的大兴城，也就是唐长安。宫在北，坊市在南。但大兴城的旁三门，左祖右社，倒是合于《考工记》的。所以，不妨说是折中的。到了五代、北宋的东京原是唐代的汴州宣武军，是州军级地方城市，采取当时常用的子城——罗城制度，《考工记》根本没有。改造地方城市成为都城时，御街采用州桥——千步廊——门阙的系列，对后世影响很大；原来旧城东西只有二门，有皇城、旧城、外城三重城垣；市在朝的东、西、南三面，主要在东侧，唯独北面没有，和"面朝背市"恰相反；这些都是不符合《考工记》的。南宋的临安，同样是地方城市改为临时首都，迁就现状，没有大的城市改建，也谈不上《考工记》营国之制。

最为切近《考工记》的，要算是元大都。除了北垣二门之外，旁三门，九经九纬，面朝背市，左祖右社，都说得通。显然，元大都受了宋东京到金中都三重城，以及宫前御街千步廊州桥序列的影响，又在儒学正统思想影响下采取了《考工记》布局。其后明清北京，是在元大都基础上改建的。于是主张《考工记》原则为主流的人常用北京为例，用反溯的办法证明《考工记》千古一系。他们不爱提隋洛阳，更不愿提明南京，这两座都城除了宫前的左祖右社之外，再无与《考工记》有任何相同之处。也许，要说《考工记》对历代都城形制有一贯影响的话，自魏晋以后，只有"左祖右社"这一条了。因此，重温历史，我们可以说，中国古代都城布局方式是在一定时期具体条件下，依据以往经验，有因有革，不断变化前进的。例如宫城双门骈列，甚至宋东京御街御廊杈子，原是一时权宜之计，为后世转相因袭，成为定制，这些都不是《考工记》有了先验的规定后才有的。

王：请详细描述您近年来对中国城市研究的创见及心得（包括前人的错误及您自己的新发现）。

郭：我的第一个心得是：古代城市要从经济、交通方面分析。首先是水资源、水运的问题。封建统一国家第一个首都是秦帝国的咸阳，没有考虑漕渠。第二个首都——汉长安起，就有了漕渠，就是供运粮的运河。这是因为首都集中大量军队、官吏和随从及进京公务官员、商人乃至外国人（使节及随从、商贩、教士、僧侣、留学生等），形成了市民阶层，这样，必须从全国调集粮食及生活物资供应首都。自西汉以后，历代首都均有漕渠建设。或择址临近航运的河流，或人工开挖与天然河道相结合，对运粮和商业都有利，如隋代的大运河和元代的大运河，对全国的经济发展，有很大的帮助。水运远比陆运量大且经济，古代尤其如此：如无水运，耗费极大，将力不胜任，使国力贫弱。最显著的事例是北魏孝文帝把首都由代京，也就是大同，迁往洛阳。北人不习惯乘船，他亲自坐船作为表率，说：代京因为没有漕运，所以百姓贫苦，因此要移都洛阳，用河道通达四方，我坐船是为了开导大家。过去论著强调了孝文帝此举的政治、文化目的，其实经济是根本原因。在铁路开通以前，水运常是都城址的决定性因素。其次是水资源，除了航运，水是日常生活、灌溉、水碓所必需的。这方面，古代有丰富的经验。许多古代都市常有人工蓄水的湖面，形成优美的风景区，至今我们坐享其利。例如南京的玄武湖、北京的颐和园、杭州的西湖、绍兴的东湖等等，最早的人工水面，要算汉长安的昆明池，还兼有操练水军的作用。重视水资源的利用，有水平很高的水工设施结构。这是一个优良的传统。水资源包含水量和水质两方面，隋文帝舍弃汉长安旧城，一个重要的原因就是水质不宜饮用。现在西安、北京都缺水，尤其北京。长远看，要靠南水北调来解决。这是太强调都城的生产作用，耗水工业太多的后果，也是缺乏预见性的后果。

第二个心得是：研究了唐宋的州军级地方城市构成的方式，因为都有子城和罗城，我称之为子城制度。

子城、罗城的名称都是晋、南北朝史料中开始出现的。但其前的汉代是郡县制，有没有类似规定的城市形制，还没有弄清。子城制度对其后的元明清府县级城市的影响是明显的，但也有不同，还需继续研究。

第三个心得是：研究了宫城和都城的关系。

作为都城，帝王所居宫城是其核心，但宫城形制受到政权体制、礼仪要求、宫廷制度以及防卫警戒制度、宫廷功能变化等多方面因素的制约。大体上说，汉承秦制中央集权之后，又有汉武帝加强皇权，削弱相权的举措；于是有中外朝之分，最后导致尚书代替丞相九卿的职能。于是自邺城起朝廷政府并列于宫城，形成了我称之为骈列制的格局。所以魏晋南北朝的宫城南垣宫门骈立，相应有两条宫前大道。这是《考工记》时代预见不到，没有谈起的事，用《考工记》来解释终究是不得要领。又如隋唐有皇城，宋代没有，明清又有，但性质内容不同于隋唐，这里有一个内容转换的过程，皇城也不是周礼制度的要求。

我有一些心得，也有不少疑问，所以研究还得继续。

> 王：在研究古代都城形态及发展中，子城是一个重要的元素。请以图文将其历代的发展演变，及其经济、政治、军事、社会等背景，作一系统性的分析。

郭：很久以前，我开始注意并收集子城的资料，子城是许多人注意到但未详加研究的一个问题，第一次发表是在1985年日本京都大学的《东方学报》上，题为《子城制度》，是根据1983年在京都第一次学术报告整理成文的。只赠送单行本给一些同行熟人，没有在国内发表。这篇文章主要讲唐宋州级地方城市的形制，提到宋代的东京，原是唐代中期建立的汴州宣武军，也是州军级城市，改造地方城市成为都城的过程中，出现了御廊权子，就是后世的千步廊，一时权宜之计，竟成为后世相仿效的定制。这大约也是《考工纪》作者始料不及的事吧。

宋代沿用唐制，管理地方图志的中央机构是兵部职方司。每逢闰年各州向中央呈送地方图志，称作图经。内容有山川、桥道、市镇、驿站、衙署、坛庙及地方出产、人物，就是后世官修地方志的早期形式。隋代就已有图经了，见于《隋书·艺文志》。图经有图有文，有早期的城市图。因为图经是按州编绘报送的，州军级城市子城制度的图，更是必具。可是隋唐图经已佚不存，现存的只有宋代的个别城市图，如宋严州

（建德府）图经、宋刻石的平江府（苏州）城图、静江军（桂林）城图以及方志中的图如建康志中的建康城图。平江府图和建德府图是南宋时期子城形制的极好例证。

简要地说：子城是一州的政治、财力、军事的核心。在子城内，主要是州军长官及僚佐吏员们的衙署和生活的廨舍以及储藏物件的库房，如架阁就是档案库、甲仗库、钱库、银库、公使库、常平仓；有招待宾客的部分，往往附有小花园；有诉讼审判的司理院和拘押犯人的监狱；有练习射箭的射堂和射垛，等等。子城门称"州门"或"军门"，门上有鼓角楼，即谯楼，是一城的中心和最高点，是以鼓声和号角报时的地方，全城可闻，用以按时启闭城门和生活作息。鼓角楼也是全城最突出和最美丽的建筑。元代灭宋以后，下令销毁兵器弓矢，拆除城垣，所以子城从此绝迹，但子城门就是谯楼则保存下来，至今还有遗迹，如福建省莆田市的谯楼，也就是宋兴化军的子城门或鼓角楼遗址。明清地方志所记江南各地谯楼，其北侧就是地方衙署。但北方县城，往往是十字街口建一座鼓楼，这种形制何时开创，还需研究。全国古代地方州县级城市，尤其县级的形制演变，也缺乏深入的研究。中国封建时代样样按等级有规定形制，地方城市制度也不例外，要继续研究。

王：国内研究中国古代城市的学者颇多。请就以目前或近一二十年来诸家研究方向、重点及成果作一综合评述。

郭：这是一个不容易回答的问题。就国内研究中国古代城市的学者而言，大体上分为三个界：
第一是历史地理界，以北京大学的侯仁之先生和上海复旦大学的谭其骧先生以及陕西师范学院史念海先生为代表，有中国古都学会和历史名城研究会，各省各地有分会，出版《历史地理》和《古都研究》等刊物，并举行多次全国性学术会议，出版论文集。其成果相当丰富多彩。

第二是考古文物界。几个古都是重点考古地区，如西安的汉长安和隋唐长安遗址，洛阳的汉魏洛阳和隋唐洛阳、邺城等，考古研究所设有工作站，长期从事考古发掘，考古界对这些重要遗址的科学发掘经过分析研究，整理出若干专题发掘报告。有的学者如王仲殊、徐苹芳写出综合性汉唐长安、汉唐洛阳的城市历史面貌的专文，刊于《考古》等杂志上。考古发掘最具权威性、最有说服力，加以丰富的、经甄别过的文献资料，使古都研究的水平全面提升。各省有文物管理部门，进行省内的发掘和文物搜集。在古城古都遗址方面，如河南二里屯亳都、郑州商城、河北邯郸赵王城、易县燕下都、山东齐临淄城、湖北江陵楚纪南城以及江苏扬州唐城、陕西周原遗址等经长期考古工作，有极重要、极有价值的发现。近年陕西省与日本京都府的文物部门在日本举行《大唐长安展》，出版专著，以中国和日本的唐代文物介绍唐长安的艺术上的伟大成就。最近浙江杭州发现的南宋太庙遗址又是考古的重大成果。研究古代城市，首先要对长年辛勤努力的考古和文物工作者深致敬意、谢意。

第三是建筑界，由于中国历史文化名城已批准的有 90 多个，历史文化名城有保护条例和名城规划。建设部和各地建设部门有专管的机构，也有研究者。其次是高等院校的建筑和城规专业的教师，由于原来中国古城古都的研究者多半是在高校的建筑和城规专业，迄今也保持一定的研究力量。吴良镛教授最先开设中国城市史，早在 1954 年我在清华大学旁听过这门课。吴老写有《中国古代城市规划史纲》（英文版，A Brief History of Chinese City Planning, 1986），这本书我没有读过。但吴老不赞成《考工记》自东汉迄明清一脉相承的说法，他在 1994 年出版的《北京旧城与菊儿胡同》中说："元大都是第一次有意识地把我国古代历史上《考工记》描述国都理想城的型制，结合北京的具体地理条件，以最近似最集中的规划布局手法，创造性地加以体现的城市。"大多数人，包括我，支持吴老的这一评价。贺业钜先生的《考工记营国制度研究》则是唯一系统论述《考工记》一脉相承之说的。他主要是文献研究。根据《周礼》《尚书》及一些金文中的线索，对西周时代的"营国"，即建设都城之制及具体规划包括宫室、朝寝、官府、宗庙、社稷、闾里、道路、市等作了分析与推论。这种工作是艰难的，需付出很大努力；能使人对《考工记》等著作的东周时期的制度有所理解，有所启发，在学术上是有价值的。但是，并未回答秦汉以后中国历代建都中许多新的问题新办法导致的新形制产生的原因。不过，有些外国学者，如美国宾州州立大学的戈兰尼教授（Gideon S. Golany），则很推崇一脉相承的说法。同济大学的董鉴泓教授的《中国城市建设史》是高等院校建筑和城市规划专业的教科书，书中较详细地描述分析了主要的古代城市如汉长安、洛阳；唐长安、宋东京等，尤为突出的是有大量地方性城市的实地调查资料，其中山西北部沿长城的明清时期军事性城邑的测图，是第一手资料，颇足珍贵。东南大学的潘谷西教授，则是教科书《中国建筑史》中城市一章的作者，除了汉洛阳、邺城、宋临安、明南京以外，均有详细的论述，他在《古建筑讲座文集》中发表的城市史专论则进一步完整和全面。

董潘二教授的主旨是不赞成《考工记》一脉相承。认为中国古代都城多数是在旧城基础上改建，较之完全新建，所受《考工记》影响较少。以上谈到的，都是连篇成部的大著作，近年来，又有许多单篇城市史论文，内容涉及古代城市抗灾、风水意识、古代城市艺术、古代城市生态环境，新意层出不穷。也都超越了《考工记》的框架，我写的"古代都城小史"专栏在《建筑师》上发表，原计划 10 篇，只写了一半，因病耽误，还要继续。我想提出三个体系：战国体系、邺城体系、汴京体系来代表中国古都的三个阶段。我现在谈的，其实就是写专栏文章的指导思想和一些体会。请大家批评指正。

　　　　　　　　　　王：国外（包括英、美、日本等）研究中国古代城市不乏其人，请作相应的评论。

郭：国外研究者的确不少。但是限于条件，我知之不多。我举西方、日本各一例来说明。首先要提到宾夕法尼亚大学（University of Pennsylvania，后简称"宾大"）的斯坦哈特博士 (Dr.Nancy Shatzman Steinhardt)。她是哈佛大学博士，完成于 1981 年的博士论文的题目就是《元大都》。正是这个忽必烈汗的汗八里使他惊异看到其城市规划没有统治者的蒙古特色而是一个道地的中国式产物。于是她开始致力于中国都城的演变史，知道了"王城制度"即《考工记》。她阅读了大量文献资料，并接触了许多中国学者。她提到 1990 年之后出现的五本书：日本村田治郎、董鉴泓、吴良镛、贺业钜（两本）。她说，都是从王城开始。她于 1990 年送我一本刚出版的书：《中国都城规划》（Chinese Imperial City Planning）。从周礼谈到北京天安门广场。是以《考工记》

为主干的。但这本书收集的资料相当完备，包括通常鲜为人知的资料，包括日本的调查资料，如安邑、莒都（日本驹井、关野发掘）、平城、邺城、成都、北魏盛乐、渤海国上京龙泉府、元应昌路、辽中京大定府和上京临潢府（日本田村），朝鲜平壤高句丽早期宫殿址（日本长岛）、元上都开平府（日本驹井）、明中都凤阳城等。书后有参考书目，并亚洲的资料外西方作者183人论文229篇，这是一个庞大的数字。她的著作可以视作西方研究者的代表；详尽地占有资料，尽可能客观地描述，信息丰富，有开阔的视野，这些是其优点。但外国学者往往难于甄别各种不同来源的资料，判别真伪，采取比较合理的说法。换句话说，是易于守成，难于创新，易于从众，难于立异。我1988年访问宾大时向她谈到了建康宫城的骈列制。她知道"子城制度""魏晋南北朝至隋唐宫室制度"和"台城考"。但从她1990年的书中看出她并没有接受我提出来的一些新说法。在国内由于尚未在报刊公开发表，鲜为人知，没有反响。

接着我要谈到日本的村田治郎先生（Murata Jiro）。他的"中国の帝都"发表于1981年，是他长期研究积累的成果，从商代开始逐个时期详列直到明清。他大量采用日本学者的研究资料，如驹井和爱、关野雄（Kazuchika Komai、Takesi Sekino）的战国城市，那波利贞（Toshisada Naba）的考工记，水野清一、森鹿三（Seiichi Mizuno、Shikazo Mori）的北魏洛阳，冈崎文夫（Fomio Okizaki）的六朝都城，佐藤武敏（Sato Taketoshi）的唐长安，梅原郁（Kaoru Umehara）的宋东京，田村实造（Jitsuzo Tamura）的辽金都城等。可以说也有综合和总结的性质。其中梅原郁研究虽未发表，但村田所引他关于开封宫城、街道的复原图我认为是最近于真实的。最后是

23 条总结意见和村田的四篇论文：邺都考略、金上京会宁府之遗迹、关于元大都平面图形的问题、渤海国上京龙泉府之遗迹。日本学者从事中国城市研究者很多，历时甚久，特别是对内蒙古、东北的遗址有较详尽的调查和研究。

总而言之，我们掌握的资料知识，包括古代文献和近人的发掘调查资料和分析研究，并不比欧美和日本学者更多，但我们置身中国自然和人文环境中，接受先辈和现当代科学家丰富的研究成果，熟悉史料和各地方风俗习惯文化传统，知道考古和文物调查的新动向，易于甄别真伪杂存的史料，易于发现史书中隐晦不明的地方，所以有些相对的优势。我们理所当然对整理中国城市的优秀遗产，发扬传统城市文化艺术担负主要责任，也欢迎并热切期望和世界各国学术界交流合作。

> 王：中国古代城市的中外论著绝大多数论述城市的实质形象，甚少从居民出发谈到"使用"上的问题如环境的卫生、安全、绿化美化、交通拥挤及便利和人民一般衣食住行方面的描述，请谈谈你的看法和意见。

郭：我同意您提出的这个看法。我们研究描述的城市，是生活中的城市，而不只是徒有躯壳，那不是我们的目的。现在许多人谈论到"回归"到建筑、城市的本源，建筑、城市的本源就是社会，就是人。我们所研究建筑和城市历史的主体也一样，当然是放在一定条件一定制度下，不会是抽象的。但是我的印象是：其实国内许多研究论著也正是朝着这个方向做的，例如徐苹芳先生的《唐代两京的政治经济和文化生活》就是谈唐长安和洛阳居民经济文化生活的，写得很好。又如华南理工大学近年组织的民居调查和城市抗灾研究是研究居住和安全方面的古代经验，已有不少成绩，仍在继续。不过总体而言较分散，不够突出，没有形成有分量的作品。向达先生的《唐长安与西域文明》描述了不少唐代长安五方杂处的繁荣场面，那时佛寺的俗讲，就是宋代瓦子的杂剧、说书、木偶戏、唱曲的前奏。唐中叶起到北宋，城市生活日益繁荣活跃，史料中有不少资料可写。例如唐长安出现赁马代步的店铺，可算是出租汽车公司的祖宗，宋代有望火楼和消防队伍，有官立惠民药局、悲田院。唐长安的天街和城门处成为市民聚集的场所，到宋代则更为繁荣，出现瓦子和大量酒楼饭铺，定期向市民开放寺观和苑囿。城市管理方面，坊里夜禁也废止了，掏渠运粪，也由官府监理。城市生活在向前发展，面貌在改变，不仅是庙堂上的典礼音乐舞蹈，也有普通百姓的生活，这才是真实的、完整的城市史。当然，做到这一点，不是轻易的事，需要继续朝这个方向去努力，写出一部生活真实的城市史。我们写的城市史，虽然要生动、真实，但又要严谨、科学，要言必有据。我们不是商业行为，不能像近年某些历史题材的电视那样，全是帝王将相贵妃宫娥太监，追求豪华场面，场景的宫阙楼阁夸张得离谱，脱离历史真实面貌，用歪曲的历史误导读者。

王：研究中国古代城市对于中国现代及将来的城市规划及设计（或改造）有何直接或间接的影响？

郭：您提的问题正是当前中国面临的大问题。这要分两方面谈。第一，中国是历史古国，历史文化遗产非常丰富，多数就保存在遗存至今的古代城市中。所以，历史文化名城大多数是古城中的精华。至今已批准了九十几个，要求做历史文化名城规划，有保护条例。但事实是在建设高潮中，历史文物不能很好保护。文物部门常和建设部门有矛盾，相互争执。规划往往只能笼统、模棱两可，煞费苦心。历史面貌迅速被"现代化建设"改造而消失，皮之不存，毛将焉附？古城已经消失，历史文化云云从何谈起？世界上很多保护历史文化名城的好经验，中国有关部门也没少派人出国去取经，结果是收效甚微。我看过的世界级历史文化名城，保存最好的要数威尼斯，不拆马路，没有汽车，自行车也不用，全是步行上桥下桥曲巷小路；路远点就用船、汽艇，名副其实的水城；建筑一律原样，圣马可大教堂有九百多年了，一般的也有好几百年了，从未听说"拆了翻新"，"改造旧城"；像我们这里这样热火朝天，弃旧如敝屣，毫不惋惜。佛罗伦萨也很好，对岸看去，一片红瓦黄墙，穹顶大教堂和市政厅广场的钟楼耸出其上，仍是文艺复兴早期原貌，并没有任何高楼大厦玻璃幕墙。博物馆里米开朗琪罗的大卫像、波提切利的维纳斯的诞生等名雕、名画原物吸引着成千上万世界各地来的欣赏者和旅游者。这正是历史、文化、名城。不是假古董，不要粉饰门面，没有扩音器，没有广告。我感到最遗憾的是苏州，"东方威尼斯"，两千多年历史，文化气息很足，书香气甚浓，加以适当的现代化技术改造（主要是水质、排污、某些危旧房的加固，也有不露形的改造等），成为世界级的历史文化名城条件最好。硬是横穿了一条东西干道五十米宽，不计沿道为开发房地产而加扩的范围，把自古号称四直三横的河道网拦腰切断。四直三横被切割成零段绝流。沿路新建"现代化大厦"屏蔽了古苏州。两个威尼斯一对比，便知优劣。决定的环节是规划和决策，历史文化名城的规划和建设可比作"一失足成千古恨"，悔改不得的，所以要慎之又慎。

有人就是既不懂古代城市构成，又不懂"古"和"旧"能比"新"又"亮"价值高得不可比拟的道理。这样，遗憾就不只此一处了。

另一个方面是对今后城市规划的影响，我想，也就是借鉴、学习古人经验中有益于今人的成分，所谓"古为今用"吧。古代城市建设的确有不少值得令人学习的成功经验。我想提三点意见。第一是水资源的开发利用。古代地方官到任讲究劝农桑、兴水利，秦代蜀郡太守李冰就是典范，这是好传统。一泓清泉，视为珍宝。前面举过一些属于都城的有名水利工程的例子，其实古代是很普遍的，甘肃的酒泉，蓄积了祁连山雪水，云南的丽江黑龙潭，蓄积了玉龙山的雪水，流注全城，人民赖以生存，也是著名的风景名胜，我们至今仍受其惠。尤其魏晋洛阳综合利用谷水的经验，一条谷水经过各种水利工程安排，被用作动力、生活用水、灌溉、绿化、养殖、泊船、漕运，淋漓尽致，最后流入洛水。今天科技如此发达，我们却为水质污染、水量缺乏而成天犯愁，真是不可思议。第二是环境的绿化美化，是中国古代城市的好传统，唐长安天街的槐衙，就是行道树，宋东京御街的桃李杏梨，御沟的莲荷，"春夏之间，望之如绣"，确实是很美的。一般城市居民区，也保留大量古树成荫，绝无所谓现代化城市那样，连片高楼，连喘气的空隙也没有。第三是城市建筑的有序构图。在城门处，在州府子城门上，总是最高最美丽的城楼作为构图焦点，全城主次分明，主体建筑显著突出，是一个统一体，各地都如此。北京尤其是典范，故宫之在北京城内，不但位置突出，形体、色泽也是突出的。她的建筑艺术的成就是举世公认的。虽说它是封建社会的产物，但其有序性和突出中心这一点是值得学的。比资本主义城市那种争奇斗胜、杂乱无序，中国古代城市在艺术上总是大手笔得多了。难道市场经济必然意味着无序？可以探讨。

王：您认为研究中国古代城市工作中，下一步（或下一代）的研究方向及著作重点为何？请列举几项最重要（急迫）的课题，并说明缘故。

郭：我开了一个清单，有十几项，其实还可以加一些，要着手搜集资料，理出头绪的题目：1. 地方城市：府、州、县、军、镇，特别是明清时期，要南北方分别找典型、查史料来分析整理。2. 宫城和皇城。3. 风水：环境、人与自然。4. 技术：道路、桥、涵、闸、渠、堤、蓄水库、引水工具；军事安全工程、城防工事、防火措施等。5. 城市艺术，建筑造型构图。6. 市场的发育和市场形式。7. 市民活动和公益事业：社祭、庙祀、惠民药局、悲田院、瓦子、广场等。8. 城市管理制度：作息制度、夜禁制度、交通管理、坊里行政制度等。9. 地方祀礼活动与建筑：城隍庙、社稷坛、儒学、书院、贡院等。10. 佛、道等宗教建筑在城市中的作用与地位。11. 中国古代城市对亚洲地区的影响，等。这里不包括已经有人作系列重点研究的问题如防灾、住宅民居、街景识别标记等。但如果挑出几项重要（急迫）的课题，我想应该是：一、地方城市制度，主要是自宋至明之间，宋代子城门到明清成了谯楼；宋代创立戒石亭，明清继之；宋代子城门前例有宣诏、颁春二亭，用来宣告朝廷旨令及政府告示；明代也有二亭，用于发布告示，明初处死贪官，剥皮示众也在这里。这是南方州县城市的格局；而在北方则常是十字街口立一鼓楼，何时开始？怎样演变而来？现在不清楚。研究地方古城现在带有迫切性，因为经济建设速度很快，拆除旧城也很快，如不及时调查留档，可能珍贵的资料一去不返，失之交臂。第二是研究宫城与皇城。宫城是皇帝上朝和生活的区域，禁卫森严，有一套制度。这是都城的核心，影响布局。皇城，在隋唐时期是政府百司和首都卫戍部队所在，还有仓库，而在明清，皇城是皇帝的后宫内苑和庞大的内侍机构所在地，简而言之，是休闲和后勤区域，和隋唐皇城性质不同，在整个城市中是次于宫城但仍然警卫森严的地方。从秦代开始，宫禁制度和宫廷生活自有一套，与外廷政治既独立也有相联系之处。这个问题一直没有人研究清楚，可以说是最后一个空白和难点吧。我是感兴趣而列入优先之列的。第三是古代城市的工程技术：军事防御和安全措施如城壕、城墙、箭楼、战棚、马面、暗门等；水利工程设施，如堤、闸、沟渠（包括明渠和地下管道）、涵闸、提水与喷洒设施等；交通工程，如街市道路、各种桥梁等。这些资料也是容易毁坏散失的，所以要优先收集调查。以文献资料研究为主的项目或观点内容的探讨，不妨暂缓。这只是我自己的希望，对自己的要求，可能不对，并不是对别人的要求。我想，问题的回答大致就是这样。

王：谢谢您的回答。再见。

郭：也谢谢您给我机会和提示。再见。

二、1997 版 "前言"

我国两千多年的封建制度，给我们留下了为数众多的大大小小的城市。其中，有许多保存至今，且都面临旧城改造问题。尤其是那些历史文化名城，在改造旧城迅猛发展的今天，如何加以保护并发扬它们的优良传统，已成为十分迫切需要研究和解决的问题。

曾经作为封建都城的城市，无疑是我国历史文化名城的精华。它们有各自的特色和丰富的建城经历，值得认真地去研究、理解和发扬。都城不同于一般城市，有其特殊的性质和要求，规模也较为庞大。在选址方面，都是以全国地域和当时的全局形势出发，考虑地位适中，交通运输便利，保障安全，经济实力雄厚，便于对全国实行有效控制等。都城是政治中心，核心是皇权，有皇帝生活的宫殿苑囿；有礼制的需求，如朝会和坛庙祭祀场所；有中央权力机构的各部门，如丞相府、尚书省和寺、监、署等衙门。都城是军事重心，需要集中相当数量的野战部队和卫戍部队。都城是文化中心，如建立太学辟雍、藏书楼等。都城是各种宗教活动和管理宗教的中心。都城又是人口聚集之地，物资需要浩繁，要有良好的道路、桥梁、漕渠，还要建设仓储传舍乃至外国使节商旅的府邸旅舍；此外，当然还要有严格控制下的居民巷里。所以，都城有其独特的性质，在功能上又是一种非常复杂的综合性的统一体。

王朝变迁，都城也变迁。一般说来，大都在参照传统经验的基础上，有因袭，也有革新。但往往又是革新多于因袭，没有一个千古不变的先验的模式。当然，在封建制度未变的前提下：因循守旧，追慕三代，以恢复《周礼》为理想的保守倾向始终存在，以皇权为中心同便民利民的矛盾也始终存在，在历代都城建设中积累的丰富经验，迄今仍在造福人民。例如，城市水资源的开发利用，蓄水库、水渠、漕运的建设，防洪、防水、防灾措施，城市绿化和环境卫生，在宏观上同自然结合的城市构图，强调制高点的城市轮廓线等等方面，我们的祖先都有许多杰出的创造。

近年来，从不同角度研究阐释古都建设的论著日益增多，见仁见智，不尽相同。这里将择要介绍历代十个都城的特点和历史成就，以供读者采择议论、批评指正，以便修正充实进一步完善。

这十个都城是西汉长安、东汉魏晋洛阳、东晋南朝建康、隋唐长安、隋唐洛阳、北宋东京、南宋临安、元大都、明南京、明清北京。基本上都是统一国家的首都。辽南京、金中都附于元大都一篇内。分裂时期各国都城暂从略。封建统一国家以前的都城，因资料缺乏，情况不明，亦暂且从略。

三、1997版"后记"

这里发表的十篇古都的文章，原在北京《建筑师》期刊"中国古代都城建设小史"专栏连载。自1992年酝酿属稿，1993年2月刊出第一篇《西汉长安》至今已经四年了。期间1993年和1995年两次住医院治疗动手术，耽误了不少时间，终于最近完稿。于是连同过去发表的《子城制度》《魏晋南北朝至隋唐宫室制度沿革兼论日本平城宫室制度》及附文《台城考》《中国古代城市水工设施概述》，和最近发表的《关于中国古代城市史的谈话》，因其相互有关，相辅相成，故归总为一书，便于阅览。

书的出版工作委托阎亚宁君在台湾操劳赶工，加以空间出版社的编辑乔宇恩、高明清、郭珊妃、尤俊明以及林栢年先生的大力协助，于短期内得以实现，了却十多年来一件心愿。对以上各位，谨致以衷心的感谢。

一九九七年二月二日

四、2003 版 "自序"

我在本书中提到过 "邺城制度" 之名。那是在关于中国古代城市史的谈话部分，我想提出三个体系：战国体系、邺城体系和汴京体系来代表中国古都的三个阶段。邺城是魏朝所定之都，晋仍然使用。当时有两大特点：一是政府与朝廷并列于一起，所以叫 "骈列制"；二是宫城在都城之北，北垣与宫城北垣合二为一，各部门则列于宫南。我国古代都城中很多采取这一种方式，如魏、西晋、南渡后的东晋、南朝的宋、齐、梁、陈直至隋、唐都是如此，而且影响到渤海国和日本的古代京城如藤原京、长冈京、平城京（奈良）和平安京（京都）。特别是隋唐两朝，在中国古代历史上是生活习惯、风俗大变化的时期，如饮茶习惯，使用床、椅的高坐起居习惯及最早遣使中亚国家（如《洛阳伽蓝记》记载遣使阿富汗见巴米扬佛等），值得我们特别注意。

于东南大学

出版目录

校补说明

《中华古都》，措意、成型于20世纪80年代初90年代末。从中可窥郭湖生先生潜心学术之一斑。先生独步学林久矣。毕生针砭学科专业分化之弊，力破"偏技术学科而乏历史关怀"之囿。

恪守师训，溶建筑史于城市史。以"骈列制"佐刘敦桢先生《六朝时期之东西堂》之断，以"台城考""台城辩"纠朱偰先生之误。不虚言、不妄言。言必有据。

兼贯考古，促文献与发掘相印证。以"邺城制度""宫室制度沿革"辩洛阳、建康宫城方位、轴线，水野清一先生北魏洛阳复原、杨鸿年先生《汉魏制度丛考》皆其资考。以"子城制度"阐地方城市与都城秩序之因袭。不低估传世文献，不轻信考古材料。论从史出。

励耕学域，倡东方建筑研究。以"宫室制度沿革""三体系说"释日本等宫室形制发端于魏晋之迹，以"三阶段"疑《考工记》王城制度一脉相承之说。不落窠臼，不人云亦云。开拓创新。

劈划前途，策同行求知博精。以"权宜之计而终成定制"悟历史嬗迹晦暗变幻之实，以"水工技术""谈话"述社会运作之细、保存利用之艰。不说教，不聒躁。垂范后学。

先生于 1999 年"建筑遗产丛书"序曰以"子学派"之许，今吾等弟子不揣浅陋，襄助校补出版，期呈先生问学之道，幸哉。

《中华古都》，先在台北问世，初版于 1997 年，再版于 2003 年，增添《论邺城制度》一文。本次校补以此为底本，参校各篇期刊版本。文献采自作者所处时代通用版，如二十四史以中华书局繁体竖排点校本为准。凡错讹舛漏之处一并厘正，校勘目录不刊印。字符讹者，据改，如"念强臣之窃命"当作"忿强臣之窃命"；字符脱者，据补，如"蔡质《汉官仪》"应作"蔡质《汉官典仪》"；字符冗者，据删，如"《三国志·魏书》卷六十四郭祚传"应作"《魏书》卷六十四郭祚传"。仍发表期刊旧样，符号、数字标注未统一。依先生句逗习惯，未添加任何文字、标点，未更改段落划分。极个别简繁体不相对应者，力从原貌。

尽量保持前版本次序，《关于中国古代城市的谈话》与初版"前言""后记"、再版"自序"，辑成第三部分。"历代都城"部分乃"三体系说"之史例展期。文笔异于教材类、科普类文字。大体有经络、局部有细节。"城市史专题"部分以发表时间排序。增补《台城辩》《石城辩》，与《台城考》相辅相成，建康个案乃先生最用心者。《论邺城制度》置于末尾。题曰"论"，是扛鼎更是收山之作。《谈话》贯穿前两部分要义，提纲挈领，更有对待城市遗产之态度。细品慢读，总意犹未尽。

其二、增补出版目录，罗列上述文字发表状况，以示学术年谱。顺序与《关于中国古代城市的谈话》中"三个心得"一致，实非偶合。

其三、补充二十四种条目于"主要参考书目"中，保证其与正文出现顺序一致，便于检阅。

其四、图版统一编号备注。极个别图版依照正文调整位序。各篇一气呵成、顺理成章，图版位置无碍理解。增补图版目录，便于索引。

保持原始手绘图版面目。《台城考》"综上所述，试作台城复原想象平面图"即此。保留"据本文所作"字样，未作删改。摹写个别图版隐约未显之处。"水西门、通济门图"由杨国庆先生提供底本以便比对，耑此申谢。

郭门弟子
己亥岁末

后
记

今年，郭湖生先生生前著述《中华古都》列入国家出版基金资助项目。历时两年，经学界同仁和先生的学生们的共同努力，这部书稿终于校编完成，即将正式出版发行。

1993年起，先生应《建筑师》杂志社之邀，在《建筑师》上连续发表文章十余篇，对自西汉至清代中国各个时期代表性都城进行研究和论述。这些文章，作为一个系统性研究的成果，体现了先生对中国古代城市，特别是都城的形成、制度及演进进行长期系统性研究的一个脉络。后来，应台北《空间》杂志社之约，先生将这些文章另合并《关于中国古代城市的谈话：与王绰谈话》《子城制度》《中国古代城市水工设施概述》《魏晋南北朝至隋唐宫室制度沿革——兼论日本平城京的宫室制度》《台城考》等文章成专著在我国台湾出版，定名《中华古都》。此后，对中国古代城市的研究，一直是先生学术生涯的重要内容，在中国大陆出版他对中国古代城市研究的专著，也是他一直的愿望，但可惜的是，长期抱病在身的先生，直至他十年前离世，很多研究心得已无力转换成笔墨，终为一大憾事。

又是一个清明的到来，转眼间，先生离开我们已经十年了，这本《中华古都》即将面世，如先生天上有知，也会感到慰籍吧。在此，首先要感谢傅熹年先生，作为先生生前多年的学界老友，傅先生欣然接受了我请他为本书作序之邀，并在百忙之中，完成了本书的点睛之笔。此外，还专门书信嘱咐郭先生的学生杨昌鸣教授，认为本书是郭先生生前重要著作，一定要精心校勘，老友之谊，跃然纸上。在此特向傅先生深深致谢，以表达我们的感激之情。在本书的出版发行过程中，先生的学生杨昌鸣、张十庆、常青、饶小军、余健、阎亚宁、周学鹰、李浈、肖红颜、卢山、赵琳等诸位教授为本书的出版投入了许多宝贵的时间和精力，开展了大量的工作，共同承担了本书的校勘工作，并对本书出版提出了很多很有价值的意见和建议。他们都是在各自研究领域里颇有建树的专家学者，平日工作和研究已十分繁忙，还抽出宝贵的时间，主动承担相应的工作，通力促成此书，足见深厚的师生之谊。先生的学生常青教授和周学鹰教授，还特地组织他们的学生孙新飞、王鹏、李思洋、束金奇、何乐君等参与到本书的校勘工作中。在此，除了被这份真情挚意深深感动外，任何言语也无法表达我深深的感激之情。本书的编辑，中国建筑工业出版社的李鸽博士对成书进行了严谨的审核并和我们进行了细致的交流和沟通，彰显了一位高水平编辑应有的专业素养，为本书的出版提供了高质量的保障，在此我们对李鸽博士表示深深的感谢。本书的正式出版，有赖于出版发行界、学界及先生生前的学生和友人等各方的大力支持，在此一并致谢。

先生生前潜心学术，专注研究，可谓心无旁骛；为人师，为人友，为人父，为人夫，皆有大家风范，堪称表率。如非长年病魔缠身，当硕果颇丰，如今斯人已去，一切皆成过往。但愿此书的面世，了却了先生生前的一个心愿。如果对后辈学者的相关研究有所启发和裨益，也足以令先生欣慰了。

翟汶

二〇一八年清明于南京

作者简介

郭湖生先生，河南孟津人，1931 年 4 月 28 日生于浙江湖州。1952 年南京工学院（今东南大学）建筑系毕业，分配至山东大学（后改青岛工学院）土木系任助教。1956 年迁入西安建筑工程学院。1957 年蒙刘敦桢教授之召，以高教部调令入南京工学院，任其研究助手；1958 年 11 月，率四人小组赴云南、贵州收集十年建设成就资料，并调查两省少数民族居住状况，写成《云贵两省少数民族居住状况调查报告》；1964 年发表《河南巩县宋陵调查》（《考古》1964 年第 4 期）；期间协助刘敦桢教授完成《苏州古典园林》（中国建筑工业出版社，1979 年）和《中国古代建筑史》（中国建筑工业出版社，1980 年）两书的调研和撰写。刘敦桢教授去世以后，郭湖生先生执秉业师之道，继续发展建筑历史理论的研究工作，执笔《中国建筑史》（中国建筑工业出版社，1979 年）教材第三章宫殿、陵墓、坛庙及第五章住宅。20 世纪 80 年代，郭湖生先生应邀撰写《中国大百科全书：建筑·园林·城市规划》中国建筑史中所有分期纲要条目及刘敦桢条，凡九项。

郭湖生先生之研究，无不以对问题的敏睿、前瞻、扎实而称道于业内，先生撰写的自评和学风自励中有充分体现：

"本人长期以来潜心学术，澹泊自守，从不争名求利。尊重同行，扬人之美，厌恶冒名剽窃，投机取巧的市侩作风。能为人师表，以身作则，教书育人，奖掖后进，不遗余力。勇于开拓创新，反对顽固保守。治学严谨，学风正派。

学风自励：恪守师训，治学严谨，论从史出，言必有据。潜心学术，淡泊明志。继往开来，开拓创新。"

郭湖生先生已发表研究论文、书评、书序等共约 60 余篇作品，合作或参编著作 9 种，其中获奖 4 种：《苏州古典园林》（参加）获 1979 年全国科学大会奖、《中国古代建筑史》（合作）获 1980 年国家建工总局科技成果一等奖、《中国古代建筑技术史》（合作）获 1985 年中国科学院科技进步二等奖、《中国建筑史》（教材，合作）获建设部优秀教材一等奖。学术方面着重三个方面的研究：

1、科学技术史
1979 年编成中国科学院自然科学史所主持的"中国科学技术史丛书"之一的《中国古代建筑技术史》（科学出版社，1985 年），担任文稿审改第一副主任编审，并撰写多个章节。1981 年写就《鲁班经与鲁班营造正式》（《科技史文集》第 7 辑）。1983 年，参加日本东京和京都举行的三十一届亚洲北非人文科学会议，作"中国古代城市水工设施"学术报告。应邀参加 1987 年日本京都国际中国科学史讨论会，作"中国古代工程测量技术"报告。

郭湖生先生在《刘敦桢文集》的序中有言："学社初立，与事者多非建筑本业，寄情于钩稽章句，移录掌故，久无所成。朱先生深悉得人之难，于一九三〇年特聘请梁思成、刘敦桢两先生入社，分掌法式、文献两组。士能先生对中国古建筑夙所爱好，教学余暇，潜心研究，嗜古知新，用现代科学方法整理研究遗产，数年间成绩斐然，如出硎新刃，锐不可当，使他人皮相之谈瞠乎其后，黯然失色。"郭湖生先生授业于刘师门下，对工程技术史研究的重视当是自然，在自撰的学风自励一格开首四字即是"恪守师训"，以上所作是为最佳注释。指导完成相关博士论文有：李浈《中国传统建筑木作加工工具及其相关技术研究》(1998 年)、余健《堪舆考源》(1999 年)、赵琳《魏晋南北朝室内环境艺术研究》(2002年)、李容准《唐宋大木模数基准现象的探讨》(2003年)及吴梅《营造法式彩画作制度研究和北宋建筑彩画考究》(2004年)等。

2、中国古代城市史

自20世纪80年代始,郭湖生先生勤力于城市史研究,自言最重地方城市制度、宫城与皇城、古代城市的工程技术三方面。写就《子城制度》(日本京都大学《东方学报》第57册1985年)、《中国古代城市水工设施概述》《魏晋南北朝至隋唐宫室制度沿革——兼论日本平城京的宫室制度》(京都大学编《中国古代科学史论》续编,1991年3月)、《台城考》等文章。为《建筑师》杂志撰写专栏《中国古代都城小史》共10篇;1996年,发表《关于中国古代城市史的谈话》(《建筑师》70期,1996年),提出古代都城发展的战国体系、邺城体系、汴京体系三大体系。指导完成相关博士论文有:萧红颜《东周以前城市史研究》(2003年)、卢山《宋代东南港市研究》(2002年)、诸葛净《辽金元时期北京城市研究》(2003年)。

3、东方建筑

郭湖生先生自20世纪80年代倡议的东方建筑研究,实滥觞于60年代。在《我们为什么要研究东方建筑?》(《建筑师》74期)与《东亚建筑研究的现状与前瞻》(《东南大学学报》1999.3)两篇文章中详尽阐述了这一研究的师承与发扬。东方建筑研究研究课题连续获国家自然科学基金资助,在中国召开了第一和第三届国际东亚建筑会议,在韩国召开了第二届国际东亚建筑会议。主编出版《东方建筑研究》二种,"建筑遗产丛书"一种。指导完成的博士论文有:张十庆《中日古代建筑大木技术的源流与变迁的研究》(1990年)、杨昌鸣《东南亚与中国西南少数民族建筑文化探析》(1990